LES

MAISONS DE TOLÉRANCE

LEUR FERMETURE

DU MÊME AUTEUR

Essais de politique démocratique. — Un volume in-18º, chez Lacroix et Verbocckhoven, 1871.

L'Enseignement des sciences et de la médecine en Allemagne. — Un volume in-8º, chez Germer-Baillière, 1876.

Histoire de la guerre civile de 1871. — Un volume in-8º, chez G. Charpentier, 1879.

Le Mariage et le divorce. (*Etude de sociologie*). — Un volume in-18º, chez Germer-Baillière, 1880.

De la responsabilité politique dans la démocratie. — Un volume in 18º , chez E. Bloch, 1885.

La Police des mœurs en France et dans les principales villes de l'Europe. — Un volume in-8º, chez Dentu, 1888. — La Prostitution en belgique et en Russie. — Deux volumes, petit in-8º, chez G. Carré, et *Bibliothèque du Progrès Médical*, Paris, 1892.

—

Pour paraître prochainement.

PORTRAITS POLITIQUES CONTEMPORAINS

Thiers. — Gambetta. — H. Rochefort. — Louis Blanc. — Maréchal de Mac-Mahon. — Jules Grévy. — Daniel Wilson. — Jules Ferry. — Clémenceau. — H. Brisson. — de Freycinet. — A. de Broglie. — Buffet. — Comte de Paris. — Prince Jérome Bonaparte. — Général Boulanger, etc.

Deux volumes in-18º de 400 pages.

LES MAISONS

DE

TOLÉRANCE

LEUR FERMETURE

PAR

Louis FIAUX

ANCIEN MEMBRE DU CONSEIL MUNICIPAL DE PARIS

> Au moins je vais toucher une étrange matière,
> Ne vous scandalisez en aucune manière,
> Quoi que je puisse dire, il doit m'être permis,
> Et c'est pour vous convaincre...

———————

58, rue St-André-des-Arts, 58

—

1892

A

M. ALFRED FOURNIER

Professeur à la Faculté de Médecine
Médecin de l'Hôpital St-Louis
Membre de l'Académie de Médecine

PRÉFACE

Nous continuons l'œuvre commencée.

La police des mœurs est sans doute à l'heure présente une place fort démantelée; mais enfin, elle tient encore, et bien que le Préfet de police commence à parlementer, elle ne fait pas mine de se rendre.

Il n'est donc point temps de cesser le feu.

Nous visons aujourd'hui plus particulièrement la maison publique.

Les fanatiques de la réglementation ont célébré les avantages de la maison de tolérance sur tous les modes : elle était une garantie pour l'ordre, la morale publique, la santé publique...

Loin de mériter ces dithyrambes, la maison publique n'a été qu'une enseigne et un enseignement de mauvaises mœurs, une vraie peste pour la santé populaire.

L'opinion n'ignore plus ce qui se greffe d'illégalités, d'infamies sur la demi-liberté laissée aux malheureuses que les règlements policiers qualifient d'*isolées*. Les arrestations de trottoir, les rafles, la chasse à la femme font connaître les mœurs extérieures de la police des mœurs. La capture de femmes honnêtes retenues la nuit dans les commissariats, parfois des jours au Dépôt et des semaines à Saint-Lazare a également déchiré plusieurs coins du voile.

La police des mœurs organisée dans les maisons publiques est moins connue.

Ce n'est pas vainement que les fenêtres sont pourvues de carreaux dépolis, de persiennes tirées et cadenassées. Il est d'autres scènes que celles de la vie professionnelle des misérables internées sur lesquelles il faut aussi faire la nuit. Des vols, des sévices, des séquestrations, des tortures et exactions de tout genre, voilà ce qu'il faut aussi cacher. Dans l'organisme de la réglementation, les maisons représentent ce qu'il y a de plus délictueux et de plus répugnant, de plus illégal et de plus malsain.

Nous avons tenté de dire ici ce qu'étaient les maisons publiques, de les montrer dans toute leur laide infamie, dans leur pestilentiel fonctionnement.

Leur fermeture s'impose comme un acte de bon ordre social.

Nous avons eu sur ce point la satisfaction vive de recevoir l'approbation publique du médecin très éminent, de l'homme de bien dont le nom honore la première page de ce livre.

Sans doute le professeur Alfred Fournier n'accepte point toutes les doctrines émises par l'auteur et leurs conséquences. Son enseignement à l'Ecole de Paris, ses cours dans les hôpitaux, ses livres, ses rapports et discours dans les sociétés savantes sont suffisamment connus, et l'on sait de reste qu'Alfred Fournier ne partage point les opinions des « Abolitionnistes. »

Mais en agréant cette dédicace et en donnant cette sorte de patronage public à un écrit sur la suppression des maisons autorisées de débauche, il a voulu marquer sa réprobation pour tout ce qui est illégalité, arbitraire, inhumanité, mesures antisanitaires.

Nul ne s'en étonnera.

N'est-ce pas le professeur A. Fournier qui, dans un rapport académique célèbre, a protesté avec un courage public — rare chez les hommes investis de fonctions officielles et élevées — contre les arrestations et les emprisonnements illégaux, contre l'inscription faite dans l'ombre, sans témoins? N'a-t-il point condamné les hôpitaux-prisons? N'a-t-il point rappelé à ceux qui l'oubliaient que les malades étaient personnes sacrées? N'a-t-il point dénoncé la léproserie de St-Lazare décorée ironiquement du nom d'infirmerie? N'est-ce point lui qui a supprimé les cachots administrativement conservés dans les hôpitaux spéciaux ? N'est-ce point lui qui, faisant toujours de ses opinions des actes, a empêché que les malades sorties des hôpitaux spéciaux fussent dénoncées par les fonctionnaires de l'Assistance à la police des mœurs qui les envoyait achever leur cure à S.-Lazare ?

Mettre ici, en tête de ce livre, le nom d'Alfred Fournier, c'est dire son sentiment sur les maisons de tolérance, sa réprobation des ignobles exploitations, des crimes qui s'y perpètrent, son jugement sévère sur l'indifférence ou la complicité trop souvent certaine de la réglementation.

Nous remercions très-haut ce maître respecté de la portée que donne à ces pages la présence de son nom.

Nous l'en remercions d'autant plus que ce n'est pas toujours sans quelque inconvénient qu'un simple publiciste même médecin touche un sujet de cette nature. Il est des sortes de gens de bas, de moyen et même d'assez haut parage qui n'aiment point qu'on vienne inspecter leurs domaines.

Des amis bienveillants, mais peut-être un peu timides, auraient voulu qu'après nos études précédentes au Conseil municipal nous nous en tinssions là : il leur paraissait que notre effort personnel avait été suffisant.

Nous croyons au contraire que dans l'entreprise d'une réforme, il ne faut point de temps d'arrêt. Quelque ébranlé que soit un abus, il est toujours

dangereux quand il n'est point à terre, renié par
ceux-là même qui le soutenaient.

Nous nous tairons quand les maisons publiques
seront fermées, quand la liberté individuelle des
femmes ne sera plus méconnue, quand les malades ne seront plus des prisonnières seulement cou-
pables du crime de leur maladie, quand la petite bastille de St-Lazare et les lettres-de-cachet pour
femmes seront l'une démolie, les autres abolies.

Et pour le *Qu'en dira-t-on*, il nous a toujours
trouvé si indifférent ; les petites calomnies, les suppositions injurieuses, les ricanements sottement
alusionnistes nous ont toujours laissé si inattentif
que nous n'avons nul mérite moral à continuer
d'écrire librement sur une question où beaucoup de
plumes ne se hasarderaient peut-être point, sans
quelque appréhension.

L'étude de la médecine et sa pratique sont vraisemblablement pour une bonne part dans cet état
d'esprit. Etude et pratique enlèvent tant de préjugés, confèrent tant d'immunités !

L. FIAUX.

MAISONS DE TOLÉRANCE

LEUR FERMETURE

CHAPITRE PREMIER

Un argument de fait. — Disparition des maisons de tolérance. — La preuve par les chiffres. — Grandeur et décadence de la maison publique.

La police des mœurs avec l'inscription, la carte, la visite forcée, les pénalités administratives, fonctionne à peine depuis deux ans (1802), quand le 12 octobre 1804 le préfet de police Dubois organise officiellement les maisons publiques.

Sans doute les maisons de femmes existaient avant 1789 comme le prouvent — en dehors de toute une littérature — les Cahiers de doléances qui en demandent la suppression, mais elles existaient sans patente ni protectorat.

Dès lors, la maison publique devient l'organe central de la police des mœurs ; tous les autres rouages sont relégués à l'arrière plan. La maison publique est proclamée la clé de voûte, l'arche sainte de la réglementation. Comme un son fidèlement répercuté d'écho en écho, la formule sera répétée jusqu'à nous de livre en livre, de rapport en rapport, par les écrivains officiels et officieux. « Les maisons de débauche tolérée sont la base de toute police spéciale », disent et redisent textuellement et sacramentellement aujourd'hui même MM. Lecour, Macé, Carlier, Gigot, Camescasse, Andrieux, Gragnon, Bourgeois, Lozé, Brouardel, les administrateurs comme tels médecins.

Les préfets surtout sont imbus de la doctrine : « La maison de tolérance assure la tranquillité de la rue, la morale et l'hygiène publiques : c'est à ce titre un pilier de l'ordre social ».

La tranquillité de la rue. — La femme isolée qui sort, qui, comme la première femme venue, vaque au dehors, se sert du trottoir, de la rue, respire au grand air, cette femme, malgré les vingt articles du règlement qui l'enlacent, jouit d'une liberté susceptible de devenir dangereuse.

La maison publique supprime par la claustration de ses habitantes de tels inconvénients. Ici le silence, une obéissance machinale. Le champ est clos : la pièce où se fait l'étal, le lit de la chambre sans fenêtres où se consomme le marché. La surveillance est facile. Peu ou point de rébellion.

La morale publique. — En parquant et maintenant sous la double surveillance d'agents et de mégères responsables les femmes dévouées aux feux publics, ce morceau jeté aux célibataires, aux jeunes gens, aux nomades, aux étrangers, surtout au populaire sans alcôve fixe, on assure la décence extérieure, sauve de menaces et d'attaques les femmes honnêtes, et, comme dit Horace précisément à propos de ceux qui « *nolint tetigisse* :

> *Nullam nisi olenti in fornice stantem....*
> *Huc juvenes æquum est descendere, non alienas*
> *Permolere uxores.*

Il n'est pas un livre de police qui ne contienne la célèbre comparaison de Saint-Augustin, les maisons publiques de la cité assimilées aux cloaques du palais : « Supprimez maisons publiques et cloaques, la cité et le palais deviendront des lieux malpropres et infects ! »

La santé publique. — En faisant examiner les femmes internées et en retirant du marché, de la consommation, les avariées pour les emprisonner, le client ne se trouvera-t-il pas à l'abri de tout poison et de tout accident ?

C'est à qui, parmi les préfets, réalisera le triple idéal.

Le préfet consulaire Dubois organise les maisons publiques après les avoir le premier autorisées : « il a mérité en cela, dit l'historien de la *Prostitution dans la ville de Paris*, Parent-Duchatelet, la reconnaissance de la population. »

Le préfet impérial Pasquier multiplie autant qu'il le peut les maisons publiques : il donne le livre à toutes les teneuses de maisons de passe qui le demandent, « bien convaincu que c'est le meilleur moyen de servir les bonnes mœurs. » Ce faisant, au dire du même écrivain, « il fait montre d'un talent d'administration et d'un génie supérieurs ».

Sous la Restauration, le préfet d'Anglès est pris d'un si terrible zèle que la Cour et la Grande-Aumônerie doivent intervenir pour le modérer : il installait partout les tolérances, même près des églises, de préférence aussi dans les quartiers habités par la jeunesse des écoles.

Après lui, Delavau exagère si fort le nombre des maisons que beaucoup d'entre elles existent, mais — sans pensionnaires : l'administration se voit contrainte d'exiger pour le sérieux du système qu'il y ait toujours au moins deux femmes à demeure dans le plus petit établissement : l'autorisation n'est maintenue qu'à cette condition. D'ailleurs les filles inscrites sont traquées sur la voie publique comme des bêtes puantes dans les bois : défense leur est faite de paraître sur le trottoir, sauf dans quelques petites rues écartées.

Debelleyme et Mangin renchérissent sur leurs prédécesseurs.

Debelleyme rend d'abord une ordonnance aux termes de laquelle l'entrée en maison devient obligatoire pour toutes les femmes qui n'ont point de domicile fixe. Comme toutes à peu près refusent d'obéir, il les fait arrêter en masse. Au sortir de Saint-Lazare, au lieu d'entrer en tolérance, la foule des réfractaires se disperse; elles prennent de faux noms, cessent de venir au dispensaire. C'est un vrai duel. Debelleyme doit céder.

Son successeur Mangin recommence la lutte avec plus d'âpreté encore.

C'est à Mangin que revient en effet la palme dans ce steaple-chase de mesures arbitraires et vexatoires. Le dogme de la maison publique a trouvé son grand apôtre dans le dernier des préfets de la Restauration.

Par son arrêté du 14 avril 1830, Mangin interdit expressément aux filles isolées de paraître en aucun temps et à aucune heure sur le trottoir. Elles ne peuvent faire de rencontres que dans les maisons de tolérance ; elles doivent s'y rendre directement après l'allumage des réverbères et avant onze heures du soir ; dans une même nuit, elles ne peuvent se rendre successivement dans deux maisons. La révolution de juillet fit avorter cette révolution (V. *Appendice*. p.341.)

A Delessert enfin, en 1840, revient l'honneur d'avoir étendu l'institution officielle des maisons de tolérance en dehors des murs d'enceinte, aux communes suburbaines. Intéressant témoignage de sollicitude pour les ouvriers occupés à la construction des fortifications de Paris !

On voit la suite et la logique des idées préfectorales.

Eh bien ! Quel est le résultat de cette conception sociologique de la prostitution ? A quelles conséquences de fait aboutissent ces efforts publics ou inavoués pour faire vraiment des maisons de tolérance l'organe-maître de la prostitution réglementée ?

Près de quatre-vingt-dix ans — non pas d'expériences — mais de plein fonctionnement, permettent de prononcer avec une entière, une absolue certitude.

Jamais échec, jamais désastre administratif ne fut plus complet — désastre numérique d'abord — et comme nous verrons plus loin — désastre hygiénique et désastre moral.

Voyons les chiffres, le désastre numérique :

A PARIS INTRA-MUROS

Population recensée.	Années.	Nombre des maisons.	Nombre des filles en maisons.
547,756 habitants (1801).	1807	190	—
713,906 habitants 92,436 non mariés[1] mâles de 15 à 59 ans (1817).	1818	173	424
899,313 habitants 154,180 non mariés mâles de 15 à 59 ans (1836).	1832	199	922
1,053,897 habitants (1846).	1845	186	1206
1,174,346 habitants (1856).	1854	140	1009

DANS LE DÉPARTEMENT DE LA SEINE

(A partir de 1842, le service des tolérances est définitivemen régularisé dans la banlieue).

1,194,603 habitants (1841).	1843	235	1450

[1] C'est-à-dire célibataires, veufs, séparés et divorcés.

1,422,065 habitants 255,482 non mariés mâles de 15 à 59 ans (1851).	1852	219	1673
1,727,419 habitants 312,356 non mariés mâles de 15 à 59 ans (1856).	1856	202	1978
1,953,660 habitants 360,337 non mariés mâles de 15 à 59 ans (1861).	1861	196	1823
2,150,916 habitants 349,805 non mariés mâles de 15 à 59 ans (1866).	1866 1869	173 152	1448 1206
2,220,060 habitants 410,421 non mariés mâles de 15 à 59 ans (1872).	1872	142	1126
2,410,849 habitants 387,805 non mariés mâles de 15 à 59 ans (1876).	1876	133	1145
2,799,329 habitants 392,611 non mariés mâles de 18 à 59 ans (1881).	1881	125	1027
2,961,089 habitants 481,187 non mariés mâles de 18 à 59 ans (1886).	1886 1888	84 72	822 748

3.113.674 habitants			
828.832 non mariés	1880	69	691
de 15 à 59 ans	1891 31 déc.	60	597
(1891)			

Prise à part, la banlieue de Paris a subi la même diminution que la ville même :

Population de la banlieue recensée.	Années.	Nombre des maisons de banlieue.	Filles en maisons de banlieue.
368,803 habitants 55,517 non mariés mâles de 15 à 59 ans (1851).	1854	68	493
616,539 habitants 87.391 non mariés mâles de 18 à 59 ans (1886).	1880 1888	14 9	62
688.969 habitants 104.293 non mariés de 15 à 59 ans (1891)	1891	8	—

Ainsi Paris seul, en 1845, pour une population double de celle de 1807 et surpassant d'un tiers celle de 1817, ne contenait déjà même plus autant de maisons que sous le premier Empire et la Restauration.

Ainsi Paris et sa banlieue, aujourd'hui même, contiennent trois fois moins de maisons que ce même département il y a quarante-cinq ans.

Dans la période de 1843 à 1850 qui pré-

sente une suite de chiffres de maisons assez
élevés, la population générale oscille en
effet entre 1.100.000 et 1.400.000 habitants,
le nombre des non mariés mâles adultes
est de 255.000 en 1851, et le chiffre des tolérances oscille entre 235 et 220. Présentement
(1889-1891), avec une population globale qui
dépasse trois millions d'habitants et une population particulière de plus de 500.000 non
mariés mâles de 18 à 59 ans, le département ne contient plus que 60 à 62 maisons.
Tandis, en d'autres termes, que le chiffre de
la population triplait, que le chiffre des non
mariés mâles adultes doublait, le nombre
des maisons diminuait des trois quarts [1].

Il est inutile de faire ressortir parallèle-
ment la diminution de la population des
maisons publiques : le nombre des femmes
présentement internées dans les 60 à 62 maisons de Paris et du département est inférieur
de près de cent au chiffre des 671 filles ré-
parties dans les 210 maisons qui existaient
dans Paris *seul* en 1815, une année de prospérité exceptionnelle dans les annales des
tolérances parisiennes.

Ces chiffres sont formels, communiqués
par la préfecture de police à ses défenseurs
attitrés.

---

[1] V. *Appendice.* p. 343-345 et 346-350.

Jamais démonstration par les faits ne fut plus saisissante, plus concluante [1].

[1] Le point capital dans cette histoire numérique de la prostitution parisienne, c'est la continuité de la diminution des maisons de tolérance : on ne saurait trop y insister.

Si nous serrons de plus près la statistique, nous voyons que :

Sous le règne de Louis Philippe, de 1843 à 1847, dans Paris seul, le chiffre des maisons publiques tombe de 193 à 177 ;

Sous la république, de 1848 à 1851, dans Paris seul, il tombe de 171 à 159 ;

Sous l'empire, de 1852 à 1860, dans Paris et la banlieue, il tombe de 219 à 194 ; de 1860 à 1870, il tombe de 194 à 152 ;

Sous la troisième république, de 1872 à 1889, dans Paris et la banlieue, il tombe de 142 à 69, puis 62.

Prenant les deux dernières périodes de 18 ans, nous voyons que :

Dans la première, de 1852 à 1870, il disparaît dans le département 67 maisons ;

Dans la seconde, de 1872 à 1889 il disparaît 83 maisons.

Ainsi donc, depuis 1843, depuis près d'un demi-siècle, les maisons de tolérance n'ont pas cessé de diminuer.

On juge ce que vaut l'argument des avocats des maisons publiques attribuant leur disparition aux attaques polémiques de ces dernières années ou à la multiplication des brasseries desservies par les femmes, brasseries qui ne datent que de 1860.

N'omettons point que le chiffre des troupes de la garnison de Paris et banlieue a été sans cesse en augmentant : en 1802 il est de 9.956 hommes ; en 1817, 15.549 ; en 1841 de 19.701 pour Paris, de 40.158 pour la Seine ; en 1861 de 28.313 pour Paris ; de 1872 à 1890 de 22 à 25.000 hommes pour la Seine — non compris près de 12.000 hommes de gendarmerie et police.

L'échec de la police des mœurs dans l'institution des maisons publiques n'est même point particulier à Paris.

Les maisons diminuent partout, dans la plupart de nos grandes villes de province comme dans les grandes villes étrangères.

A Lyon, en 1854, il existait 54 maisons publiques ; en 1864 il n'en existait plus que 42 ; 28 en 1878 ; 25 en 1879 ; 23 en 1888.

A Brest, 27 maisons en 1877 ; 19 en 1888.

Angoulême, 14 maisons de 1876 à 1878, 13 en 1879, 12 en 1880-81. — Arles, 8 en 1877-80, 7 en 1881. — Avignon, 14 en 1867-77, 10 en 1881. — Cette, 10 en 1877, 9 en 1881. — Dunkerque, 18 en 1880, 16 en 1881. — Limoges, 23 en 1861-65, 20 en 1876, 17 en 1877-78, 16 en 1879-80, 15 en 1881. — Moulins, 8 en 1863, 6 en 1876, 5 en 1879-81. — Nantes, 28 en 1861-63, 18 en 1876-81. — Niort, 5 en 1863, 1 en 1878-79. — Valence, 13 en 1876-79, 11 en 1881. — Tarbes, 8 en 1861-65, 7 en 1876-81. — Valenciennes, 13 en 1876-79, 11 en 1881. — Saint-Germain-en-Laye, 4 en 1880, 3 en 1890. — Lille, 23 en 1876, 18 en 1881, 6 en 1888.

Bordeaux, qui a compté 60 maisons, n'en comptait plus que 16 en 1888.

Le Havre 34 en 1870, 12 en 1890.

Amiens, 13 en 1880, 11 en 1885, 0 en 1891.

Citons encore Strasbourg : cette ville en 1856 possédait 27 maisons ; en 1888, elle n'en a plus que 7 ; l'influence allemande n'est pour rien dans cette diminution : en 1870 le chiffre des tolérances était déjà tombé à 15.

Dans les villes où les maisons de tolérance ne diminuent pas, leur nombre reste stationnaire : c'est ainsi que Rennes, Roanne, Arras, Chalons-sur-Saône, Dieppe, Dijon, Grenoble, Laval, Lorient, Troyes, Pau, Saint-Quentin et autres villes, où la population a presque partout augmenté, conservent le même nombre de maisons qu'en 1860.

Chez les nations étrangères les plus disparates, la Belgique comme la Russie, c'est partout encore la même décroissance du nombre des maisons publiques.

Bruxelles en 1856 comptait 42 maisons ; il n'en existait plus que 7 en 1889. — Anvers, 29 maisons en 1882, 15 en 1888. — Liège, 33 maisons en 1881, 24 en 1887. — Mons, 9 maisons en 1881, 3 en 1888. — Tournai, 5 en 1882, 3 en 1888. — Charleroi, 10 en 1872, 9 en 1881, 5 en 1888. — Namur, 9 en 1871, 6 en 1888. — Gand, 25 de 1872 à 1881, 9 en 1888. — Bruges, en 1872 4 maisons, 3 en 1888 [1].

A Pétersbourg, dans les années qui précè-

[1] V. *La Prostitution en Belgique*. (Paris. 1892).

dent immédiatement 1870, le chiffre des tolérances était de 210 ; de 1870 à 1877 il a oscillé entre 177 et 155 ; en 1889 il n'est plus que de 73, en 1891 de 64[1].

Quelque « succès de librairie » qu'on attribue aux livres parus à Paris contre l'institution de la police des mœurs en général et les maisons publiques en particulier, il nous paraît douteux que leurs auteurs puissent s'attribuer le mérite exclusif d'avoir porté des coups d'une portée si lointaine : bien avant eux, l'opinion publique, les mœurs avaient prononcé. Cet accord, cette sorte d'unanimité chez les peuples les plus eloignés les uns des autres et de tempéraments les plus divers, n'en sont que plus significatifs.

Quoi qu'il en soit d'ailleurs de ce qui se passe à Strasbourg, à Pétersbourg ou à Bruxelles, au seul spectacle offert par la ville de Paris, ç'a été à la préfecture de police et parmi les écrivains à la remorque, un concert de plaintes, de regrets, de protestations. Ceux qui rêvaient de faire de Paris au point de vue des maisons de tolérance une ville du Japon — à Nangasaki, ville de 70.000 habitants, il y a 750 maisons de thé — n'ont pas constaté sans un amer et bruyant dépit l'évanouissement de leurs rêves !

---

[1] V *La Prostitution en Russie.* (Paris. 1892).

« Les maisons de tolérance s'en vont », s'écrie douloureusement M. Lecour, du même ton qu'on a clamé autrefois « Les dieux s'en vont ! »

« Les efforts de la Préfecture sont malheureusement vains, écrit M. Carlier ; elle ne parvient même pas à maintenir ouvertes les maisons existantes ».

En 1880, M. le préfet Andrieux parlait énergiquement pour « le cantonnement dans les maisons ».

M. le préfet Gigot lui-même déclarait devant la commission municipale de la police des mœurs « qu'il ne pouvait considérer comme un résultat dont l'administration dût s'applaudir la diminution des maisons de tolérance ».

Un des successeurs de M. Lecour, M. Naudin, maintenait devant cette même commission « qu'on ne saurait trop favoriser l'extension des maisons publiques ».

Plus récemment encore, le Dr Reuss, le dernier historien apologiste de la prostitution réglementée, écrivait : « Loin de prêcher une croisade contre les maisons de tolérance, il faudrait s'ingénier à les multiplier ».

M. le préfet Lozé, enfin, le 16 juillet 1890, les défendait par un suprême plaidoyer.

Ainsi la leçon des choses reste non avenue.

L'enseignement des faits est inutile.

Après le démenti des chiffres, le mot d'ordre de la préfecture est de résister encore, résister toujours. A entendre ses regrets et comprendre ses sous-entendus, on la dirait prête à faire un appel public, comme le demandait le commissaire de la police des mœurs, Béraud : « Provoquons la création de maisons nouvelles ! Ressuscitons les maisons mortes ! Dès qu'une femme majeure dans ses meubles, habitant un logement de deux pièces seulement (*sic*), demandera un livre de tolérance, que l'administration s'empresse de lui accorder ! »

La seule ligne de conduite qui ait été suggérée à la Préfecture de police, est une série d'efforts, de calculs, d'abrogations réglementaires, destinés à conjurer l'involontaire liquidation finale, à maintenir les quelques dernières positions.

Nous verrons à quel point de vue nouveau se place la police des mœurs, à quelles condescendances elle est tombée pour retarder les fermetures de maisons qui se succèdent à son gré trop vite et si inopportunément.

Et cependant tout cela ne sert de rien.

Rien ne peut faire obstacle à la disparition des maisons publiques.

Les maisons s'en vont.

CHAPITRE II

Quels individus la Police des mœurs prend pour associés officiels. — Tenanciers et tenancières. — « Qualités » requises pour tenir maison publique.

Les maisons publiques s'ent vont.

Qui s'en étonnerait en feuilletant d'abord le dossier des individus que la police des mœurs s'associe pour accomplir cette partie de sa besogne ?

Voyons quel est le passé des entrepreneurs qu'elle s'attache comme de véritables agents ? quelles sont les « qualités » [1] requises de la proxénète de maison ?

Un jour, un avocat plaidant pour des tenanciers qui avaient séquestré des mineures et assommé des pensionnaires adultes, le prit de fort haut avec l'opinion. Il fit un pompeux éloge de ses clients ; on ne savait

---

[1] « Qualités » est le mot officiellement admis. Les instructions traditionnelles du bureau des mœurs portent textuellement : « Des *qualités* que doivent avoir et que l'administration exige des femmes *pour bien conduire une maison publique de prostitution* ».

pas quelles sortes de braves gens c'était ; on les méconnaissait ; il fallait revenir sur un facheux préjugé ; et, appliquant à ces inno-cents prévenus un vers célèbre : Non, disait-il, les tenanciers

Ne sont pas ce qu'un vain peuple pense !

Dans leurs études sur la prostitution on croira difficilement que les écrivains offi-ciels et officieux se demandent « s'il faut placer les tenancières dans la classe des prostituées. » Les plus sévères hésitent et finalement s'arrêtent à en faire une « classe mixte et particulière ». Aller au-delà serait méconnaître le rôle que ces proxénètes jouent dans le régime administratif et ne pas se montrer suffisamment équitable envers une situation sociale acquise par de sérieux services.

Ce scrupule dans la classification est étrange. L'octroi de la tolérance n'est tout d'abord jamais que la récompense d'une vie de prostitution. Pour savamment trafiquer du corps des autres, il faut avoir fait com-merce du sien. Une existence de débauche officiellement constatée, telle est la première qualité que la police parisienne requiert. Dans le département de la Seine, les femmes seules peuvent tenir les maisons ; accorder le livre à des femmes qui n'auraient point l'expérience personnelle serait une faute grave.

La meilleure tenancière, en effet, est celle qui ne s'improvise pas. Il faut avoir l'habitude de manier l'homme dans la période scabreuse ; il faut savoir également manier la fille publique pour l'avoir pratiquée comme camarade. La vraie, la bonne postulante que la police agrée toujours est la fille inscrite, entrée de bonne heure dans la vie de maisons, qui y a conquis ses chevrons comme pensionnaire, habile à faire dégorger aux clients tout l'argent possible, se poussant dans la confiance de la titulaire, devenant femme de charge, sous-maîtresse, connaissant tous les rouages et roueries du métier.

Cette tenancière-là prime de beaucoup les vieilles prostituées isolées qui ont réalisé quelques économies, et, pour avoir fait du proxénétisme privé, se croient aptes à conduire une maison ; elle prime également ces aventurières sur le retour qui ont couru comme demi-mondaines pendant une trentaine d'années les stations balnéaires, les villes de jeux, tous les boulevards des capitales de l'Europe, et, à cause de leurs larges relations avec la jeunesse et les galants adultes de divers pays, s'estiment de taille à fonder un établissement; ce dernier genre de femmes n'est même guère prisé par la police, comme peu maniable, ayant trop d'intrigue, se couvrant de relations anciennes dans ses différends avec l'autorité, et pour la conduite des femmes ne tenant pas la main.

Pour les maisons de troisième et de quatrième ordre, c'est toujours l'ancienne habituée de maison qui est la préférée aux yeux du service des mœurs; elle prime encore les matrones populaires qui finissent par avouer publiquement la vocation, femmes depuis longtemps mariées, ayant des enfants, ayant vu de près le monde de la prostitution, en ayant à demi vécu comme logeuses, aubergistes, marchandes de vin, propriétaires d'estaminet, trouvant qu'elles ne font point leurs affaires assez vite ou espérant les rétablir par le commerce des femmes, tout à coup éblouies par le récit d'une histoire de grosse fortune faite grâce au livre.

Cependant, la Préfecture ne s'en cache pas, il est pour elle une autre sorte de femmes qui rivalisent avec cet idéal, ce sont les filles qui succèdent à leur mère, les nièces qui succèdent à leur tante, les petites-filles à leur grand'mère, ou qui, sans prétendre à une succession immédiate et directe, demandent à installer une maison dans un autre quartier. Précieux type d'atavisme, ces familles où l'esprit de proxénétisme est héréditaire sont particulièrement appréciées dans le service de la police des mœurs : c'est un personnel de confiance. On se connaît, on s'est vu tout petit, tout jeune. On s'est vu grandir. L'enfant a trouvé le livre dans son berceau. Parent-Duchatelet, Reuss plus récemment, ont pu compulser des dossiers de tenancières : ils disent positivement qu'il existe à Paris quelques familles qui depuis plusieurs générations n'ont pas eu d'autre industrie que la direction des maisons de prostitution.

Voyons les autres « qualités » requises.

Afin que la supériorité de la tenancière soit bien et comme naturellement assise, le règlement, tout en ne requérant point un âge et un état civil déterminés, fait meilleur accueil aux femmes âgées de 25 à 30 ans et mariées. Les psychologues du service des mœurs estiment que le feu des premières passions est amorti à cet âge et que l'idée d'avoir un jour pris époux légitime est une garantie ! « Il faut que les maîtresses de maison aient de l'autorité » disent à l'envi tous les panégyristes de la tolérance, Parent-Duchatelet, Macé, Béraud, Carlier, Reuss ; ou bien encore : « dans un intérêt de discipline, il ne faut jamais affaiblir l'autorité des dames vis-à-vis de leurs filles. » (Lecour) Autorité, discipline, supériorité de l'âge, mariage, grands mots fourvoyés en pareille matière et qui n'aboutissent qu'à forger sous eux le plus abominable esclavage ! Les enthousiastes tracent même un crayon des « qualités physiques » de la postulante : la tenancière doit avoir un physique accentué (*sic*) ; elle sera forte, vigoureuse, énergique ; elle aura une démarche mâle, un extérieur imposant, une voix assurée indiquant que le commandement lui est familier !

Quelle peut bien être cette classe de maris sympathiques à l'administration des mœurs ? Quels seront bien ces époux, très pénétrés de la valeur morale et sociale du mariage, qui donneront à leurs compagnes devant les hommes (et devant Dieu, car nous ne sommes point ici dans un monde irréligieux !) l'autorisation de briguer la tolérance et prendront eux-mêmes part à l'industrie ?

En 1830, Parent-Duchatelet trouva que ces individus étaient des maîtres d'estaminets, de gargottes, situés à peu de distance de la maison : le client une fois suffisamment alcoolisé était emmené par quelque pensionnaire déléguée comme marcheuse ou rôdeuse ; d'autres tenaient des bureaux de

remplacement militaire et leur grande préoccupation était naturellement de faire dépenser dans la tolérance l'argent versé au remplaçant.

Canler, après lui, cite nombre de mariages
conclus entre prostituées et voleurs pour
obtenir la tolérance, qui font pénétrer de
plain pied dans les relations singulières des
deux mondes de la prostitution et de la police mêlés. Ici c'est le cas d'une fille prostituée de la plus basse classe, condamnée pour
avoir éventré son concubinaire, qui épouse
un déclassé et trouve moyen de devenir en
peu de temps une maîtresse de maison en-
viée avec diamants aux oreilles et aux doigts.
Là, c'est un détenu pour vol qualifié, gra-
cié pour dénonciation dans un procès politique, qui s'accouple au sortir de prison avec
une prostituée : cette femme ayant demandé
à la Préfecture de police l'autorisation d'ouvrir une maison, le préfet lui refuse parce
qu'elle vit avec un repris de justice. Cet individu fait alors la réflexion judicieuse que
s'il se mariait avec sa maîtresse la police
n'aurait plus de motif pour refuser la permission à l'épouse, et cette fois la demande
est aussitôt accordée — « comme si, ajoute
fort sensément Canler, le mari n'était pas le
même homme que lorsqu'il était l'amant ».

Rien n'est changé! C'est toujours d'innommables personnages que Carlier, Lecour ou Macé font défiler : garçons de café procureurs, marchands forains, ex-book-makers, saltimbanques, lutteurs, garçons de maisons publiques, souteneurs, s'accrochant à quelque fille un peu mûre ayant réalisé des écomies ; on s'épouse et l'on demande le livre. Carlier signale la pente descendue par des ouvriers intelligents et paresseux. Macé a rencontré parmi des époux de tenancières des individus qui avaient exercé des métiers intelligents tels que la gravure, la mécanique, l'horlogerie et même le professorat. D'autres sont colporteurs, d'autres chiffonniers, toujours un peu voleurs et connus des juges correctionnels.

L'histoire d'un mariage récent, racontée par Carlier, est typique.

Une maîtresse de tolérance était décédée.

Or, aux termes du règlement de Paris, la tolérance étant accordée aux seules femmes, le veuf devait dans un délai déterminé ou céder la maison dont il avait hérité ou justifier qu'il avait contracté un nouveau mariage avec une femme qui demanderait le transfert du livre à son nom.

Le délai d'abord accordé avait été plusieurs fois renouvelé. Cet homme ne se pressait pas de prendre un parti; on dut le mettre en demeure de se décider au plus vite, s'il ne voulait pas voir fermer sa maison.

Voici la lettre qu'il écrivit au préfet pour solliciter un nouveau et dernier délai : « J'ai cherché à vendre, disait-il, mais je n'ai pu réussir; j'ai voulu me marier, je n'avais jusqu'ici trouvé rien qui me plût, mais on m'a parlé hier dans la journée d'une fille du quartier Bréda qui pourrait me convenir ; je me suis présenté chez elle, hier soir à neuf heures. La concierge m'a dit qu'elle était sortie et que je pourrais la trouver vers la fontaine Saint-Georges, où elle fait habituellement son commerce. Je m'y suis rendu, et grâce à son signalement qu'on m'avait donné, et surtout à un costume qui m'avait été fidèlement dépeint, je l'ai reconnue sans peine. Je l'ai observée pendant plus d'une demi-heure, sans que ma présence ait été remarquée par elle ; je l'ai vue aller et venir et j'ai été enchanté de son activité. J'allais l'aborder lorsqu'elle a pris le chemin de son domicile en compagnie d'un monsieur, qui la suivait à quelques pas. J'ai marché derrière eux, j'ai attendu devant sa porte, pendant une demi-heure, que ce monsieur fût parti. Lorsqu'elle est redescendue seule, je l'ai accostée en *michet* sérieux. Elle m'a fait monter chez elle. J'eus bientôt acquis la certitude que sa figure et sa conversation me plairaient, je lui demandai alors s'il lui conviendrait de tenir une maison de filles. Comme la proposition paraissait lui sourire, je lui ai dit : Je suis maître de maison, je suis veuf et j'ai besoin de me remarier pour conserver ma tolérance, vous pourriez faire mon affaire.

« Elle m'a demandé jusqu'à cette après-midi pour réfléchir, d'autant mieux qu'elle ne pouvait pas rester plus longtemps avec moi, parce qu'elle attendait son amant à dix heures et qu'elle voulait le consulter à ce sujet.

« Je dois retourner aujourd'hui à deux heures et je crois bien que l'affaire s'arrangera. Pour mon compte, je le désire vivement parce qu'elle m'a paru très modeste et comme il faut.

« Je voudrais donc qu'on m'accordât un délai d'un mois seulement à l'expiration duquel je me serai défait de ma maison si je ne suis pas marié ».

Le mariage se fit, nous apprend Carlier en terminant le récit.

Là ne se terminent point les préoccupations de la Préfecture relatives à l'individu même de la femme. Il faut, tant l'affaire doit être quasi-administrativement montée ! que la postulante apporte des renseignements circonstanciés sur ses ressources et son état de fortune. A-t-elle un capital? En quoi consiste-t-il? A-t-elle des dettes? A-t-elle un mobilier suffisant pour les chambres de la maison? Ce mobilier lui appartient-il en propre? Il faut que le reçu de l'achat soit dûment produit.

C'est au préfet lui-même que la postulante tenancière adresse sa demande et que le mari — si mari il y a — adresse son autorisation écrite. La pièce permet en outre à l'administration de se rendre compte du degré d'instruction de la postulante. Ce n'est point d'ailleurs que ces messieurs soient exigeants : savoir lire et écrire, savoir ses quatre règles, constitue un fond de science très suffisant. Le docteur Reuss parle cependant des Sévigné du proxénétisme dont le style élégant et les grâces épistolaires sont justement remarqués dans les bureaux et font l'admiration des lettrés de la Préfecture. Ces tenancières n'appartiennent sûrement pas à la même classe que cette dame de maison qui écrivait à un préfet de police cette lettre, citée par Carlier, non pas seulement remarquable d'ailleurs par son orthographe :

« Monsieur le Préfet, je suis obligé de passe la nuit pour mes intérêts et ceux de ma maison, je san bien que j'y peu plu tenir à moin de tombé malade ou de me fair volé, si vous voulié otorisé ma fille Marie Caroline à prendre mon live, je vous en serai bien reconnaissant. Elle ora bientôt 15 ans 1/2, elle connait bien le métier pour lequel elle a bocoup de goût, elle est bien sérieuse à son âge et on peu s'en rapporter pour la conduite d'une maison, que vous n'orez jamais de regret si vous l'otorisé, de plus je la marirai avec mon garçon de sal qui connait bien son affaire. — Croiez, Monsieur le Préfet, etc. »

D'autres lettres sont des spécimens intéressants adressés à ces mêmes préfets de police pour l'obtention d'une tolérance nouvelle ou la continuation d'une ancienne tolérance : l'état mental des correspondantes solliciteuses est tel qu'il n'est question dans ces morceaux « que de moralité, de régularité de mœurs, d'estime méritée dans son arrondissement, de considération, de conduite à l'abri de tout reproche, de fortune patrimoniale, de la nécessité d'assurer à sa famille le pain quotidien, de décence, de tradition de probité et d'honneur, de conduite circonspecte, de défense aux femmes de proférer jamais des propos capables de blesser des oreilles chastes (*sic*), etc. etc. ». Il est difficile d'imaginer pareille aberration et pareille comédie. On se demande comment des administrateurs peuvent prêter l'oreille et figurer comme partie dans ce dialogue.

Une troisième pièce non moins caractéristique que la demande de la postulante et l'autorisation du mari, doit être en même temps adressée au préfet de police : en vertu de l'arrêté du préfet d'Anglès (22 août 1816), le consentement écrit du propriétaire ou du principal locataire est toujours exigé. En autres termes la postulante doit justifier du bail ou tout au moins de la promesse de bail de la maison qui deviendra la « maison publique. » Un immeuble ne subit donc cette triste destination que de l'aveu formel de son possesseur — à moins d'exception bizarre comme celle de cette maison de la rue Taitbout dont il a souvent été question à Paris dans ces dernières années[1]. Le propriétaire,

---

[1] V. *Appendice* p. 357 *A propos des propriétaires d'immeubles.* — Le consentement écrit du propriétaire de la maison ne se renouvelle d'ailleurs pas à chaque changement de titulaire ; il est considéré comme une fois acquis aussi longtemps que la Préfecture laisse subsister la tolérance.

en thèse générale, est donc toujours le complice hypocrite de l'entrepreneuse.

Le préfet renvoie la demande au bureau des mœurs : celui-ci avise le commissaire du quartier qui , l'enquête terminée sur la femme, commence l'enquête sur l'immeuble.

Cette enquête, il faut le dire, bien qu'elle doive tenir compte de la circonstance, du milieu etc., est fort superficielle et se réduit à peu de chose. Qu'il s'agisse de pétitions pour faire disparaître une maison en exercice ou de représentations pour conjurer un établissement nouveau, toutes preuves qui attestent la répugnance avec laquelle est accueilli le contact de l'industrie vénérienne, c'est la même indifférence de l'administration. Peu importe que ces récriminations soient générales [1]. Peu importe que les commissaires de police partagent sur ce point l'opinion de leurs administrés et s'associent même à leurs réclamations [2]. Le dogme sacro-saint des

[1] Nombre de maisons sont aujourd'hui, d'après Carlier, de la part des voisins qui les voudraient voir disparaître, l'objet de récriminations accentuées ; « même dans les vilains quartiers (sic), dit-il, on se trouve en présence d'une opposition violente ».

[2] Le sentiment de ces magistrats locaux est caractéristique : presque tous, à l'heure présente même, le manifestent. Ce n'est pas seulement aujourd'hui qu'éclate cette répul-

maisons publiques révéré à la Préfecture permet de présager l'accueil qui sera fait aux plaignants dans l'enquête prétendue de *commodo et incommodo*. Le commentaire de M. Lecour ne laisse aucun doute à ce sujet : « Il n'y a pas une seule des maisons publiques, dit-il textuellement, dont l'établissement ne donne lieu à des protestations et à des réclamations sans nombre, parfaitement légitimes au point de vue de la morale et des convenances de voisinage, mais dont il n'est pas possible de tenir compte sans sacrifier l'intérêt d'ordre général et la santé publique ».

Voici comment de son côté s'exprime M. Naudin, l'ancien chef de la première division à la Préfecture, par la plume complaisante du Dr Reuss : « La femme qui veut ouvrir une maison de tolérance est tenue de demander une autorisation à la préfecture de police. La Préfecture peut-elle la refuser uniquement parce que la demanderesse veut installer son établissement dans telle ou telle rue ? *Aucunement*... Au point de vue de

sion ; on la retrouve jusque dans une circulaire du préfet Delavau (14 juin 1823) qui cherchait par les arguments connus à convertir ces fonctionnaires et à obtenir de leur part un concours plus convaincu et plus actif (V. *Appendice*, p. 339.)

l'emplacement, il n'existe pas des rues honnêtes et des rues infâmes ; on ne saurait donc
interdire la création d'une maison de tolérance dans tel ou tel quartier, dans telle ou
telle rue ». M. Naudin a même — encore
avec l'encre du Dr Reuss — des paroles sévères à l'endroit des plaignants qui demandent une fermeture ou s'opposent à une installation : « Tout en faisant sonner bien
haut les mots de morale et de décence publiques, ils n'ont obéi, la plupart du temps,
qu'à leur intérêt personnel ».

Quoi qu'il en soit de ces réflexions peu en-
courageantes pour les doléances des pétition-
naires et peu flatteuses pour leur moralité,
l'administration ne fait en effet d'exception
que pour les grands boulevards, de la Made-
leine à la Bastille, les alentours de la demeure du chef de l'État, les églises et tem-
ples, les écoles et lycées,et encore...le dogme
de la maison publique est si fortement enraciné dans les âmes administratives que cette
règle même est violée par la Préfecture qui
l'édicte.

Tels cas se sont présentés où la ville de Paris, forcée par des exigences de terrains et
de nécessités scolaires,édifiait une école dans
une rue où existait antérieurement une maison publique ; une demande de déplacement

était adressée par la municipalité d'arrondissement à la préfecture de police : quelle réponse était faite ? « On ne peut cependant pas, dit toujours textuellement M. Naudin par l'organe du Dʳ Reuss, fermer cette maison et retirer la tolérance tant que le bail consenti à la patronne n'est pas expiré ». S'il y a encore neuf années de bail à courir, voilà tout ! Les enfants, les mères de famille, les jeunes sœurs, passent pendant neuf ans devant la porte au gros numéro [1].

Enfin la tolérance est accordée et l'heureuse élue est convoquée au bureau des mœurs pour qu'il lui soit fait remise du livret qui l'élève à la dignité de maîtresse de maison.

Si c'est une femme mariée, ce n'est point son nom de fille ou son nom de guerre qui figure sur cette sorte de diplôme officiel, mais bien son nom de mariage, en autres termes le nom du mari.

La remise du livre est la dernière formalité qui précède l'entrée en exercice et l'ouverture de la maison.

---

[1] Il est cependant des quartiers privilégiés qui jouissent d'agréables immunités : rappelons ainsi, qu'un peu avant de quitter la Préfecture, M. Andrieux refusa la tolérance à un établissement projeté dans un quartier voisin de l'avenue des Champs-Elysées.

On conviendra que toute cette procédure administrative doit avoir pour résultat de bien convaincre les proxénètes de maison de leur caractère officiel.

Mutatis mutandis, les pouvoirs publics ne procèdent pas ailleurs d'une façon sensiblement différente pour les concessions de grandes entreprises d'intérêt général !

CHAPITRE III

La chasse à la pensionnaire. — Peuplement de la maison.—
Les agents au rabat. — Le recrutement par la tenancière.
Répulsion des femmes inscrites pour l'internement.

C'est à ce monde que la Préfecture octroie donc le droit de pratiquer le proxénétisme public.

Bien mieux, ses propres agents vont fournir le noyau des premières recrues.

Le racolage forcé commence en effet, ou pour mieux dire la chasse à la femme. Le mot est juste : il peint. Il est entré dans le vocabulaire policier. M. Macé appellera les femmes empoignées « gibier ». Un agent des mœurs est un bon « limier », un bon « rabatteur » : il flaire la piste, il sent la femme. Aussi que d'exactions dès le début de la part des hauts et bas agents du service des mœurs pour le peuplement des maisons !

Le procès des ordonnances des lieutenants de police résumées dans l'ordonnance de 1778 et regardées comme base de la réglementation actuelle n'est plus à faire; il est entendu, jugé; nous n'y reviendrons pas[1]. Nous remarquerons seulement que ces ordonnances, qui mettaient le magistrat du Chatelet à même d'envoyer les femmes aux prisons de La Salpétrière et de Bicêtre pour les punir ou les faire soigner, ne lui octroyaient point le pouvoir plus exorbitant de les enfermer dans des maisons de débauche où leur prostitution serait réglementairement assurée et continuée. Il y a ici une supériorité dans l'immoralité et l'arbitraire qui suffirait, en dehors de toute autre cause, à expliquer comment la réglementation fait le vide dans les tolérances.

Qu'est-ce d'abord que cette maison d'aspect insolite? Qu'est-ce que ce gros numéro, ces chiffres de 60 centimètres qui l'étiquettent avec autant d'impudeur que la lanterne rouge phallique des lupanars de l'ancienne Rome? Qu'est-ce que ces persiennes closes avec chaînes et cadenas, qui combinent les tristesses de la prison et les mystérieux appels du plaisir vilain? Qu'est-ce que ce mélange de claustration et de provocation? Toute femme, quelqu'avilie qu'elle soit, répugne instinctivement à franchir ce seuil, comprenant bien que c'en est doublement fait de la liberté et des dernières loques de réputation que de devenir femme de maison après être devenue femme en carte.

Cette première résistance des femmes inscrites à entrer en maison embarrasse peu la police. Elle a posé des principes de pourvoyeuse au recrutement. « Toute femme inscrite, dit Carlier, si elle ne justifie pas par une quittance de loyer qu'elle a un domicile à elle, doit entrer dans une maison de tolérance. *Le règlement* lui impose de se présenter à la Préfecture de police, en compagnie de la maîtresse qui l'accepte, pour se faire inscrire sur un livre spécial à la tolérance dans laquelle elle est acceptée ou *internée* ». Et plus loin : « l'administration fait tous ses efforts pour faire entrer le plus grand nombre possible de filles inscrites dans la catégorie des filles en maisons, tandis que les filles en maisons, elles, ont recours à toutes les ruses imaginables pour devenir filles isolées. *Le règlement* ne les autorise à devenir filles isolées que lorsqu'elles ont un mobilier et un logement à leur nom ». M. Lecour n'est pas moins explicite : « Dans une foule de cas, dit-il, lorsqu'il s'agit, par exemple, *d'imposer l'inscription* et des obligations sanitaires à des prostituées sans asile, ces mesures seraient illusoires, s'il n'existait pas de maisons de tolérance ». La maison publique ou Saint-Lazare — il n'y a pas d'autre choix. Il est superflu de marquer les tentatives inutiles pour échapper : fausses déclarations de domicile, présentation de fausses quittances de loyer, fausses factures indiquées avec fausse indication d'adresse, etc. Si la source des femmes déjà inscrites donne peu, la Préfecture aura recours à la fouille en hôtel garni ou à la râfle de rue. Il est inutile de rappeler les dénégations de M. Camescasse ou les aveux embarrassés de M. Lozé en matière de râfles : présentement à l'heure même, elles s'opèrent aussi bruyamment qu'au temps où Yves Guyot les dénonçait. Il y a quelque deux ans, en octobre 1889, un publiciste d'ailleurs distingué, rédacteur du *Temps*, M. Hugues Le Roux, était admis à suivre officiellement une expédition de ce genre : cent soixante femmes étaient jetées d'un coup dans la cour du Dépôt. Les tenancières n'ont qu'à soulever le filet et à prendre.

Mais cette battue ne serait pas suffisante. Aux proxénètes administratives à entrer elles-mêmes en chasse ! Sous l'œil même de l'administration elles peuvent se donner carrière : elles sont en règle ; elles ont le permis.

Toutefois, qu'il s'agisse de rassembler un personnel de toutes pièces ou d'en combler les vides, il faut dans cette seconde partie de l'œuvre des moyens d'em..auchage moins violents, moins tapageurs. Le travail doit être moins apparent. Pour enlacer, surtout au début, la serve inexperte ou demi-novice, plus de négociations sont nécessaires.

Les séquestrations auxquelles donnent lieu souvent les procédés sommaires de la police pourraient causer de graves embarras : de là à l'enlèvement il n'y a que l'écart d'un mot, et l'enlèvement est dangereux ainsi qu'en font foi les affaires de Boulogne-sur-Mer, de Bruxelles, d'Anvers (1880), de Bordeaux (1888), alors même qu'il s'agit de mineures orphelines ou de femmes étrangères. En ce qui concerne les étrangères, nous serons du reste sobre de détails : à vouloir toucher le lecteur français en lui parlant d'elles — même de nos plus proches voisines européennes, — on risque de ne pas plus l'émouvoir que si on l'entretenait du trafic de jeunes Japonaises vendues à San Francisco, de la consommation de jeunes Chinoises importées en Australie et dans les établissements des détroits, à Java, Bornéo, Manille etc., ou bien encore de l'enlèvement de filles annamites par les pirates chinois pour le peuplement des maisons publiques de Canton et de Shangaï.

Dans la chasse à la fille pour tolérance, il

est bon de remarquer de suite quel rôle joue le mari ou l'amant sérieux de la tenancière. Les maisons qui prospèrent sont celles où le proxénétisme qui en rayonne ou y converge est précisément le plus éveillé, le plus actif. Il faut avoir l'œil constamment fixé sur le marché de femmes tenu de jour et de nuit ouvert par la misère, ne pas laisser perdre une bonne occasion. Pour la besogne on n'est point trop de deux. « Le mari tout à son affaire et désireux de faire fortune en faisant une bonne maison [1] » n'imite pas ces confrères vulgaires qui, tout à la noce, se lèvent à midi, passent leurs après-midi dans les cafés, à jouer aux cartes et au billard ou sur les hippodromes, leurs nuits dans les cirques, les petits théâtres, les cafés-concerts, les sous-sols de cafés de jeu, et de là chez les « marmites » plus jeunes que l'épouse — comme le premier souteneur venu. Ce n'est pas qu'il n'aime aussi le plaisir sous toutes ses facettes, bon vin, bonne table, divertissements et jolies filles par surcroît, mais cela ne constitue vraiment pour lui que l'accessoire. Avant tout, c'est un travailleur. La silhouette du personnage est

---

[1] Notes remises par M. X, juge de Paix. (Extrait de la correspondance d'une tenancière du département de la Marne).

diverse : il figure tantôt une manière de ma-
quignon de petite ville, endimanché, hercu-
léen, haut en couleur, avec lobe auriculaire
troué pour passage de la boucle campagnarde, grosse chevalière à l'index ; tantôt
une sorte de mince gandin à tête pâle,
féline, aplatie au front, renflée au cervelet, à
élégance suspecte de gestes et de vêtements,
avec lorgnon monocle, solitaire au petit
doigt, cigare de bonne marque aux lèvres :
peu importe d'ailleurs qu'il soit dans l'appa-
reillage avec la tenancière son similaire ou
son antitype, il a le génie de la recherche et
de la remonte.

Le couple travaillera de concert.

Tenants-maison sont en relations constantes avec tout un monde de fabricants et
de négociants « fournisseurs spéciaux des
maisons de société », courtiers *ad hoc*, pseudo-
voyageurs de commerce, gérants de cercles,
garçons d'hôtel, de restaurant, de café, de
cabarets, cochers ; plus bas, ce n'est même
plus le marchand équivoque, le plus ou
moins faux journalier qui procure et fait la
traite, ce sont individus des derniers dessous,
les chineurs, les cambrioleurs, les voleurs à
la tire, etc. ; tout cela gravite autour de la
maison, la fournit et en vit.

L'œil ouvert, l'oreille tendue, le courtier

est toujours à l'affut. Sur le trottoir, c'est une
pauvre fille qui passe, souliers éculés, jupe
frangée, petite camisole diaphane et pis-
seuse ; c'est une clandestine avec vestiges de costume et de chapeau, qu'il suit et
amorce ; il accoste ; on cause. « Comment
peut-elle traîner une vie pareille, quand il
serait si facile d'avoir le vivre, le couvert, le
vêtement assurés?.. » Dans les crémeries, la
petite bonne en quête de place, à bout d'argent, récemment chassée, la petite ouvrière
en chômage, sont également de bonnes
proies : pour celles-ci quand il y a résistance
ou seulement hésitation, le racoleur biaise ;
il n'offre pas d'emblée le travail de tolérance « ... Non, il s'agit seulement d'une
place de domestique dans un établissement...
comme un café où l'on s'amuse, c'est· vrai...
mais on n'est pas forcée... ». Le subterfuge
est grossier ; n'importe : il réussit auprès de
la besogneuse ne sachant où coucher le soir,
de la pauvresse à la tête aussi vide d'idées
que l'estomac de pain.

Les gares sont également fouillées. Autrefois, avant les chemins de fer, les maîtresses
de maison trouvaient de dévoués pour-
voyeurs dans les conducteurs de diligences
qui leur signalaient l'arrivée de jeunes filles
venant servir à Paris et faisaient même le

courtage dans les villages. Aujourd'hui, les salles des Pas-Perdus, les issues des salles d'octroi sont surveillées ; on y détourne facilement la jeune campagnarde qui débarque seule, niaise, mal renseignée.

Il en est de même des petites boutiques, squares, petits garnis, etc., sans cesse explorés par les batteurs et rabatteurs de quartiers.

C'est un vrai drainage de la rue et de ses annexes.

Aux portes des prisons, dans les prisons mêmes, la tenancière a ses courtières, filles surannées, prostituées vieillies, désormais hors service, souvent plus habiles que les courtiers mâles. Les jeunes libérées qui sortent après avoir purgé une condamnation pour vol savent qu'elles trouveront devant elles toutes portes closes : dès lors pourquoi ne point prêter l'oreille ? (MM^{es}. Emilie de Morsier, Bogelot, Caroline de Barrau. Comptes rendus de la *Société de protection des libérées de Saint-Lazare*).

Dans les hôpitaux, nous retrouvons ces mêmes courtières admises comme malades : elles étudient le personnel des salles ; elles circonviennent les jeunes filles et « suivant leur âge, la nature de leur beauté, la nature de leur esprit, elles voient tout de suite à quelles maisons elles peuvent convenir ». Parent-Duchatelet avait déjà noté ce mode de recrutement. Hier encore Martineau le signalait en parfaite connaissance de cause : « Le proxénétisme existe, écrivait-il, dans tous les hôpitaux de Paris, surtout dans les hôpitaux généraux ; j'ajoute qu'il s'y pratique plus en grand et avec plus de continuité qu'à l'hôpital spécial. On le comprend lorsqu'on connaît la population courante des hôpitaux généraux, population jeune, ouvrière, n'ayant en général aucune notion du vice et se laissant facilement entraîner par la paresse et aussi par les mauvaises habitudes.

« Alors que j'étais interne dans les hôpitaux généraux, tels que Lariboisière, Beaujon, La Charité, l'Hôtel-Dieu, poursuit Martineau, alors qu'avant de prendre le service de l'hôpital de Lourcine, j'ai été appelé comme médecin du bureau central à faire des remplacements dans les hôpitaux, La Pitié, Necker, etc., j'ai été à même de constater maintes et maintes fois le proxénétisme plus ou moins ouvertement pratiqué. Bien souvent j'ai eu à sévir contre les matrones qui entraient dans mes salles pour y passer quelques jours et mettaient à profit leur séjour pour embaucher, *pour peupler leurs maisons* de jeunes filles qui, sans méfiance, se ren-

daient aux adresses indiquées et y étaient
retenues sous divers prétextes.

« Ce qui existait il y a vingt ans, il y a dix
ans, il y a cinq ans, doit exister encore, et
je suis persuadé que mes collègues des hôpitaux ont pu constater et constatent comme
moi ce racolage des jeunes filles par des
matrones qui font métier de courir les services médicaux ou chirurgicaux »;

Même racolage à la porte de l'asile des
convalescentes, au Vésinet (Dr Paul Dubois,
1883), à la porte même du Dispensaire, partout enfin où il y a affluence permanente ou
passagère de femmes. « Les courtiers de
prostitution sont tolérés », dit Jeannel. Un
observateur, Flévy d'Urville, a même vu des
tenancières en personne dans la salle du
Dispensaire, aux côtés du médecin, assister
à la visite : elles s'assuraient en même temps
de l'état sanitaire et de la moulure du corps
des femmes qu'elles voulaient embaucher!

N'omettons pas les « poissons recruteurs »
(comme les appelle Canler) qui vont de maisons en maisons avec des photographies offrant, quelques-uns, leurs propres maîtresses ; ni les inspecteurs du service des mœurs
n'agissant plus de violence et officiellement
mais *privatim* et servant d'indicateurs aux
tenancières mêmes.

Le proxénétisme des tenancières est si parfaitement admis au point de vue administratif qu'elles ont pu pendant longtemps présenter elles-mêmes à l'inscription les filles qu'elles racolaient. C'est ainsi que sur 12.544 inscriptions faites en seize ans, Parent-Duchatelet a relevé — outre 720 inscriptions d'office — 4436 inscriptions faites sur la demande des matrones : elles amenaient elles-mêmes les filles aux bureaux des mœurs. Sur 4470 filles de Paris, outre 265 inscrites de force, 1546 avaient été amenées par les tenancières. Dans les deux relevés, c'est un tiers des inscrites que fournissaient à elles seules les dames de maison. Trébuchet et Poirat-Duval ont à tort soutenu que ce droit des tenancières leur avait été enlevé. La vérité est au contraire qu'elles jouissent toujours de ce privilège et qu'une tenancière qui provoque à l'inscription et y conduit est toujours bien notée.

A côté des débutantes ainsi attirées ou pipées, voici les femmes suffisamment dégradées dont l'enrôlement est plus facile. Celles-ci viennent s'offrir : anciennes isolées traquées par les souteneurs, criblées de contraventions policières, exaspérées des exigences des marchands de vin logeurs, amies de pensionnaires faites à l'internement, filles passives sans pensées, sans plan de vie, sans espoir de jours meilleurs, s'abandonnant sans retour à l'existence vénérienne pour le couvert et le manger, paresseuses invétérées, vicieuses originelles de nerfs et de sang, demi-ouvrières mourant de faim et venant par bandes de cinq à dix se présenter dans le moment de presse, à la veille d'un carnaval, dans l'espoir de gagner un peu d'argent, etc.

La tenancière a beau jeu ici et n'a pas besoin de la comédie des belles promesses. Le dialogue est fort simple... La fille fait valoir ses antécédents ; elle connaît bien le travail en maison ; elle a été dans tel, tel établissement, dans telle, telle ville... ou bien elle débute, elle sera très arrangeante.... La tenancière réplique par l'exposé des exigences de son règlement intérieur et la visite corporelle, non pas la visite locale, celle que sera chargé de faire le médecin particulier de la maison avant le médecin du dispensaire, mais l'examen entier du corps de la femme au point de vue esthétique. La postulante passe dans la chambre de la tenancière ou dans un petit salon, se deshabille, et toute nue fait juger sa future maîtresse de ses agréments. Cet examen d'entrée est la condition *sine qua non* de l'admission, on le comprend

sans peine, surtout dans les grandes maisons
et dans les établissements de second ordre
où l'on n'attire et retient les clients qu'avec
un personnel de choix. Une femme bien
faite, même peu jolie de visage, est plus
sûrement admise qu'une femme de figure
agréable mais mal moulée, à membres
noueux et grêles, à gorge et abdomen dé-
formés. Une dentition saine a son prix. La
grosse femme, boursouflée de graisse, est
souvent refusée au contraire, non point
seulement à cause de la difficulté de faire
une montre plaisante

Carnarius sum, pinguarius non sum,

disait Martial, mais parce qu'il n'existe point
au vestiaire de costumes à sa taille, et qu'il
faudrait lui en fabriquer que l'on n'est point
sûr d'utiliser après son départ. En général,
même dans les maisons médiocrement rele-
vées, les obèses et les géantes sont assez
peu prisées des matrones pour cette considération, tandis que les femmes de taille
moyenne, fines, bien faites, sont accueillies
sans difficulté ; elles trouvent facilement à
leur point et sans retouches hardes et défro-
ques dans la garde-robe de service.

La tenancière tant soit peu habile sait
composer d'ailleurs le bataillon de ses pension-

naires de façon à satisfaire tous les goûts, toutes les nuances de goûts au point de vue physique comme au point de vue de l'esprit... si l'on ose s'exprimer ainsi.

Elle veut que son salon ou son estaminet réunisse tous les types : brunes, blondes, au moins une rousse, poliment dite blonde-vénitienne, potelées, sveltes, tétonnières convenables, maigriottes à silhouette de collégien vicieux. Quelque variété dans l'ethnologie, en ayant soin de ne point laisser ignorer l'odyssée, est le fait d'une patronne avisée : la Juive d'origine portugaise à côté de la Flamande ; la Bordelaise ou Marseillaise se donnant pour une fille du Levant à côté de la gamine de petite banlieue parisienne, sans oublier la femme de couleur. Il n'est pas jusqu'aux types moraux qui ne soient l'objet d'une observation raisonnée et d'un calcul : les gaies toujours riant haut, les dents découvertes, font bien, mélangées aux rêveuses ; les affectées, les prétentieuses n'ont rien qui déplaise à la tenancière à côté des brutales effroyablement cyniques ; la canaille la plus avouée de langage, de gestes et de chevelure peut coudoyer le genre fin ou sérieux, le type réservé, discret, coiffé avec bandeaux à la vierge ; chacune trouvera amateur. Enfin la tenancière prévoyante a toujours soin d'avoir dans son personnel quelque étrangère, une Allemande se donnant pour Alsacienne, une Suissesse, non romande, une Hollandaise quelque peu polygotte qui pourra au moins engager avec le client étranger les éléments de la conversation utile : les Anglaises sont rares dans les maisons publiques ; les Hollandaises paraissent particulièrement recherchées ; elles parlent couramment presque toutes, outre le français, l'anglais et l'allemand ; elles sont propres, d'un caractère égal, et bien que suffisamment buveuses, constituent de bonnes ouvrières.

Il ne faut cependant point exagérer le raisonnement des tenancières dans le choix des femmes non plus que les sévérités de cette sorte de conseil de révision tenu pour l'admission.

Les maisons de quatrième et souvent de troisième ordre ne contiennent à vrai dire que des femmes de rebut. Là, à côté de toutes jeunes filles qui débutent, en passant par toute la gamme imaginable des flétries, se rencontrent jusqu'à des vieilles femmes, des cinquantenaires usées, odieuses, soulignant encore mieux la limite d'âge par les soins maladroits qu'elles prennent à la cacher avec leurs faux crêpons, leurs perruques, et les préparations à base de colle de poisson dont elles enduisent leurs rides : c'est la *ve-*

tula, *l'anus* si outrageusement cinglée par les poètes.

Quum possis Hecubam, non potes Andromachen !

disait encore Martial à un coureur de vieilles prostituées. C'est vraiment à cette vue que se vérifie la sagesse du dicton : « Il est des femmes qui trouvent à se vendre qui ne trouveraient point à se donner ».

Dans ces maisons, comme dans les derniers bouges, on trouve encore échouées des étrangetés féminines qu'on dirait recherchées comme à dessein et pour constituer un musée de phénomènes, parfois même d'infirmités répugnantes. Il est évident que certaines femmes sont admises à titre de singularités et pour piquer les dépravations les plus bêtement grossières ; des femmes velues de ventre, de gorge et de visage, comme des hommes, des femmes à doigts et mamelles surnuméraires, des obèses qu'on dirait transportées hors des baraques de fêtes populaires, ventripotentes énormes et difformes, à gorge fluctuante et coulante comme une vessie de porc aux trois quarts remplie de graisse chaud'fondue, des géantes de même provenance, quelquefois non point trop laides de traits mais ridicules de hauteur, de celles à propos de qui Lauzun, faussant compagnie à la duchesse d'Orléans pour une orgie avec trois foraines, eût dit : « Je vous sacrifie à de plus grandes dames que vous ! » Puis des borgnesses, des bossues, des boiteuses, des femmes à jambe de bois ; en son temps Parent-Duchatelet vit une fille dénuée de tout agrément physique donner la vogue à une maison de bas étage fréquentée par des artilleurs (dont la tenancière était pour cette raison appelée la « mère aux canonniers »), uniquement parce qu'elle avait une jambe de bois. Cette amputée recevait plus de vingt hommes par jour !

« Les bestes n'endurent jamais sur leurs ventrées le masle masculant », observe Montaigne. La grossesse n'est pas pour la tenancière un cas rédhibitoire : la pensionnaire enceinte — précisément à cause de sa rareté — n'est point écartée a priori. La tenancière l'agrée ou la conserve dans son personnel, sûre qu'il se trouvera des clients qui s'en amuseront. La grossesse en tolérance donne lieu aux plus révoltantes plaisanteries : toute prostituée de maison qu'elle soit, la femme-mère en est indignée ; cette fois elle sent durement sa turpitude, et, moins allègre que Julie, la fille de l'empereur Auguste, réfléchit « qu'elle ne devrait plus prendre de passagers, une fois la barque pleine ».

CHAPITRE IV

Suite de la chasse à la pensionnaire. — Organisation du proxénétisme patenté. — La franc-maçonnerie des tenanciers. — Mutations et roulement des femmes. — « L'Annuaire des maisons de société ».

Les tenans-maison complètent leur proxénétisme officiel par une véritable organisation qui rayonne sur tout le pays : ils ont leurs courtiers pour la province comme pour le trottoir de Paris, leurs voyageurs de commerce; les maris, les amants des tenancières sillonnent les départements, surtout les pays de fabrique, vont de ville en ville, embauchant ici, embauchant là ; en relation constante avec les agents d'affaires spéciaux dont nous parlerons, qui en même temps que de la vente des fonds de tolérance s'occupent aussi du commerce des femmes ; ils ont également leurs agences et bureaux de placement personnel pour le recrutement.

Une véritable franc-maçonnerie relie entre eux tous les proxénètes, non pas seulement les proxénètes de Paris avec ceux de la province, mais nos nationaux avec les tenanciers des pays limitrophes. La grande préoccupation du métier est d'assurer le renouvellement fréquent du personnel des maisons, car les clients se lassent de toujours rencontrer les mêmes sujets. Aussi, en dehors des nouvelles recrues, est-ce un fréquent va et vient des femmes, non pas seulement d'une maison à l'autre, mais d'un département et mieux d'une région à l'autre.

Ce n'est point en effet, à propos de ces mutations incessantes, la mobilité des filles qu'il faut seule incriminer, non plus que leur désir jamais assouvi de trouver une place plus confortable : mais l'institution même comporte ces déplacements pour satisfaire la clientèle.

Les seules statistiques parisiennes qui existent sur ce point ont été données par Parent-Duchatelet ; elles portent sur les dossiers de 2254 filles qui pendant une année entière n'avaient pas quitté la ville.

Sur ces 2254 inscrites, Parent-Duchatelet trouva que 272 filles de maison n'avaient jamais été en carte antérieurement et que sur ces 272 pensionnaires d'emblée, 61 n'avaient pas changé de maison dans l'année. Quant aux autres :

306 avaient changé 1 fois			15 avaient changé 11 fois		
249	—	— 2 —	9	—	— 12 —
166	—	— 3 —	5	—	— 13 —
119	—	— 4 —	7	—	— 14 —
84	—	— 5 —	2	—	— 15 —
73	—	— 6 —	2	—	— 16 —
39	—	— 7 —	1	—	— 17 —
32	—	— 8 —	1	—	— 18 —
27	—	— 9 —	2	—	— 19 —
22	—	— 10 —			

Toutes ces filles étaient passées alternativement de carte en maison, de maison en carte ou d'une maison à une autre :

522 avaient passé 1 fois de carte en maison ou de mai-
296 avaient passé 2 — [son en carte
 65 — — 3 —
 10 — — 4 —
 1 — — 5 —

1088 filles en carte n'avaient jamais été en maison.

Dans les départements, la *remonte* est une opération des plus importantes ; il s'établit un véritable roulement de tolérance à tolérance : les filles vont de Marseille à Boulogne-sur-Mer, de Nancy à Brest, de Reims à Bordeaux, de Lille à Lyon. Nous ne parlons pas des arrivages en bandes dans les cas de presse, quand il y a dans une ville affluence subite d'ouvriers, de soldats pour grands travaux, manœuvres de corps d'ar-

mée,etc. Les tenancières prévoyantes et bons
confrères se prêtent leurs femmes à charge
de revanche comme les paysans se prêtent
des chevaux de renfort. Un de nos amis
M. F. D., magistrat observateur et moraliste,
nous signalait ainsi des convois de femmes
arrivant des maisons de Melun dans celles de
Fontainebleau lors de la convocation des ré-
servistes.

Ce n'est pas seulement un véritable tour
de France.

La franc-maçonnerie des tenanciers
s'étend à la Belgique, à la Hollande, à la
Suisse française, l'Italie, l'Espagne. Nombre
d'entre eux du reste sont propriétaires de
tolérances à Paris ou dans les grandes villes
frontières et dans les principales villes des
pays limitrophes ; tel individu possède pignon à persiennes fermées à Lille et à
Bruxelles, à Paris et à Anvers. On sait d'ailleurs le bon accueil qui est fait aux étrangères dans leur nouvelle patrie par les
hommes en quête de relations sexuelles : une
Italienne, une Espagnole authentique en-
thousiasment la clientèle d'une ville de
Flandre ; une Flamande, une Anglaise sont
appréciées dans le Midi; une Parisienne de la
Seine enchante les bords de l'Escaut ! Les
voyages ont d'ailleurs le grand avantage de

soustraire les pensionnaires à toute autre influence que celle des tenanciers et de les
river plus étroitement à la maison : les pistes
se perdent ; les réclamations sont moins à
craindre et les vols plus faciles. Le procédé
de l'enlèvement peut se donner ici pleine
carrière et il est si couramment employé
que des gouvernements comme ceux de la
Belgique, de la Hollande et de l'Autriche ont
dû intervenir par des traités internationaux
frappant de peines sévères la traite des
femmes détournées dans les bureaux de placement, les débits de boissons, etc., et ga-
rantissant leur rapatriement au pays d'origine.

Les dessous du commerce de femmes sont
vraiment immondes. Les tribunaux inter-
viennent quelquefois quand ils sont saisis de
plaintes relatives à des détournements de
fillettes et ce sont des correspondances de
ce genre dont il est donné lecture à l'au-
dience.

    Madame,

Je vous envoie un colis de choix au tarif courant
de 300 francs. J'ai encore à votre disposition divers
articles extrafins dans la nuance blonde ou brune,
à votre bon plaisir et à la côte comme ci-dessus.

Loyauté et discrétion, et l'avenir es à nous.

L'individu qui écrivait cette lettre à une tenancière était un sieur Charles Cocq, garçon d'hôtel, correspondant et pourvoyeur habituel de maisons en province et à l'étranger : il avait déjà subi six condamnations pour délits analogues ainsi que pour escroquerie (Tribunal correct. de Paris, 5 décembre 1888). Jeannel, Yves Guyot, M. Snagge ont cité nombre de ces lettres d'expéditeur, il n'est pas nécessaire d'y insister.

Voici cependant une lettre de tenancière à courtier qui nous a été communiquée avec prière naturellement de supprimer toute indication de nom et de lieu, et ne laisse pas de jeter un jour instructif sur le commerce des femmes de maison.

« C'est une infamie, écrivait la tenancière à un courtier, vous m'avez volée. Le médecin a fait enlever hier votre Caroline. C'est une fille pourrie (sic). Comment peut-on envoyer une créature dans cet état-là ? Elle restera au moins trois mois à l'hôpital, salle Sainte Thérèse. C'est une question de bonne foi. X. va à Paris dans cinq jours, il passera chez vous le 9. Je n'accepte pas de payer deux cents francs : je consens à perdre les 43 francs de chemin de fer et voilà tout. X. m'a dit : c'est un vrai vol... »

En d'autres occurrences, ce sont les pensionnaires elles-mêmes qui, à l'instigation plus ou moins directe de leur tenancière, entrent en relation avec une autre tenancière. Voici deux lettres de filles qui sollicitent leur changement de résidence :

« Je n'ai jamais été à Lourcine, X. pouras vous l'afirmer avec preuve à l'apui ; j'ai 22 ans ; seulement je doi a Madame Z. la some de 700 francs ; mais Madame se contenteras de 450 francs contents payéz avant que je partte ; vous voyez que la some n'est pas élevé... ».

« Mon cher ami, je demande à aller à Montpellier parce que Emile T. m'a dit que le climat était bon pour la poitrine ; je tousse depuis le mois de mars comme ma sœur qui est à l'hôpital à Lille... ».

Il n'est pas jusqu'à nos colonies qui ne soient drainées pour le service des tolérances de grandes villes et notamment de Paris : il y a des proxénètes qui s'attachent particulièrement au commerce de la négresse, de la mulâtresse et de la créole en faveur connue sur le continent. Un médecin de marine de nos amis nous écrit que, dans les grands ports, notamment au Havre, à Bordeaux et à Marseille, il a vu des courtiers et courtières s'attacher particulièrement à l'embauchage des créoles et des femmes de couleur ramenées par des familles de négociants comme filles de service ou par les officiers de la marine d'Etat et de commerce comme maîtresses : ces femmes sont dirigées sur les villes de l'intérieur.

Pour assurer leur recrutement, le syndicat des tenanciers aurait, s'il l'osait, des journaux à lui : il n'a point été encore jusquelà ; il se contente, surtout dans les feuilles belges et suisses, d'insérer en bonne page des annonces où il est demandé des stock de domestiques-femmes pour service chez des étrangers résidents ou en partance ; ils ont accaparé les *Feuilles d'avis* publiées par les bureaux de placement à tel point que le département de justice et de police a dû intervenir à diverses reprises à Genève (octobre et décembre 1885) ; ils ne se gênaient point pour indiquer le montant des « *bonnes mains* » (les « gants » des maisons françaises) rapportées par la prétendue place de domestique.

En France, l'audace des tenanciers n'est pas moindre.

Au su et vu de la police parisienne et départementale, ils ont leur *Annuaire*, comme n'importe quelle corporation, les médecins par exemple, ou branche de service public, les ingénieurs de l'Etat.

L'Annuaire Reirum, anagramme du nom du sieur Murier qui édite à Paris cet index, est complaisamment signalé par tous les écrivains officieux qui ont apologié la police des mœurs, MM. Macé, Dr Reuss, Coffignon

etc. On se le procure aussi facilement qu'un
guide Conty ou que l'horaire Chaix. C'est un
annuaire exclusivement professionnel [1]. Il
peut sans doute servir aux commis voyageurs absents durant des mois de leur domicile et clients plus particulièrement fervents
des maisons, mais avant tout il a pour objet de renseigner les tenanciers eux-mêmes
sur l'état de la prostitution de tolérance en
France, en Algérie et dans les pays limitrophes ; ces messieurs et ces dames y trouvent les noms de leurs confrères, l'indication
du nombre des établissements que possède
chaque ville ; ils y voient quelles villes po-
puleuses et industrielles sont dépourvues ;
ils y voient quelles maisons ont fermé,
quelles maisons nouvelles viennent d'ouvrir.
Enfin ce document précieux contient tous
les éléments d'informations qui permettent
d'engager une correspondance active et des
négociations utiles pour le commerce des
femmes.

Des réclames commerciales consacrées
aux annonces et adresses des « *Principaux
fabricants et négociants fournissant spécialement les maisons de Société et Estaminets* »
complètent le volume. Ces principaux négo-

---

[1] V. *Appendice*. (p. 352 et s.) Quelques spécimens du
dispositif de l'*Annuaire Reirum*.

ciants ne négocient-ils que la vente des marchandises annoncées ? Nous ne pousserons point le scepticisme jusqu'à en douter publiquement... Voici des annonces de parfumerie de propreté galante, des assortiments de bas et de maillots en soie et coton, des fabriques de costumes pour bals, des corsets en tout genre, de la lingerie de fantaisie, etc., tout l'attirail enfin nécessaire à l'attifement vénérien. Les marchands de vins, eaux-de-vie et liqueurs figurent en bon rang parmi ces fournisseurs spéciaux.

CHAPITRE V

Chair fraîche. — Grandes et petites mineures en maison.

Le service des mœurs ne donne pas seulement carte blanche aux tenancières pour recruter des femmes adultes ; par l'inscription des mineures sur ses registres, il leur donne aussi exemple et licence pour exploiter encore la prime jeunesse.

Ici comme toujours, quand on s'indigne ou critique, l'ambiguïté et les contradictions du langage public des préfets trahissent le pernicieux arbitraire de l'action administrative.

Tantôt ce sont des serments négatifs : « Jamais la préfecture n'a inscrit de filles mineures ! » ou « la préfecture n'inscrit plus de mineures ! » Tantôt ce sont au contraire des assertions hautaines et dégagées : « on inscrit les mineures parce qu'il le faut et on continuera sans plus s'occuper de la clameur de haro ».

Venons de suite aux faits : ils ont plus d'importance que les réticences ou les bravades.

Pour toute la longue période antérieure à 1870 et même à 1877, les renseignements ne manquent pas et l'abus de pouvoir éclate à plein, sans arrêt.

Dès 1796, dès qu'il existe un semblant d'organisation de la police des mœurs, le bureau spécial inscrit des enfants de 16 ans, de 15 et 14 ans, des petites filles de 12 et de 10 ans. Parent-Duchatelet, au grand scandale des éditeurs de sa 3e édition, avoue que sous l'empire (1810-1813) et sous toute la Restauration il en a été de même. En 1817 un rapport de MM. Aubert et Wolf au préfet demande formellement que l'âge d'inscription officielle soit arrêté à 16 ans : naturellement le bureau continue à inscrire des fillettes de 12 et 13 ans. En 1824, le préfet Delavau rend une ordonnance qui reporte l'âge de l'inscription à 18 ans ; le 10 novembre 1826, par un ordre de service très détaillé, il revient sur la question de l'enregistrement des mineures : l'officier de paix chargé du service doit s'enquérir si les jeunes filles ont été abandonnées par leurs familles ou violentées... ; le préfet est le premier à violer ses ordonnances ; sous son préfectorat on inscrit des enfants de 13 ans. Pendant le règne de Louis-Philippe, au moment ou il termine son livre, en 1836, Parent-Duchatelet doit avouer que rien n'est changé : il trouve sur les registres de la police des enfants de 14, 13, 12 et même 10 ans. Les éditeurs de sa troisième édition (1857) consacrent deux pages de notes à démentir l'auteur dont il a fallu donner le texte intégral : ils avaient compris combien une telle accusation sous une telle plume était gênante. Les chiffres sont là cependant, fournis par les archives mêmes de la préfecture : au 31 décembre 1831 on comptait sur 3248 femmes inscrites, 2 fillettes inscrites à 10 ans, 3 à 11 ans, 3 à 12 ans, 6 à 13 ans, 20 à 14 ans, 51 à 15 ans, 111 jeunes filles à 16 ans, 149 à 17 ans, 279 à 18 ans, 322 à 19 ans, 389 à 20 ans, 303 à 21 ans, soit un total de 1,638 mineures, plus de la moitié des femmes publiques. Pour l'ensemble de la période de 1816 à 1832 sur 12,550 femmes inscrites, 2,043 avaient été enregistrées avant 18 ans ; 5,274 avant 20 ans ; soit 8,317 mineures, les deux tiers des femmes publiques. Peu encouragés par de tels chiffres, MM. Trébuchet et Poirat-Duval ont fait le silence sur toute la période de 1832 à 1855. Il faut arriver aux travaux de Lecour pour trouver une suite aux aveux de Parent-Duchatelet. Sous le second empire, de 1855 à 1869, sur une moyenne de 400 à 600 inscriptions annuelles, il y a un tiers de mineures inscrites au-dessus de 18 ans, soit 1,704 pour cette période de 14 années et un cinquième de mineures au-dessous de 18 ans, soit 504.

A partir de 1872, Yves Guyot et nous-même avons donné tous les chiffres authentiques que nous avons pu nous procurer officiellement. En 1878, avec de grandes hésitations, les statistiques étaient encore communiquées.

En sept années, de 1872 à 1878, sur une moyenne de 600 à 1,000 inscriptions annuelles, il y a constamment d'un tiers à un cinquième de mineures au-dessus et au-dessous de 18 ans inscrites, soit 994 au-dessus de 18 ans et 732 de 16 à 18 ans.

C'est alors que M. le préfet Camescasse — voulut-il couper court aux demandes de documents ou aux critiques élevées de ce chef contre son administration ? — formula son célèbre démenti sur l'inscription des mineures.

Le préfet niait l'évidence.

Un déluge de protestations vint étouffer

l'imprudente parole. Le corps médical associé à l'œuvre même de la police des mœurs rendit hommage à la vérité en désavouant son chef.

Personne ne prit au sérieux les chiffres de 13 et de 9 inscriptions de mineures donnés pour 1879 et 1880 ; quant aux années suivantes, 1881 avec 137 mineures inscrites, 1882 avec 42, 1883 avec 131, 1884 avec 322, 1885 avec 409, elles appartenaient sans contestation à l'administration du même M. Camescasse [1].

M. le Dr Corlieu, qui, avant d'être bibliothécaire de la Faculté de médecine, avait été médecin du dispensaire du Quai de l'Horloge, pouvait écrire : « M. le préfet de police Camescasse a juré ses grands dieux qu'il n'inscrivait plus de mineures ; il serait facile de lui prouver qu'il s'est ou qu'il a été trompé. Je sais bien que l'administration éprouve parfois de grands embarras ; mais il ne faut

---

[1] A Saint-Lazare, pendant ce préfectorat de M. Camescasse, en 1881, sur 4.077 filles inscrites incarcérées à la seconde section, 1198 avaient de 16 à vingt ans ; en 1883 et 1884 sur 4.000 et 4.200 filles également incarcérées à la seconde section, 1201 et 918 avaient de 16 à 20 ans (Caroline de Barrau, Coffignon, Dr Reuss, Emile Richard). MM. les docteurs Maireau et Commenge, feu Emile Richard, ont cité les chiffres suivants des mineures insoumises envoyées en punition : 219 en 1883, 277 en 1884, 120 en 1885, 85 en 1836, 50 en 1887, 60 en 1888, 54 en 1889 (octobre).

pas qu'elle se pose en moralisatrice ou en persécutée ». Après Corlieu, le Dʳ Lutaud, médecin de Saint-Lazare, pouvait écrire à son tour : « Quelque surprenant que le fait puisse paraître, il n'en est pas moins vrai : des filles de 15 à 18 ans sont inscrites chaque année sur les registres de la Préfecture de police et pourvues d'une carte de prostituée. L'administration nie le fait — tout mauvais cas est niable — mais elle n'en admet pas moins, dans son zèle à faire des recrues, tout ce qui peut grossir le nombre des filles soumises. Nous sommes donc dans la nécessité de contester l'affirmation de M. Camescasse. Dans les râfles que font les agents, on ne prend souvent que les pauvres filles à peine sorties de l'enfance ».

M. Camescasse eut parlé avec plus de dignité en déclarant que la règle policière était d'inscrire à partir de seize *et même de quinze ans*, en reprenant l'argumentation en cours dans ses bureaux, basée sur « l'aptitude physique » (Parent-Duchatelet), sur « les apparences physiques » (Lecour), enfin sur l'article 144 du Code civil qui permet le mariage des filles à 15 ans révolus.

Ce règlement était appliqué pendant le préfectorat de M. Camescasse, comme il l'est aujourd'hui à l'heure même où paraît ce livre.

En 1886, 370 mineures étaient inscrites ; en 1887, 276 ; en 1888, 265 ; en 1889 (octobre), 218.

Or, c'est le dernier historiographe de la police des mœurs, le D' Reuss, qui en fait l'aveu : « il est rare de voir une mineure venir demander elle-même son inscription : habituellement l'inscription des mineures se fait d'office ». (*Textuel*).

Le lecteur peut conclure.

La police parisienne invoquera-t-elle pour excuse que partout en France, dans les grandes, moyennes et petites villes, les commissariats centraux inscrivent aussi des mineures ? Le fait est malheureusement trop vrai.

M. E. Dietze, commissaire central de la police de Marseille, a donné le chiffre des mineures inscrites dans cette ville de 1876 à 1881 : en six ans, ce magistrat a encarté 391 mineures, une moyenne de 40 à 80 par an (*Rapports à la municipalité. — 1876-77*).

Dans son beau travail accompagnant le projet de loi sur *la Protection des enfants abandonnés* et à l'Académie de médecine (13 mars 1888), l'éminent D' Roussel a produit nombre de chiffres recueillis au cours de l'enquête administrative qu'il avait provoquée.

Tout incomplètes qu'elles sont (les préfets

n'ont point dissimulé que leurs chiffres étaient minorés), ces statistiques, qui portent seulement sur 57 départements, sont suffisamment édifiantes. Nous relevons les indications suivantes : à Angoulême 35 mineures inscrites ; à Marseille 26 ; à Troyes 22, de 16 à 20 ans (dont 1 mariée); à Laon et Château-Thierry 12 ; à Dijon 16 ; à Caen 11 ; à Angoulême 10, *toutes orphelines de père et de mère* ; à Poitiers 17 (dont 3 de 17 ans, 1 de 16 ans, 1 de 15 ans); au Mans, 17 ; à Boulogne-sur-Mer 10 ; à Clermont-Ferrand 20 de 16 à 20 ans ; à Lorient 24 ; à Nevers 7 ; à Cherbourg 16 ; à Périgueux 5 ; à Besançon 43 ; à Brest 40 ; à Auch 10 ; à Rennes 17 ; à Saint-Etienne 17 ; à Nantes 29 ; dans le Loiret, 20 à Orléans, 12 à Montargis ; à Perpignan 8 ; à Toulon 15 ; à Versailles 26 ; dans la Seine-Inférieure, 37 au Havre, 45 à Rouen ; en Meurthe-et-Moselle, 15 à Lunéville, 32 à Nancy ; à Tours 7 ; à Bordeaux, 98 de 17 à 20 ans (de 1855 à 1860 sur un total de 1004 prostituées inscrites, Jeannel avait relevé 206 mineures) ; à Lyon 300.

Partout l'inscription des filles mineures et des fillettes se fait donc couramment et pour ainsi dire d'une manière régulière, en dépit de quelques hypocrisies procédurières comme celles relatées par Garin dans le Rhône. « A

Lyon, par exemple, les filles mineures ne
sont pas inscrites, d'après ce médecin ; elles
sont seulement tolérées ; *on en fait une liste
à part* et elles sont soumises aux visites sanitaires comme les filles inscrites adultes
(*sic*)... » Nous ne distinguons pas bien le
distinguo administratif. Dans telles autres
villes, à Bordeaux, il y a des formules d'inscriptions toutes préparées à l'usage des mineures : le Dr Jeannel en a donné des spécimens. Pour Paris, M. d'Haussonville fils a
indiqué dans son livre sur l'enfance malheureuse et vicieuse le moyen dont se sert la
Préfecture pour faire son racolage sans se
compromettre : « quand il s'agit d'une mineure, écrit-il, on lui fait signer sa demande
d'inscription qui dégage la responsabilité du
fonctionnaire vis-à-vis des tiers ».

L'inscription de mineures et fillettes est
un acte déjà très gravement immoral.

Leur internement en tolérance vient para-
chever cette organisation.

L'inexpérience de cette jeunesse en fait
une proie toute dévolue aux maisons publiques.

Parent-Duchatelet — toujours au grand
scandale de ses derniers éditeurs —déclare
avoir trouvé dans les maisons de prostitution
des enfants de 14, 13, 12 et même 10 ans, à

titre de demi-pensionnaires et d'externes pour passades et même de pensionnaires.

Rien n'est changé : il en est de même aujourd'hui dans les maisons publiques de Paris et de la province.

Il ne s'agit point en effet de l'étranger où les exemples abondent : il serait trop facile d'évoquer les procès de Bruxelles (1880) et de rappeler les tenancières de la rue Pachéco qui avaient constitué un parc de fillettes de 11 à 14 ans pour les amateurs de la débauche favorite de Tibère à Caprée ; il serait trop facile de rappeler les statistiques de Sperck (1876) et de P. Nicolsky (1879) pour les tolérances de Pétersbourg et de Kieff ; de rappeler enfin le commerce infantile de la riche tenancière de Londres, La Jeffries, dénoncée dans les articles retentissants de la *Pall Mall Gazette*, condamnée en 1885 à une amende de 200 L., et en septembre 1887 à une seconde amende de 400 L., accompagnée de six mois de prison. (Affaire de Brompton square). Les abus commis à l'étranger sont de mauvais arguments pour émouvoir les Français, nous l'avons dit.

Non, il s'agit spécialement et nommément des maisons publiques de France.

Quel est le chiffre absolu ou relatif de ces petites pensionnaires ? C'est ce qu'il est difficile de savoir. Quand on fait figurer cette demande sur un questionnaire adressé à la Préfecture, celle-ci répond invariablement : « Cette statistique ne se fait pas (*textuel*) ».

Ce mutisme s'explique.

Mais les faits qui éclatent de ci de là, tantôt devant la police correctionnelle, à propos de courtiers trop maladroits ou dénoncés, tantôt dans des enquêtes particulières menées par des individualités isolées ou des sociétés de moralité publique, suffisent à instruire des procédés de la police des mœurs vis-à-vis des grandes et petites mineures.

L'enquête municipale de 1879 et 1881 avait mis en lumière des cas comme ceux-ci, à Paris et dans les départements.

A Paris, une jeune mineure, circonvenue par des femmes qui lui affirment qu'une fois en carte elle sera complètement maîtresse de ses actions, vient demander son inscription à la Préfecture. A peine a-t-elle signé, que le *chef du bureau des mœurs objecte qu'elle est trop jeune pour vivre en liberté et rester fille isolée : il la fait conduire dans une maison de tolérance.* Au bout de quelques mois un ouvrier s'intéresse à cette malheureuse, paie ses dettes, lui loue une chambre qu'il meuble et lui promet de l'épouser si elle se conduit bien. C'est alors qu'une généreuse femme, Mme Emilie de Morsier, rencontre cette jeune fille, s'intéresse à elle et constate qu'elle n'a jamais eu le moindre instinct vicieux, qu'elle mène sans hypocrisie la vie la plus régulière (mars 1879).

A Paris, dans une tolérance périphérique, l'inspecteur des mœurs Lasne trouve une enfant de 15 ans (id.).

A Paris, une enfant de 15 ans, la petite C., est arrêtée, enfermée à Saint-Lazare par mesure administrative et de là transférée dans une maison publique du quartier Montrouge (id.).

A Paris, en décembre 1877, nous voyons une fillette de 15 ans, Mlle S., enlevée de chez ses parents par un tailleur qui la livre au bout de peu de temps à une maison de tolérance du quartier des halles, après l'avoir entièrement dépouillée. La famille avait porté bruyamment plainte : la Préfecture n'avait pu esquiver l'enquête.

M. le Dr Level, longtemps médecin des écoles de la ville de Paris, a vu, dans une tolérance parisienne, une enfant de 16 ans (id.).

M. Naudin, devenu après Lecour chef de la police des mœurs, inscrit couramment des jeunes filles de 17 ans (id.). Les jeunes filles de 17 ans se comptent du reste par

vingtaines dans les tolérances parisiennes
(M. Lassez id.).

En province, pendant la même période, les
constatations sont analogues.

Dans les tolérances de Reims, un juge de
paix, M. de Bourbonne, trouve plusieurs
fillettes de 16 ans (id.).

A Nantes le règlement admet officiellement les filles de ce même âge.

Le Dr Mireur, médecin en chef du dispensaire de Marseille, note pour la période
décennale 1872-1882 l'âge de toutes les mineures règlementairement inscrites qu'il a
rencontrées dans le personnel des maisons du
chef-lieu des Bouches-du-Rhône :

Age des mineures.	Nombre des mineures.	Age des mineures.	Nombre des mineures.
14 ans	1	18 ans	78
15 ans	12	19 ans	89
16 ans	35	20 ans	103
17 ans	56		

Plus récemment encore le tableau reste le
même.

Après enquête pour son rapport à la
commission sanitaire, Emile Richard écrit,
en mars 1890 : « A Lyon et à Marseille, les
filles mineures composent une partie importante du personnel des maisons de tolérance. Paris n'a point le monopole de leur
inscription ».

En novembre 1889, un tisserand de Saint-Dié, proxénète de métier ou d'occasion, est arrêté pour avoir falsifié l'acte de naissance d'une jeune fille, Caroline H., qu'il avait adressée à une maison publique de Nancy, sans naturellement l'avoir prévenue de l'emploi qu'il lui destinait.

Le 13 mars 1888, à l'Académie de médecine, M. le Dr Th. Roussel rapporte le fait suivant qui lui est communiqué par M. Huguet, sénateur et maire de Boulogne-sur-Mer, et donne l'explication de la si fréquente présence de mineures pensionnaires dans les tolérances de cette ville. Une fillette de 15 ans comparaît devant le commissaire central pour remise de la carte de prostituée ; son air d'extrême jeunesse frappe le magistrat de police. Une enquête est faite par la mairie. Les parents sont incapables ou indignes : pour se débarrasser de l'enfant, ils l'ont placée domestique à l'âge de 13 ans ; ils ne veulent plus s'en occuper. L'administration municipale répugne toujours à ordonner l'inscription de cette fillette ; elle recommence ses démarches auprès des parents, de l'Assistance publique, du procureur de la République. Tout échoue. Le père refuse formellement de reprendre son enfant ; la préfecture fait la sourde oreille ; l'assistance publique se dérobe parce que l'enfant a plus de douze ans et que dès lors c'est une charge qui ne lui incombe plus ; le parquet « se désintéresse complètement, déclarant ne pouvoir rien faire » ; de guerre lasse, la mairie ordonne l'inscription de cette enfant de quinze ans. « Appuyée de ce précédent, concluent MM. Roussel et Huguet, la police a depuis requis et obtenu l'encartement de huit ou dix autres mineures, également abandonnées, la plupart filles naturelles ou orphelines ».

En juillet 1890, la police retrouve à Bordeaux, dans une maison de tolérance, une jeune fille de 16 ans que ses parents faisaient activement rechercher. Un proxénète B. Reynaud, opérant à Marseille, avait promis à cette enfant une place lucrative dans un café de Buenos-Ayres et au bout de quelques jours l'avait expédiée contre paiement d'une prime à sa correspondante bordelaise, sous la conduite de sa maîtresse, une fille Goupillon. L'instruction révéla que Reynaud était un pourvoyeur habituel de maisons de tolérance. En 1889, il avait déjà envoyé des mineures, entre autres une fille G., dans une tolérance de Draguignan. La quatrième chambre correctionnelle de Marseille condamne le proxénète à six mois de prison.

En décembre 1890, un proxénète du nom

de Barthès, auxiliaire habituel de la police locale et figurant d'ordinaire comme témoin gagé dans les procès scandaleux où elle a besoin de charges aggravantes, est arrêté également à Marseille pour avoir vendu une fillette de quinze ans au tenancier d'une maison publique de Toulon. L'affaire en elle-même eût été de peu d'importance et n'aurait point attiré l'attention du parquet de Marseille, si Barthès n'avait au préalable dépouillé l'enfant de quelques pauvres bijoux et de sa montre : cette histoire de vol vint aux oreilles d'un substitut du procureur de la République par l'intermédiaire d'une personne à qui la fillette s'était confiée.

A Paris aussi, ces dernières années révèlent des faits semblables à ceux de l'enquête 1879-81.

En 1888, Carlier écrit d'une manière générale : « Cela est vrai : il y a à Paris des filles publiques qui sont mineures et qui de plus sont pensionnaires dans les tolérances... ».

Et, plus loin : « C'est dans les maisons de barrière qu'on rencontre le plus grand nombre de filles jeunes et jolies ; c'est là que débutent ordinairement les nouvelles inscrites. Après quelques mois d'expérience, elles se présentent dans les établissements en réputation ».

En mars 1886, un nommé Briand est condamné par la II° chambre du tribunal correctionnel à 13 mois de prison ; il avait fait de son bureau de placement, pendant deux années, une agence pour les tolérances parisiennes ; il exportait aussi à Londres des jeunes filles nouvellement amenées à Paris. La correspondante anglaise, la dame Newmann, n'avait pas reçu moins de 112 jeunes filles de Paris.

En décembre 1887, la huitième chambre correctionnelle condamne à 13 mois de prison trois proxénètes, C. et ses deux associés, qui procuraient à la tenancière parisienne Benoît des mineures au prix de commission de 70 à 100 francs : ces individus fabriquaient de faux extraits de naissance. Le bureau des mœurs, moins scrupuleux que le maire de Boulogne, n'avait pas prescrit l'enquête commandée par l'invraisemblance de l'âge attribué à un visage, à un corps d'enfant !

La tenancière Benoît, coupable d'avoir reçu les mineures en parfaite connaissance de cause, n'était condamnée qu'à un mois de prison.

En avril 1890, un sieur B., placier pour tolérances, est également condamné à treize mois de prison par le tribunal correctionnel de la Seine : il avait amené dans une maison

publique de Paris trois mineures qui, dès le
lendemain de leur entrée, voyant trop clairement quel rôle on leur réservait, s'étaient
enfuies et étaient allées directement porter
plainte, non pas au commissariat, mais au
parquet.

CHAPITRE VI

Suite du chapitre précédent. — Histoire d'une petite pensionnaire de 15 ans.

Les tolérances des petites villes des environs de Paris, séjour ou à proximité de garnisons, comme Saint-Germain, Versailles, Rueil, sont particulièrement dangereuses pour les jeunes filles en détresse sur le pavé de la capitale: les recruteurs parisiens connaissent bien les préjugés des milieux militaires si favorables parfois encore à la prostitution cloîtrée et la sécurité qui en résulte pour leurs opérations de rabats.

C'est précisément à propos d'une petite mineure qui, après une odyssée lamentable à travers ces tolérances suburbaines, était venue échouer dans une maison publique de Genève, que l'opinion en Suisse a fini par se décider, il y a deux ans, à examiner la question de la prostitution réglementée et à provoquer dans nombre de cantons une enquête officielle.

Par quel concours de circonstances une petite Française de quinze ans était-elle devenue l'occasion de ce gros scandale sur les bords du Léman, à plus de cent lieues de la Basse-Normandie, son pays natal ?

Nous ne pouvons mieux faire que de le laisser répéter ici à l'homme de cœur et de talent, au vaillant publiciste genevois, M. Charles Ochsenbein, qui dénonça les faits dans un mémoire dont un malencontreux procès fit reconnaître devant la justice fédérale elle-même la scrupuleuse exactitude [1].

« J'ai promis de dénoncer ces abus, écrivait en juillet 1888, M. Charles Ochsenbein : en pareille matière on n'a que l'embarras du choix. On trouve des filles enfermées dans les maisons sans avoir jamais été inscrites à la police ; d'autres inscrites, dont tout le stage de prostitution à l'étranger a consisté en une promenade à Annecy, entre le train du matin et celui du soir. On ne finirait pas s'il fallait conter les histoires de violences personnelles, de vêtements retenus, de bijoux confisqués. Il y a là des iniquités de quoi remplir un volume.

« M. le chef du département de Justice et

---

[1] Un Crime. — *Appel au peuple de Genève* (Rivera et Dubois. Genève, broch. 1888), p. 1-5.

Police qui vit dans l'Hôtel-de-Ville, palais plein de prestiges et d'illusions, a pu affirmer avec la plus entière bonne foi les deux points suivants : « Il n'y a pas de mineures dans les maisons de tolérance de Genève ; le contrôle de la police prévient tous les abus de cette nature. Au moment de leur inscription les filles comparaissent devant un fonctionnaire qui les exhorte à changer de vie, et on ne les inscrit que sur leur refus réitéré de profiter de l'aide qu'on leur offre ».

« En regard de ces assertions, voici un cas qui vaut tous les autres, une histoire des plus navrantes qui se puissent raconter.

« Marie L. est née le 11 juillet 1872, dans un petit village du département de la Manche ; toute jeune encore elle vint à Paris et se plaça chez un boulanger de la rue Saint-Maur qui l'employait comme porteuse de pain.

« Par malheur, elle rencontra un jour, dans la rue, un homme qui la trouva gentille et lui dit, après quelques menus propos :

— Tu fais là un métier beaucoup trop pénible pour ton âge. Combien gagnes-tu donc ?

— Vingt-cinq francs par mois.

— C'est peu, c'est trop peu. Si tu veux entrer chez moi, tu gagneras bien davantage avec beaucoup moins de peine.

« La petite ne se le fit pas dire deux fois ; elle quitta le boulanger et suivit sans défiance, ce..., nommé Chapu, qui la conduisit directement à Rueil, près de la forteresse du Mont-Valérien, dans une maison de tolérance dont il était propriétaire.

« Elle était perdue et n'avait que quinze ans.

« Cependant une difficulté se présenta. Comment la faire inscrire ? Elle n'atteignait pas seize ans, *l'âge légal*. S'il est avec le ciel des accommodements, il en est encore davantage avec la police. On fit venir du pays, sous un prétexte quelconque, les papiers d'une des sœurs de Marie-Augustine, plus âgée de neuf ans. Le commissaire ne fit pas la moindre difficulté pour admettre qu'une gamine de quinze ans en avait vingt-quatre. Le système tout entier n'étant qu'une fiction, une fiction de plus ou de moins ne fait rien à l'affaire.

« J'entends d'ici quelques lecteurs s'écrier : « Voyez comme ce service est mal fait en France ! Ce n'est pas comme avec notre organisation... » Ne vous vantez pas trop, Genevois ! Patience.

« Après quelque temps, Marie L. fut vendue

60 francs à un tenancier de Versailles qui, à son tour, la céda pour 400 francs à un de ses correspondants de Lyon. On ne la gardait jamais longtemps dans un établissement parce qu'elle manifestait sans cesse l'intention de changer de vie.

« Arrivée à Lyon, la petite médita une évasion, mais elle fut dénoncée par une de ses compagnes. Après lui avoir administré la correction ordinaire, on l'amena à Genève.

« Mme Destral, tenancière patentée de la Rue-Neuve, jugea cette jeune marchandise excellente pour sa clientèle et en fit emplette.

« C'était le 5 mars 1888.

« Marie L. était âgée exactement de 15 ans et 8 mois.

« Elle fut cependant officiellement inscrite comme prostituée. Sur le vu des papiers de sa sœur, on se persuada tout aussi facilement qu'à Rueil qu'elle avait vingt-cinq ans. J'ai vu Marie L. l'autre jour et j'en ai eu le cœur serré. Ce n'est pas une jeune fille, c'est une petite fille. Elle est mince, pâle, avec de grands yeux bruns ; elle a l'air à la fois très doux et très enfantin, mais un voile de tristesse et de résignation même obscurcit sa jeunesse décolorée... ».

Heureusement pour elle l'enfant est atteinte de scarlatine, au bout de 19 jours de service chez la dame Destral ; elle entre à l'hôpital le 24 mars. C'est là que M. Ochsenbein et ses honorables amis et amies de la *Fédération* la trouvent, recueillent ce récit de sa bouche, sur ses supplications l'arrachent à la tenancière de la Rue-Neuve qui l'attendait à la porte de l'hôpital, et la mettent en sûr et bon abri. « Il faudra des années pour reconstituer cette créature, je ne crains pas de dire cette victime », conclut le publiciste genevois.

Cette petite Française a été détenue à Rueil et à Lyon.

Existe-t-il un article 334 du Code pénal ainsi conçu ?

« Quiconque aura attenté aux mœurs en excitant, favorisant ou facilitant habituellement la débauche ou la corruption de la jeunesse de l'un ou de l'autre sexe au-dessous de vingt et un ans, sera puni d'un emprisonnement de six mois à deux ans ».

Existe-t-il des arrêts de la Cour de cassation ainsi libellés ?

« Il y a délit à favoriser la débauche d'une fille mineure, *par exemple à l'admettre dans une maison de tolérance comme prostituée*, alors même qu'un règlement local tolérerait

cette admission pour les filles de moins de
21 ans, un tel règlement n'ayant pas le pouvoir de restreindre les prohibitions de l'article 334 du Code pénal » (Arrêts du 17 novembre 1826, et 10 novembre 1854.)

CHAPITRE VII

Exploitation des femmes en maison. — Vols. — Dettes. — Amendes. — La question des nippes. — Le compte-courant.

On imagine facilement le tête-à-tête des deux genres de femmes mises en présence dans la maison et la vie des malheureuses placées sous la main d'un personnage qui n'a qu'une idée fixe : gagner de l'argent.

Dans l'esprit de la tenancière, en effet, on ne le remarque point assez, le mobile théorique de la police n'a point accès : quelque fausse qu'elle soit, dans la conception administrative de la maison, il y a encore une arrière-pensée d'intérêt public. Qu'est-ce que cet objet pour la tenancière ? Autant lui parler grec ou mécanique céleste.

Non, la situation est fort simple à ses yeux.

Pour la tenancière tout se réduit en fin de compte à une question de rendement : c'est pour cela qu'elle a entrepris le commerce. Son calcul ressemble à celui des compagnies de transport : un wagon en tant d'années doit avoir parcouru tant de kilomètres ; un cheval sur le pavé de Paris doit avoir fourni tant d'heures de travail quotidien ; tous deux doivent avoir rapporté tant d'argent. La comparaison n'est même point exacte : une administration avisée ne force ni jarrets ni essieux au-delà de la mesure supputée. La tenancière, elle, a sous main l'inépuisable marché des pauvresses. Qu'elle fausse ou brise la fille, peu importe ! Le rechange ne manque jamais.

A l'œuvre donc ! Pourvue de son diplôme, sans cahier des charges gênant, la voilà libre de faire suer à ses femmes tout l'argent qu'elle pourra, de leur mesurer jusqu'au pain qu'elles mangent, comme de leur jauger l'air qu'elles respirent.

Le régime intérieur, c'est elle qui l'établit, sans contrôle. « Les filles de maisons, a dit M. Coué devant la Commission municipale de la police des mœurs, sont soumises à des *règlements particuliers*, qui leur sont imposés par les maîtresses des établissements ; l'exécution rigoureuse de ces règlements dans la rédaction desquels l'administration n'a point à intervenir rend assez facile la surveillance de la police.... »

C'est cette femme qui fixe de son autorité

souveraine la règle relative aux rapports d'intérêts qu'elle aura avec ses filles : c'est elle qui fait les us et coutumes.

Les rapports d'intérêts sont généralement régis selon deux systèmes en apparence différents, usités l'un à Paris et dans la banlieue, l'autre dans presque tous les départements.

Dans le premier, dit régime des filles d'amour en langue du métier, les femmes ne reçoivent absolument rien du prix des passes versé entre les mains de la matrone : elles ne touchent uniquement en espèces que les « gants » obtenus de la générosité des visiteurs. En échange de leur travail la tenancière leur doit le logement et la nourriture ; elle leur doit aussi, d'après les historiens les plus autorisés des tolérances, le combustible, la lumière, le linge, le blanchissage, les habits intérieurs, la coiffure et l'entretien en général. C'est le régime en cours dans le département de la Seine.

Dans l'autre, dit régime des filles pensionnaires, les femmes touchent également leurs « gants » et de plus ont droit à tant sur le montant de la passe, le plus ordinairement à la moitié : mais elles paient pension (de 90 à 200 fr. par mois). C'est le régime provincial.

Le compte des recettes s'établit par jetons frappés avec numéro d'ordre et remis à chaque fille : en montant avec le client, la fille donne son jeton à la tenancière qui le dépose dans une tire-lire munie de cadenas. Le dépouillement est fait chaque matin en présence des intéressées et porté sur le livre de comptes ; la balance est établie à la fin du mois.

Tout d'abord, la fille ne fonctionne pas encore dans la maison qu'elle est déjà empêtrée dans le filet des combinaisons financières de la proxénète. Le fait seul d'entrer en maison sur la présentation ou l'indication de tel vaut un courtage, lequel est de suite porté au compte de la nouvelle pensionnaire.

La première dette est le premier bénéfice de la tenancière.

A Paris, tenancières et courtiers s'entendent pour donner à leur créance la forme de billets, sous prétexte de fournitures indispensables à l'entrée en campagne. Des notes remises il résulte que ces billets peuvent atteindre le chiffre de 2.000 et même 4.000 francs ! Une jeune fille hollandaise sans ressources, mise à la porte d'une famille où elle était sous-gouvernante à Paris, fut ainsi vendue, il y a trois ans, à une des grandes tolérances près la Bibliothèque nationale en

signant une reconnaissance de 2.000 francs.
Le plus souvent le chiffre du billet oscille
entre 800 et 1.200 francs. Il est inutile de
faire remarquer que le procédé de la reconnaissance, moins brutal que l'ouverture pure
et simple d'un compte avec passif immédiat,
a été inspiré aux proxénètes parisiennes
par une prudence que légitime le débat ouvert sur la réglementation.

En province, la première dette, d'un
chiffre moins élevé, est naturellement cons-
tituée par les frais de voyage de la fille et
du courtier : d'où la formule passée dans la
correspondance des tenanciers et désignant
la fille « colis de 300, de 500 francs ».

La tenancière a rivé au pied de la pensionnaire le premier chaînon : elle tiendra toute
occasion bonne pour enfler la dette. Gants
obtenus seuls dans le régime parisien, gants
augmentés des jetons de passe dans le système provincial, pauvre pécule ou notables
économies, il lui faut tout l'argent de la fille ;
les avances, les prêts usuraires, les fournitures de luxe professionnel, les consommations de gourmandises, les cadeaux obligatoires, etc., etc., elle va employer tous les
moyens.

La pensionnaire en dehors de la maison
ne peut faire aucune emplette de quelque

une mince garde-robe, veulent s'en servir ;
la tenancière s'y oppose absolument ; si elle
ne parvient pas à triompher de leur obstina-
tion, elle ne s'en montre que plus exigeante
sur la fraîcheur des attifements, et la dépense
obligatoire n'en devient finalement que plus
lourde pour les femmes qui voulaient esquiver le vol des achats. D'ailleurs, quand la
tenancière n'est pas arrivée — fait rare — à
vendre ses nippes et costumes, elle contraint
les femmes à prendre en location les trous-
seaux de son vestiaire : tantôt elle donne
comme raison que le genre des vêtements
de ville et des toilettes de salon qu'elle fournit est inimitable ; tantôt que les femmes
doivent porter des vêtements uniformes et
de même couleur (corsages, maillots, voiles
de gaze, etc.). Elle a soin de faire fabriquer
tout cet attirail dans la maison même et,
sous prétexte d'entretien, d'usure, de modifications dans le détail, sous prétexte de soi-
disant renouvellement mensuel ou trimes-
triel, elle exige un versement hebdomadaire
variant de 20 à 50 francs ! Ainsi est observé
le prétendu contrat, dont on parle souvent à
la préfecture, par lequel toute pensionnaire
n'est pas seulement logée et nourrie aux
frais de la tenancière, mais a droit également
à l'usage gratuit de tous les vêtements, pei-

gnoirs, costumes et objets de nécessité analogues. Carlier, qui a souvent visité ces ves-
tiaires de tolérances, n'a pu s'empêcher de
dire combien étaient parfois sordides les
hardes louées aux femmes.

La question du linge de corps et surtout du
linge de lit et de toilette a une importance
professionnelle sur laquelle il est inutile d'insister, aussi la tenancière en profite-t-elle
pour réaliser de ce chef les plus sérieux bénéfices par des prix de blanchissage fantas-
tiques ou des conventions particulières ini-
maginables. Dans un grand nombre de maisons, par exemple, les draps du lit de la
chambre de passe sont seulement renouvelés
tous les quinze jours : la femme doit s'ar-
ranger pour ne pas les laisser polluer ; si le
change est indispensable avant le délai
règlementaire, le blanchissage est porté à
son compte. Dans les maisons où les chambres de passe servent en même temps de
lieu d'habitation aux femmes, le change
des draps ne se fait également que tous les
quinze jours ! La pensionnaire répond des
avaries. Dans ces mêmes maisons, si la pensionnaire veut que ses serviettes de toilette
ne servent pas aux clients, elle doit payer
un supplément de linge : réglementairement,
elle n'a droit qu'à deux serviettes par se-

maine ; deux serviettes supplémentaires sont tarifées un franc.

En dehors du prix de location du linge de corps, la tenancière exige le prix du blanchissage et là elle se donne aussi librement carrière : les chemises de dentelles, les mouchoirs de batiste doivent être lavés à l'eau de riz....

L'abonnement à la coiffure est directement payé à la tenancière. Tous les jours, vers trois ou quatre heures, le coiffeur vient procéder à l'édification savante d'un édifice qui doit être à la fois élégant et solide : les frisures, poses de postiches, applications de teintures avec usage de séchoir, ne sont pas comprises dans le prix de l'abonnement qui n'est jamais moindre d'un franc par jour. Le coiffeur ne touche généralement que le tiers ou la moitié de la somme : c'est à cette condition qu'il est concessionnaire du privilège. Les prix de la parfumerie sont du quintuple au décuple plus élevés que ceux des meilleures maisons du boulevard.

L'abonnement au pédicure, à la manicure, dans les grandes maisons, est également payé à la tenancière. Ci : de 5 à 10 francs par semaine.

En maison, l'usage des bijoux est général : c'est un des côtés de la parure sur lequel la tenancière pousse le plus ses femmes ; les femmes elles-mêmes, pour faire hausser le montant des gants, en montrant aux clients combien elles ont été déjà appréciées, sont accessibles à l'invite. Quand elles n'achètent pas les bijoux, elles les louent ; quand elles ne peuvent les avoir en vrai, elles se contentent de faux. Dans les grandes maisons, le port des bijoux achetés ou loués est obligatoire. Le bijoutier attitré fait à la tenancière des remises importantes s'il vend directement, mais le plus souvent c'est elle qui fait la revendeuse. Quelquefois elle désigne elle-même un bijou à une femme et la force à l'acheter sous peine de renvoi ; d'autres fois elle loue ses propres bijoux ; enfin, de toutes façons elle excite les filles à rivaliser de luxe entre elles. La location de parures avec diamants atteint des chiffres usuraires inconnus chez les plus habiles marchandes à la toilette. Des notes remises nous indiquent les chiffres suivants pour prêt quotidien ; un diadème rubis et diamants 150 francs, une aigrette perles et diamants 100 francs, une montre chiffrée en diamants avec chaîne 50 francs, bagues et bracelets de 15 à 50 francs, etc. Les bijoutiers figurent d'ailleurs souvent parmi les commanditaires et créanciers de tolérances pour des sommes qui indiquent de

quelle exploitation les filles sont victimes[1].
M. Macé, dans la succession d'une grande
tenancière parisienne, a eu entre les mains
la facture d'un bijoutier montant à 100,000
francs.

Mais la cupidité de la tenancière ne se
contente point de spéculer sur la coquetterie
des malheureuses qui, hier encore, affublées
comme ouvrières, domestiques ou paysannes
de la livrée prolétarienne, les mains rouges,
en chemise de grosse toile, en bas de laine,
en bonnet sale, mal peignées, les chaussures
éculées, jetaient un œil d'envie sur les
femmes élégantes croisées dans la rue ou
servies dans des appartements confortables,
et vont pouvoir à leur tour, ne serait-ce que
quelques heures quotidiennes, être finement
vêtues, coiffées et parfumées comme des dames ! Elle spécule sur le besoin, sur la faim,
sur la gourmandise provoquée.

D'ordinaire les femmes ont droit dans les
tolérances à trois repas qui sont pris en commun et présidés par la tenancière en personne généralement assistée de son mari
ou de son amant : le premier repas a lieu à
midi et se compose d'un plat de viande, d'un
plat de légumes et d'un peu de fromage ; le

---

[1] Notes remises par X., ex-inspecteur.

second ou dîner vers 5 heures 1/2, ou six heures au plus tard, afin de laisser le temps de s'attifer, est plus restaurant : il comprend un plat de plus, viande froide ou second plat de légumes, en dehors du potage ; le soldat va au feu le ventre plein ; enfin le souper qui se compose des reliefs froids du dîner a lieu à une heure variable selon l'affluence des clients, tantôt à une heure, tantôt à cinq heures du matin : dans quelques maisons les femmes ont même droit pendant la nuit à une autre collation froide, d'ordinaire composée de pain, de salade et de fromage, quelquefois d'une petite tranche de viande. Dans la plupart des tolérances le vin n'est jamais compris dans la nourriture : quelques maisons le donnent sous forme d'abondance, rationnée comme dans les collèges, un verre par femme à chaque repas.

L'insuffisance d'une telle alimentation, en dehors même des provocations de la tenancière, entraînerait à elle seule la demande « des suppléments, des extras », que les femmes doivent naturellement payer des prix exorbitants. Hors d'œuvre, viandes roties, ragoûts, primeurs, vins fins, confitures, gâteaux, café, liqueurs, servis à la tenancière ou demandés par telle fille, sont ainsi comme imposés à la tablée entière. Le prix du simple carafon de vin ordinaire renseignera sur le prix des extras : la tenancière le fait payer de 0,50, à 0,75 centimes. Dans les tolérances moyennes le chiffre quotidien minimum des suppléments de table, vin, café et liqueurs compris, est de 5 francs par pensionnaire : dans les basses tolérances il descend à 3 francs, et dans les grandes est généralement de 10 à 15 francs.

Il est facile d'imaginer ce que peuvent l'entraînement, la vanité, la griserie dans un tel groupement. Les filles qui ne consomment pas sont des avares, mal vues, raillées, insultées... Chacune doit payer à tour de rôle sa tournée de bourgogne, de champagne.

S'il est exact que, dans les grandes tolérances, les femmes ne se plaignent pas de la nourriture, les tenancières étant forcées de la servir plus réconfortante et abondante afin de prendre et retenir leur personnel par la bouche, dans les tolérances de troisième et souvent de second ordre l'alimentation est innommable : toutes les viandes fraîches ou conservés viennent des boucheries, triperies et charcuteries hippophagiques. Il y a des tenancières qui ont même la prétention de nourrir leurs filles à tous les repas d'aliments froids : simple économie de com-

bustible et de domesticité. Ainsi, une tenancière du quartier Montparnasse, il y a quelque trois ans, s'avisa fort tranquillement de
servir à ses pensionnaires, pendant huit jours,
aux trois repas pour unique plat, des sardines
et de la salade de museau de bœuf... On con-
çoit la révolte des femmes ; elles écrivirent au
bureau des mœurs. Il est exact que les inspecteurs arrivèrent au milieu d'un repas,
constatèrent, et que la tenancière fut admo-
nestée. Depuis, la maison, mise à l'index
parmi les filles publiques à Paris, a dû
fermer faute de personnel.

Les extras de table sont peu de chose à
côté des extras de l'estaminet ou du « bahut.»

Ici les tenancières redoublent leurs excita-
tions et poussent plus effrontément encore
les femmes à s'endetter en buvant. La
femme qui boit d'ailleurs se fabrique des
rêves, se raisonne une philosophie ; elle accepte cette vie : l'alcoolisme des mauvaises
liqueurs frelatées a vite raison des dernières
répugnances. La femme qui boit se laisse
mieux voler ; elle devient avec plus d'inertie
la chose de la maison. N'y a-t-il pas aussi
un préjugé populaire qui veut que toute
prostituée sobre soit malade, et ne faut-il pas
éloigner le soupçon en usant avec excès de
la boisson rassurante par excellence, de

l'alcool? « Il y a des maisons où les femmes ne désaoulent pas (*Proc. verb. inédits de la Commission de la police des mœurs*) ». L'inexécution constante de la loi sur l'ivresse est un des exemples qui établissent le plus bruyamment l'impunité souveraine des tenancières: elles n'empoisonnent pas seulement leurs femmes de liqueurs sophistiqués, elles les forcent à pousser elles-mêmes le client ; le premier mot de la fille : « Qu'est-ce que tu payes ?... Tu n'offres rien ? » est stéréotypé comme une consigne.

Le prix des consommations servies au café ou au « bahut », tout exorbitant qu'il soit, est le même pour les filles que pour les visiteurs : dans des maisons de troisième et quatrième ordre, où la passe est de 2 à 3 francs, la tasse de café est d'un franc, la canette de bière 2 francs : la consommation est tarifée, comme on voit, presque l'équivalent de la femme. Dans presque toutes les maisons à estaminet est accroché aux murs un grand carton indiquant le prix des consommations; l'un des versos donne le prix *avant*, l'autre *après* minuit : il n'y a qu'à le retourner.

La tenancière est aussi marchande de tabacs : le paquet de cigarettes ou le cornet de tabac est toujours servi sur le plateau en même temps que les plus minimes consommations. Le prix en est doublé : les quinze grammes de caporal ordinaire valent 0,40 centimes ce qui met à 12 fr. 50 la livre de 6 fr. 25. Le cahier de papier à cigarettes de 10 centimes vaut 0,30 centimes.

Toute dette quotidienne est portée immédiatement « sur l'ardoise » et de là sur le livre de comptes à la fin de la journée.

Ce livre — doit et avoir — est tenu avec la minutie apparente d'une comptabilité strictement commerciale. Nous avons eu sous les yeux, grâce à l'obligeance de M. X., le livre d'une tenancière parisienne, morte il y a deux ans. Chaque fille avait une page in-8 grand format à sa disposition, avec huit colonnes réservées aux suppléments de nourriture et extras — à la vente et location des vêtements, linge et parfumerie — à la vente et location des bijoux — aux voitures et spectacles — à la fourniture de bains, médicaments, honoraires médicaux — aux sommes avancées argent comptant à la fille ou remises à des parents et amis — aux sommes versées par la fille elle-même. La balance s'établissait invariablement par un passif mensuel de 200 à 500 francs au préjudice de la fille. Or la maison était de second ordre.

Il n'est pas jusqu'à l'éclairage et le chauffage du « bahut » que la tenancière ne fasse payer par les femmes : pour le chauffage, elles les force à verser à une masse commune ; nulle ne peut se soustraire à la contribution. Dans les petites maisons, quand la fille monte avec le client, elle doit verser de suite à la tenancière le prix de la bougie, ci : un franc ; ou de la chandelle-ci : 0, 50 centimes.

Bien que la fille animée d'une salutaire méfiance exige quelquefois un livre personnel où, pour éviter les fraudes, elle fait marquer de la main de la tenancière elle-même, la réplique de son débit, ce sont des erreurs constantes dans l'établissement mensuel et même quotidien des comptes : des disputes furieuses s'élèvent pour une somme de quarante sous indûment marquée.

En province, avec le régime dit des filles pensionnaires, le compte de la femme s'établissant à l'aide des jetons retrouvés dans la tire-lire et représentant pour elle la moitié du prix de la passe, les erreurs font partie intégrante de la comptabilité ; la tenancière ne se gêne pas pour faire disparaître un, deux, quelquefois trois jetons par nuit, quand la clientèle a été nombreuse et la fille suffisamment ivre : c'est ce que les filles appellent dans leur argot — *faire sauter la passe.*

C'est d'ailleurs, à Paris comme dans les départements, un *embrouillamini* systématique de la part des tenants-maisons : jamais les comptes soi-disant faits à la fin du mois ne sont définitivement arrêtés ; il y a toujours eu une omission qui force à des surcharges, à des remaniements de chiffres. Puis ce sont des usages bizarres qui viennent encore ajouter à cette confusion. C'est ainsi que, dans un grand nombre de maisons, la tenancière n'accepte pas d'autre enjeu pour les parties de cartes engagées entre filles que des consommations qu'elle porte au débit de la perdante. C'est ainsi que nombre de tenancières ont encore l'audace de prélever un intérêt pour les sommes d'argent que représentent les avances et prêts qu'elles ont faits sous forme d'extras de boisson, d'achat ou location de costumes. On en a même vu, lorsque les filles s'absentent pour accompagner un client qui a payé la sortie professionnelle, exiger un supplément sur le prix de la location des vêtements prêtés *ad hoc*. Comment se reconnaître dans une telle comptabilité — si un tel enchevêtrement de chiffres peut porter ce nom ?

Ce n'est pas tout.

Le « cynisme » des tenancières va plus loin.

Au jour de l'an, à la fête de *Madame*, à la fête de *Monsieur*, il faut se cotiser pour offrir un cadeau qui en vaille la peine, et comme un cadeau pourrait faire double emploi avec ce qu'ils ont déjà reçu aux mêmes anniversaires, *Monsieur* et *Madame* font savoir qu'ils préfèrent simplement de l'argent... *Madame* a le spleen ; elle fait à une de ses pensionnaires l'honneur insigne de lui permettre de l'accompagner en promenade ; on prendra une voiture l'après-midi ; on dînera dans un cabaret élégant ; on ira finir la journée au théâtre : c'est la fille qui paiera toute la dépense. *Monsieur* fume, *Madame* aime les fleurs : la fille qui a pris son jour de congé ne rentrera pas, si elle veut être bien vue, sans un bouquet pour *Madame*, des cigares pour *Monsieur*.... « On n'en finirait pas si l'on voulait citer les mille indélicatesses à l'aide desquelles les maîtresses de maisons dépouillent leurs pensionnaires... »

Qui parle ainsi et donne ces détails ? C'est un chef de la police parisienne des mœurs Carlier. Le Dr Jeannel fait les mêmes aveux.

Le chapitre n'est pas clos encore.

Comme dans les grands ateliers où l'on veut maintenir une discipline quasi militaire, la tenancière a institué dans la maison institué dans la maison le régime des amendes qui naturellement entrent dans sa caisse.

Les amendes jouent un rôle capital dans le règlement intérieur, aussi pleuvent-elles sur la pensionnaire « à propos de tout et à propos de rien ». Il faut que tout marche au son de cloche, et mieux au doigt et à l'œil.

Retard à table, amende. Retard au salon, amende. Propos inconvenant à table devant *Madame*, amende. Descendue à table sans corset, amende. Avoir renversé de la sauce, un verre de vin sur la nappe, amende. Ne pas s'être levée quand *Madame* fait son entrée dans la salle à manger, amende. Avoir bu au café dans le verre d'un client formaliste, amende. Avoir montré des photographies à un client et lésé ainsi *Madame* qui n'a pu faire payer l'exhibition des siennes, amende. Sur plainte d'un client qui a trouvé la fille insolente, *frigida, malignè se præbens,* amende. *Basia ad collum lupanaris ancillæ vel scapulas insignita* (baisers avec ecchymose) dépréciant la marchandise, amende. Client conservé au-delà du temps de passe usité, amende, etc. etc.

Les sorties réglementaires sont également l'occasion de nombreuses amendes. Dans les grandes maisons, les filles stipulent qu'elles sortiront une fois par semaine ; dans les

autres, elles n'ont généralement qu'une sortie
tous les quinze jours. Le désœuvrement rend
cette claustration doublement insupportable
surtout dans la belle saison, aussi les filles
allongent-elles souvent le jour de congé de
12 et même de 24 heures. Sorties après le
déjeuner et « ayant la nuit pour elles » elles
devraient êtres rentrées le lendemain à
2 heures de l'après-midi : elles ne rentrent
qu'à la nuit ou le surlendemain. Amende.

Le chiffre des amendes est souvent très
élevé. Quand il n'est question que de tapage,
de mauvaise tenue, de gros mots, de retard
au salon ou à table, et autres vétilles, il varie
déjà de 3 fr. à 5 ou 10 francs ; lorsqu'il s'agit
d'un manquement grave dans le service, il
s'élève subitement à 20 et même 40 francs :
c'est la taxe courante pour « les inexactitudes
dans l'heure des rentrées », comme pour les
refus de « faire le salon » sous prétexte d'indisposition non reconnue par le médecin de
la maison. Les jours de sorties obtenus à
l'amiable ou à titre supplémentaire sont naturellement payés par les filles à la tenancière ;
ci : 20 fr. en moyenne. Même quand la sortie
supplémentaire a pour objet un rendez-vous
à jour fixe soldé à l'avance par le client à la
tenancière, celle-ci la fait payer à sa pensionnaire. Depuis quelques années, les filles

ont fait accepter toutefois dans tels règlements
intérieurs le principe des jours de sortie
supplémentaires pour lesquels elles ne doivent aucune rétribution : nombre de maisons
donnent ainsi « campos » le 14 juillet à une
partie de leur personnel.

Toute amende qui n'est pas payée le jour
même est *ipso facto* doublée : le lendemain la
fille devra 10 fr. au lieu de 5. Un moyen
cependant lui est offert d'éviter cette catastrophe sans bourse délier dans la journée :
elle consommera ou offrira en extras de table
et de café le montant de l'amende ; à cette
condition seule l'amende ne sera pas doublée,
mais la dette de la fille n'en sera que plus
assurée.

La pensionnaire n'a jamais le droit de
refuser un client. Si elle s'obstine dans son
refus, le moins qui puisse lui arriver est de
payer de sa poche le prix de la passe dont
elle prive la tenancière. Le cas étant relati-
vement assez fréquent, le règlement intérieur
le prévoit : c'est là « *un article de fondation* ».

Tel maître, tel valet.

La haute et basse domesticité, depuis la
sous-maîtresse jusqu'aux filles de cuisine, en
passant par toutes les classes du personnel,
lingères, couturières, bonnes, garçons, etc.,
achève le pillage des femmes ; dans les

grandes maisons il n'y a souvent pas moins de huit à dix employés pour le seul service de la table et des chambres de passe. Pour n'être pas toujours nécessairement d'anciennes prostituées ni des souteneurs justiciables, les uns de la police correctionnelle, les autres de la visite hebdomadaire (exigée cependant dans nombre de villes de province et de l'étranger [1]), tout ce monde n'en prétend pas moins faire également ses affaires dans l'entreprise de la tolérance. Dans les lupanars de Suburre le *villicus puellarum*, l'esclave qui apportait l'eau pour les ablutions, se faisait payer avec autant d'âpreté que le *leno* lui même. La bonne qui sert à table, qui fait les lits, nettoie la vaissellerie, le garçon qui cire les bottines, fait les courses, va chez la blanchisseuse, n'entendent pas travailler pour les beaux yeux des filles : il leur faut à eux aussi leur pourboire, leurs gants : le simple port d'une lettre à la prochaine poste est de 5 sous.

La sous-maîtresse ne se contente pas de

---

[1] Telle municipalité, comme celle de Carcassonne, considérant les bonnes de maison comme offrant aux hommes une variété de l'amour ancillaire, leur impose la visite jusqu'à l'âge ultra-canonique de 45 ans : elle les inscrit au registre comme de simples prostituées. Jusqu'en 1877, le règlement de Bruxelles a imposé également la visite aux domestiques-femmes des tolérances : il ne les en dispensait qu'à *l'âge de 55 ans révolus.*

petits bénéfices : elle doit trouver également son compte dans l'exploitation. Quatre-vingt dix neuf fois sur cent c'est une ex-prostituée, une ancienne fille de maison quarantenaire, experte, rompue aux roueries du métier, sachant mener les hommes à l'heure scabreuse comme les filles elles-mêmes. L'importance de son rôle dans la maison lui donne de larges coudées. C'est un personnage. Elle touche le prix de la passe, sait (grâce à Saint-Lazare et Lourcine) *examiner* un homme douteux, fait aller les filles et les bonnes au commandement. Rien ne se fait sans elle ; elle est le grand factotum administratif. Souvent elle a été à ses débuts la camarade des filles qu'elle a maintenant sous ses ordres ; elle ne les en dédaigne que plus. Elle va, vient, le verbe haut, le geste anguleux et étudié, sèche, couperosée, tendineuse, toujours en toilette montante dont le satin, le velours ou la soie noire font excellent contraste au milieu des tabliers blancs des bonnes et des peaux blanches des femmes. C'est une forte tête. La patronne fort souvent s'en remet de tout à elle et la maison n'en est que plus âprement administrée ; non pas que la sous-maîtresse soit en réalité dévouée à la tenancière, mais elle se dit qu'elle peut elle-même fixer les yeux de la préfecture, de riches commanditaires, succéder à la titulaire : à ce titre elle doit préparer un bon candidat. Aussi dans les grandes tolérances les filles elles-mêmes ne voient jamais *Madame* : celle-ci est à Nice, à Monte-Carlo, aux eaux, à la mer. Les pensionnaires ont donc tout intérêt à se concilier les bonnes grâces de la sous-maîtresse puisque c'est d'elle qu'elles dépendent. Appointée au mois comme une simple domestique dans les maisons moyennes (25 fr. à 40 fr.), la sous-maîtresse, qui reçoit dans les grandes maisons un salaire fixe de 2,400 à 6,000 francs, double largement ce traitement annuel. Afin d'être désignées par elle, quand le client ne voulant point paraître au salon, s'en remet au bon goût de l'intendante pour lui appeler une fille, il n'y a pas de cadeau que les femmes ne lui fassent. De son côté elle vend aux clients cigares, cigarettes, pastilles de cachou, bonbons pour parfumer l'haleine, oranges, préservatifs, prélève sur les consommations servies en chambres de passe une abondante libation qu'elle revendra aux filles, etc. Dans les maisons moyennes, le cigare de deux sous valant généralement de 0,50 à 0,75 centimes, on peut avoir une idée des bénéfices qu'elle réalise également sur les hommes.

CHAPITRE VIII

Séquestrations et ventes de femmes.

La dette est la garantie de présence et d'obéissance. « Une fille qui ne doit rien, disait une tenancière au Dr Jeannel, s'en va pour un oui, pour un non ».

« Il est mauvais qu'une fille publique soit libre de tout engagement, pose de son côté en principe un policier connu ; les pensionnaires sans dettes sont toutes mauvaises têtes ».

Quand la théorie et la pratique en sont là, la vente et la séquestration des femmes sont proches.

La fille endettée manifeste-t-elle le désir de quitter la maison où elle se voit de toutes parts grugée, la tenancière entre immédiatement en pourparlers avec le confrère de la nouvelle maison où sa pensionnaire veut se rendre : celui-ci acquitte tout ou partie de la dette et porte naturellement au passif de la fille la somme qu'il vient de débourser plus les frais de déplacement. La   lle s'est plus avant enfoncée dans l'impasse. Et ainsi de suite, de maison en maison. On se passe et repasse les femmes. La dette est une vraie tunique de Nessus plus collante et plus dévorante à chaque effort pour s'en dégager.

La tenancière en arrive même, nous l'avons vu, à disposer de ses femmes comme on dispose de chevaux de renfort entre voisins, de meutes entre gentlemen : elle les prête à charge de revanche. M. F. D., magistrat en province, qui nous signalait le fait, observait que les femmes arrivaient toutes « avec la note de leurs dettes adressées de matrone à matrone ».

Ici encore la fille conserve par ces allées et venues l'illusion de la liberté ; mais souvent la tenancière dédaigne de jouer sa partie dans cette comédie. La fille est de bon rapport ; elle a une dette ; elle ne s'en ira pas avant de l'avoir intégralement acquittée ; *elle n'aura même pas le droit de sortir le jour de permission convenu*, par crainte de fuite [1]. La pensionnaire est purement et simplement séquestrée.

Au moment où nous achevions le livre *La*

---

[1] Souvent il existe un système *spécial* de fermeture, non pas seulement à la porte extérieure des tolérances, mais aux chambres des femmes.

Police des mœurs en France et dans les principaux pays de l'Europe, nous recevions la lettre suivante d'un correspondant qui n'hésitait pas à signer de son nom et à indiquer sa qualité de négociant notable à Genève.

« Au mois de janvier dernier, nous écrivait M. M., une fille du nom de Marie Roos, pensionnaire d'une maison publique à Bourg (Ain) depuis deux ou trois ans, me parlait de son vif désir de retourner chez ses parents, auxquels elle ne voulait pas avouer sa situation ; elle avait, disait-elle, été conduite en Suisse par une personne connaissant sa famille, sous prétexte de partie de plaisir, et vendue 300 francs à une maison de tolérance. Grâce à son inexpérience, et je dois le dire aussi, grâce à son inintelligence, grâce en même temps à l'habileté du tenancier, elle ne s'était aperçue qu'au bout de plusieurs jours de la nature du lieu où elle se trouvait. Plus tard, après une maladie, on l'avait revendue, en France, à la maison où je l'ai vue. En raison de son bon rapport, on lui avait constitué une dette de 1.200 francs qu'elle ne pouvait faire diminuer, malgré ses efforts pour l'acquitter : dans le but de chercher à s'enfuir pendant le voyage, elle demandait à aller dans une autre ville, mais ceux auxquels on l'offrait ne voulaient pas se charger d'un *colis de* 12 *kilogrammes*, qu'ils trouvaient trop lourd (*sic*) ; en d'autres termes non empruntés à l'argot de ce monde, ils refusaient de l'acheter 1.200 francs, prix que sa matrone refusait de baisser.

« Croyant qu'il suffisait de signaler cette séquestration pour la faire cesser, j'engageai cette fille à s'adresser au Parquet ; le procureur de la République la fit appeler et ne tint aucun compte de sa réclamation. Supposant que son accent alsacien ne lui avait pas permis de s'expliquer clairement, je me rendis moi-même au Parquet : le procureur me répondit qu'il n'avait pas à s'occuper des maisons publiques, que les réclamations sur ce sujet concernaient la police, et qu'il avait à intervenir seulement en cas de crime, assassinat. Le commissaire de police auquel je m'adressai ensuite se retrancha derrière ses règlements qui lui défendaient d'intervenir dans le règlement des comptes entre tenanciers et pensionnaires. Il ajouta qu'il ne pouvait faire rendre la liberté à une fille de maison que sur la réclamation de sa famille ou d'une personne munie d'une procuration de son père ; comme j'insistais, il me dit qu'il en référerait à ses chefs. Ma démarche eut pour résultat d'attirer de mauvais traitements à la malheureuse dont je m'étais occupé.

N'ayant plus eu occasion de retourner à
Bourg, et voulant réparer autant qu'il était
en mon pouvoir le mal que j'avais fait involontairement, j'ai adressé au commissaire de
police la somme nécessaire pour payer le
voyage de cette fille chez ses parents, dans le
cas où les instructions qu'il avait demandées
lui permettraient de la faire mettre en liberté.

« En admettant que ce qui m'a été raconté
soit en partie inexact, il reste ce fait qu'une
femme, qui n'a subi aucune condamnation,
est enfermée contre son gré dans un cabinet
semblable à une prison, et n'ayant de lumière
que par un soupirail, et que, plus malheureuse qu'une véritable prisonnière, elle
ignore la durée de son internement, car elle
pourra être transférée dans une autre prison;
mais sa captivité ne cessera que quand une
maladie la mettra hors d'état de travailler
et que, pour ce motif, on la jettera à la porte
sans lui rendre ses vêtements.

« Les magistrats refusent de s'occuper des
maisons publiques; la police, en vertu de
ses instructions, n'intervient pas dans les
règlements des comptes entre maîtres et
filles; on donne ainsi aux maîtres le droit de
voler les filles et ils ne s'en font pas défaut;
il n'existe aucun juge pour ces dernières, à
moins qu'il ne s'agisse de les condamner; en

abandonnant tout ce qu'on leur a volé, elles ne peuvent même pas recouvrer leur liberté. On objectera que les filles de maisons, la catégorie la plus infime des filles publiques, ne sont pas dignes de pitié; en somme, elles ne diffèrent des autres que par le manque d'intelligence; est-ce un motif pour les abandonner sans défense? Ne doit-on pas, au contraire, les protéger contre ceux qui profitent de ce manque d'intelligence pour les exploiter et dont on favorise le triste métier ».

Les écrivains les plus dévoués à l'institution de la police des mœurs font des aveux analogues: « Une fois que la somme due a atteint un certain chiffre, dit le Dr Reuss, la fille est dans l'impossibilité matérielle de se libérer et de quitter la maison ».

La femme est à tel point dépouillée qu'elle n'a même point de robe à elle appartenant pour se rendre d'une maison dans une autre. Dans la plupart des maisons il existe un costume banal affecté à ce voyage: on l'appelle le *change*. Aussitôt arrivée à destination, la femme doit le renvoyer.

Que si la fille profite de cette occasion pour disparaître ou s'enfuit directement de la maison avec les hardes louées, son cas devient aussitôt extrêmement grave.

Elle est immédiatement inculpée de vol.

Aux cris de la tenancière, la police entre en campagne. La fille est reprise et condamnée par le tribunal policier à des peines d'emprisonnement d'une durée variable. Selon la valeur des vêtements, la peine peut s'élever à plusieurs mois de réclusion.

La jurisprudence est établie depuis 1819 et elle n'a pas varié. Parent-Duchatelet, Béraud, Anglès, Delavau, Mangin, Poirat-Duval et Trébuchet, Lecour, Macé, Lenaers, Schroeder, toutes les autorités reconnues sont d'accord sur ce point : garder sur soi les hardes d'une tenancière —pour ne point s'enfuir nue— est un vol caractérisé. Les rôles sont renversés : ce n'est pas la tenancière, c'est la femme qui est la voleuse.

Qu'il s'agisse de la province ou de Paris, ces faits sont si peu croyables que la police des mœurs a parfois essayé de les nier en les présentant sous un jour différent.

A Paris notamment, en 1819, lorsque la commission administrative de la préfecture de police établit qu'il fallait punir d'une détention de *un à quatre mois* les filles qui s'enfuiraient avec des vêtements ne leur appartenant point en propre, le préfet parut rejeter la proposition comme exorbitante : il soutint même un instant que la police outrepasserait ses pouvoirs si elle allait au-delà de la feinte d'une menace d'emprisonnement. Parent-Duchatelet, appréciant ce scrupule, estimait que dans ces conditions « l'administration restait désarmée. » Appréciation qu'Anglès s'était chargé de rendre inexacte ! Ce préfet établit en effet que l'on ne punirait point pour le fait même du vol, mais que le moindre délit dont serait soupçonnée une fille accusée d'avoir soustrait des effets, serait frappé d'un emprisonnement triple ou quadruple de la peine habituelle.

Ce détour fut d'ailleurs rapidement supprimé même : après la restitution des objets, les plus légers vols furent directement frappés de punition sévère. Le détournement d'un peigne, d'une paire de souliers (*sic*) entraîna *quinze jours de prison*. Mangin rivalisa avec Debelleyme. Entre temps le préfet Delavau avait rédigé un règlement spécial aux termes duquel une fille ne pouvait passer d'une maison dans une autre, sans présenter un certificat constatant qu'elle avait fait à la tenancière qu'elle quittait remise de toutes les hardes qui lui avaient été confiées.

Les aveux plus récents de Béraud et de Lecour ne laissent aucun doute sur les traditions de la préfecture de police en la matière.

« Une pensionnaire, écrit Béraud, essaie de s'enfuir furtivement de la maison dans laquelle elle était inscrite, après avoir détourné à son profit du linge, une parure ou les vêtements qu'elle porte et qui appartiennent à la maîtresse de maison : si le fait est porté devant un tribunal, un verdict d'acquittement s'en suivra. Eh bien ! La police ne laisse jamais de tels faits impunis ; elles accueille la plainte de la matrone qu'elle doit protéger et la délinquante est condamnée à plusieurs mois de prison. »

« L'impunité augmenterait le mal, conclut enfin notre contemporain Lecour. Il faut donc sévir. Et dans quel prétoire (*sic*), si ce n'est devant la police, portera-t-on ces débats » ?

Que si l'emprisonnement prononcé par la police n'est point une peine définitive, il prend quelquefois le caractère d'une petite torture préventive destinée à vaincre la rébellion et à imposer la reprise du travail.

C'est ainsi que M. Coffignon fait avec grands détails le récit de ces autres agissements d'ailleurs usuels.

Une fille réussit, soit dans le transfert soit directement, à s'enfuir des mains de son tenancier-créancier avec un costume loué ou prêté :

« Vite une plainte de vol est portée contre

elle. Le maire de la ville, le commissaire de police tiennent généralement le tenancier pour un personnage ; il n'est pas de courbettes et de complaisances que celui-ci néglige pour se concilier leurs faveurs.

« La fille est recherchée ; on l'incarcère au poste de police : le tenancier consent à la reprendre si elle fait amende honorable ; la fille refuse de rentrer dans la maison, sachant bien quels mauvais traitements l'y attendent. Le tenancier, toujours en rapport d'affaires avec quelques-uns de ses congénères des villes voisines, se déclare alors prêt à la laisser partir moyennant le paiement de sa dette qui sera acquittée par tel ou tel.

« Pour cela, il faut que la fille consente à se rendre dans la ville et la maison qui lui sont indiquées. Si elle refuse, voici comme on lui force la main.

« On oublie tout d'abord de lui donner à manger jusqu'à ce qu'elle réclame quelque nourriture. Alors on lui passe une tranche de pain noir et une cruche d'eau, en déclarant qu'il faut qu'elle se contente de cette ration parce que le patron de la maison n'a rien apporté pour elle. A chaque repas la même scène se répète. Au bout de quarante-huit heures de cet odieux régime, les plus entêtées capitulent… ».

CHAPITRE IX

Est-il la peine de compléter le tableau de
l'écrasement de la femme en maison par
l'évocation de sa vie vénérienne ?

Maintenant c'est la course sexuelle, sans
relâche, sans haleine. C'est le défilé de tous
les animaux humains qui viennent là, les
uns après les autres, épancher leur besoin,
exercer leur bestialité, ruer dans un anony-
mat commode leurs chairs de tout âge, de
tout poil, de toute odeur, contre la chair de
la même femme. A tous il faut donner son
corps et son visage. Pas de répit, pas de re-
cul. L'indisposition mensuelle n'est pas une
excuse : feu Paul Dubois a déclaré que dans
telle maison la matrone forçait les femmes
à « travailler » pendant leurs règles ; nous-
même avons cité une maison de Paris où

la misérable tenancière arrêta le flux d'une jeune fille de 18 ans pour la rendre apte, en lui plongeant les pieds dans un baquet d'eau glacée. Tout mâle qui a payé son entrée a droit.

En principe l'homme, quel qu'il soit, clubman ou compagnon journalier, se croit tenu d'être plus grossier, plus cynique, dès qu'il a franchi le seuil, « *Stuprum non commettitur cum meretrice* », disait le vieil adage. A la maison, tout est permis.

Dans l'incessante presse, ce sont encore les passionnées et naturelles ardeurs des jeunes gens qui révoltent le moins. On dirait que leur bruyante présence et leur naïf assaut distraient les femmes. Mais quelle influence ce contact aura sur les mœurs de la jeunesse! A Paris, faut-il suivre cette jeunesse dans les tolérances du quartier latin, des boulevards extérieurs [1]? Souvent ce sont de vraies parties montées qu'on va faire en maison à l'occasion d'un tirage au sort, d'une autre fête locale : on y arrive en bande de trente à quarante; on a loué un char-à-bancs qui attendra bruyamment à la porte; on ne se cache pas plus qu'une société de quartier « *Becs-salés* ou *jeune Gaule* » quelconque, allant en joyeuse

---

[1] V. *Appendice* sur les cartes distribuées par les tenanciers dans les bals publics p. 371.

villégiature à Meudon ou à Asnières. Les mineurs de vingt ans, les mineurs de la veille entraînent les cadets : ces derniers ne seront pas les moins dégourdis :

Illic Hippolytum pone ; Priapus erit !

En province il en est de même : « Les jeunes gens vont ensemble passer les soirées dans les maisons de prostitution, dit le D' Jeannel, ils jouent aux cartes le salaire des filles, comme la consommation au café. Les moins riches se cotisent pour former la somme destinée au paiement d'une seule fille ; puis ils jouent cette somme au premier as de cœur. *Aller faire un as de cœur* est un usage très répandu parmi les étudiants, les jeunes ouvriers ou les commis de magasin. »

Après quelques expéditions de ce genre, ce sera peine perdue de rappeler aux jeunes gens que — selon le mot humainement exquis de Vauvenargues : « Ce que la volupté a de délicieux, elle le reçoit de l'esprit et du cœur ».

Les vieillards habitués des tolérances ne sont pas les clients les moins honteux. Il est vrai que, si le vieillard vénérien dégrade tout ce qu'il touche, il paie ; ses tribulations contre nature sont de bon rapport. Nous allons le retrouver du reste spectateur avide de tableaux plus ou moins intervertis, plaçant la dernière forme de sa jouissance dans la vue, n'ayant plus que le plaisir du regard, le libertinage des yeux.

Il faut continuer d'assister au défilé de ces types divers d'hommes remués à pleins canapés et banquettes, en vestons, en bourgerons, etc. : l'ivrogne hoquetant, aux gestes incertains et ignobles, tantôt dormeur tenace même debout, tantôt à l'éveil obstiné, loquace, gesticulant, proie toujours bonne aux petits ou gros vols, dupe aux poches retournées par les filles, chargée de consommations imaginaires par la tenancière. L « 'Harpagon femelle » ne vole pas que ses femmes en effet. Carlier ne parle pas seulement de *trente d quarante bouteilles de vin ou d'alcool* soi-disant consommées par le même individu, à peine montrées et redescendues à la cave, mais aussi de véritables trucs machinés par la tenancière comme pour une séance d'escamotage chez Robert-Houdin; les précautions inventées jadis par l'escroquerie en tolérance paraissent enfantines, comparées à celles employées maintenant. « Il y a progrès, dit textuellement Carlier; il existe aujourd'hui dans certaines maisons des tables à double fond qui contiennent un récipient intérieur. Au lieu de se borner à faire figurer les bou-

teilles, on les vide réellement dans les verres ;
les filles en renversent le contenu sur la table…, la séance levée ; on remet en bouteille,
pour le resservir à d'autres, le contenu du
récipient». Il n'est pas rare de voir de malheureux ouvriers dévalisés ainsi de leur salaire de quinzaine : à l'un deux une tenancière prétendait avoir servi pour 150 francs
de vin, et comme le chef du service des
mœurs la tançait pour ce vol manifeste :
«Je vous assure que je n'ai rien exagéré, ré-
pondait l'escroqueuse ; tout ce que j'ai compté
a été servi ; s'il ne l'a pas consommé, ce n'est
pas ma faute, c'est qu'il n'a pas voulu ».

Puis la série des fantoches, des détraqués,
des filous, des piliers de correctionnelles et
d'assises…

Enfin les clients « distingués »,les hommes
« comme il faut » viennent pour dégourdir
la bête. De quel œil la fille sortie des bas-fonds
populaires, fille de tolérances somptueuses ou
à cabaret, verra-t-elle des hommes qui ont
toutes les jouissances de la vie, le bon vêtement, la belle demeure, la famille, des bank-
notes et des louis dans la poche mêlés à la
menue monnaie, se montrer plus dépravés
que le pauvre journalier ?

Au spectacle de cet innommable branlebas, de ces montées et descentes sans trève, une question devait nécessairement se poser : qu'est-ce que cette meute représente d'accouplements quotidiens pour chaque femme ?

Dans la Commission municipale dont il était secrétaire, M. A. Hovelacque avait demandé à plusieurs reprises si le bureau des mœurs avait fait établir la statistique des entrées. Les hauts et bas agents interrogés ne purent faire de réponse immédiate sur ce point : M. Coué promit de consulter les dossiers... Nul état ne fut d'ailleurs communiqué.

Dès le début du fonctionnement de la tolérance officielle, le préfet Dubois avait eu l'idée d'assimiler les tenancières à des logeurs et de les astreindre à inscrire sur un registre spécial *le nom et la profession* des hommes qui sinon demanderaient une passe, du moins resteraient la nuit entière. L'essai fut infructueux. Anglès et Delavau essayèrent de le reprendre sans plus de succès dans les maisons du quartier du Palais-Royal. En procédant de cette sorte, il était difficile à la Préfecture de police de rien obtenir : les couchers d'ailleurs n'eussent été qu'un élément insuffisant de statistique.

Bien que nul article du règlement ne pres-

crive d'une manière formelle aux tenancières cette étrange tenue de livres, elle est
dressée cependant par la plupart d'entre
elles, par les sous-maîtresses et souvent les
filles elles-mêmes, en ce qui les concerne
chacune. Cette comptabilité sert naturellement aux tenancières quand il s'agit de
la cession ou vente de leur fonds. La communication en est rarement faite aux profanes.

D'après des renseignements particuliers,
un membre de la Commission municipale,
M. le conseiller Dr Level, estimait à sept ou
huit le nombre des passes que la fille de
maison subissait en moyenne à Paris dans
les vingt-quatre heures. Ainsi présentés, ces
chiffres ne sont point exacts : ils feraient supposer une régularité qui n'existe pas dans
l'affluence : tantôt ils sont beaucoup plus
élevés, tantôt beaucoup moins.

Les divers documents que nous avons eus
sous les yeux nous ont montré tout d'abord
que le chiffre des entrées est plus régulièrement soutenu dans les grandes tolérances
que dans celles des autres classes : là en effet
la clientèle se compose d'étrangers, de pro-
vinciaux de passage et de parisiens riches
pour qui la visite fait partie des curiosités de
Paris, ou ne dépend pas des arrangements
d'un maigre budget. La grande tolérance est

fréquentée à la fin du mois comme au commencement, et la belle ou la mauvaise saison n'influe pas sensiblement sur le nombre des visiteurs. Ici le chiffre des passes subies par les femmes est donc régulièrement élevé. Le personnel étant de vingt-cinq femmes environ, chacune d'elles doit payer de sa personne un nombre de fois suffisant pour que la tenancière ne trouve point dans son troupeau de bouche inutile. Les chiffres que nous avons relevés se passent de tout commentaire : le nombre des hommes reçus en une nuit par chaque femme est rarement moindre de 4; il est fréquemment de 7, 8, 10, 12; nous notons un chiffre de 16 hommes reçus la même nuit par la même pensionnaire, une fille dite Rolande, âgée de 26 ans.

Dans les tolérances moyennes et populaires, le chiffre maximum des passes est souvent aussi élevé, mais seulement au commencement du mois : la clientèle d'employés et d'ouvriers afflue principalement quand elle a reçu son salaire : le chiffre des entrées subit les oscillations de la paye. Preuve convaincante de l'inutilité et de l'immoralité de la maison de tolérance, recherchée moins lorsque l'exige le besoin que lorsque l'argent permet la débauche. Ici les statistiques donnent par nuit et par tête de femme de 1 à 8

passes, en faisant escale aux chiffres intermé-
diaires ; à partir du 15 du mois, bien des
nuits ont la mention 0, et souvent *huit jours
de suite la femme est marquée comme n'ayant
reçu personne.* Il convient d'ajouter que, dans
les septénaires d'affluence, certains jours
sont plus favorisés que d'autres : ce sont encore ceux où l'ouvrier et l'employé ont le
plus d'argent en poche ; le samedi et le
lundi, les passes sont souvent plus nombreuses d'un tiers que les autres jours de
la semaine.

Nous ne parlons pas des jours de fêtes publiques, des époques d'expositions univer-
selles ou de troubles politiques et militaires :
les statistiques des maisons pour les années
1814 et 1815, les derniers mois de 1830, puis
1867, 1878 et 1889, relèvent plutôt de l'ima-
gination que d'une appréciation précise : ce
sont des dates mémorables dans les annales
de la prostitution parisienne.

Pour les tolérances moyennes et populaires, il est encore exact que c'est dans les mois
de belle saison que l'affluence est la plus
grande. Les beaux travaux de Villermé, de
Tardieu et du professeur Lacassagne avaient
déjà montré que les mois où il se commet le
le plus d'attentats à la pudeur, de viols sur
enfants et adultes, sont les mois de printemps

et d'été : ce genre de crimes atteint son maximum en mai, juin, juillet et août ; il décline à partir de septembre, pour atteindre le chiffre minimum en février. Il y a là comme la manifestation d'une véritable loi physiologique à laquelle est également soumise la prostitution.

CHAPITRE X

Comment les maisons servent la morale publique. — Les maisons publiques repaires de tribadisme, de pédérastie et de bestialité.

> « J'ay seulement fait ici un amas de fleurs étrangières, ny ayant fourni que le filet à les lier. »
> MONTAIGNE.

Cette dégoutante vie sexuelle est, après tout, la raison même du groupement des femmes et de leur claustration.

Mais que dire des autres infamies que la maison publique concentre entre ses quatre murs ?

La maison en effet n'est pas seulement le mazas des femmes en même temps que la grande raccrocheuse des hommes ; elle est le repaire de tous les vices contre nature : ils y naissent, s'y cultivent, y pullulent, offrent toutes les variétés de floraison comme sur un fumier tout préparé.

La fourniture à peu près naturelle de la pensionnaire était chose trop simple et de

trop mince rapport : il fallait mieux. Par là
les proxénètes trouvent enfin une source de
bénéfices dignes du métier. A vrai dire, sans
la pratique courante du tribadisme public, de
la pédérastie, de la sodomie, du sadisme et
de la bestialité, il y a longtemps que toutes
les maisons publiques auraient disparu :
nous avons dit — toutes.

M. Joseph Reinach, passant devant l'île
Mitylène, l'ex-Lesbos, s'extasiait du pont de
son paquebot sur les points de vue captivants
de la rive, sur la douceur embaumée de l'atmosphère, et se hâtait de redescendre dans sa
cabine écrire pour son *Voyage en Orient* :
« J'ai deviné pour la première fois le pourquoi
des amours lesbiennes, du culte brûlant de
la *Vénus Misandre* ; l'amour n'était pour elles
qu'un délicieux plaisir sans but ».

Sans nier ce que ces lignes exquises, qu'on
dirait d'un poète égaré dans la politique,
offrent de fine psychologie intuitive, le lecteur a déjà compris pourquoi la maison publique, site moins enchanté que l'ancienne
Lesbos, est, elle aussi, peuplée de femmes
passionnées pour « le délicieux plaisir sans
but ».

Du fond de cette boue médullo-cérébrale
qu'est devenue la femme de maison,
comment ne jaillirait pas quasi instinctive-

ment l'idéation, la curiosité vicieuse de ce que peut donner de sensations un contact autre que le contact naturel de l'homme.

Les unes y viennent par haine du souteneur qui les a martyrisées, par le dégoût de cette longue foule de mâles qu'elles sont condamnées à satisfaire ; elles sont sâoules jusqu'au vomissement ; elles évoquent très confusément la cohue masculine dans leur mémoire ; cela ne se distingue plus par individus, mais par types physiques cotés, classés ; cela est connu, deviné ; il faut voir, sentir autre chose.

Sans éprouver ce dégoût misanthrope, les autres viennent à l'inversion par la simple vie en commun : une telle cohabitation d'êtres du même sexe ne peut avoir d'autre conséquence. Comment dix, vingt, trente femmes de cette moralité pourraient-elles être, dans un but d'exploitation vénérienne, réunies sous le même toit, à la même table, coucher presque toujours deux, quelquefois trois dans la même chambre, le même lit, sans tomber fatalement dans la pratique interféminine ?

Dès que la maison publique est devenue le pivot de la prostitution officielle, les chefs de la police se sont heurtés à cet écueil. Leurs règlements n'ont servi de rien. Les femmes *doublent* ou couchent ensem' le ; elles n'ont nulle part un lit par corps. Tout le monde avoue, même les policiers. Le chef du bureau des mœurs A. Trébuchet reconnaissait, après lecture des « rapports des inspecteurs relatifs aux visites de nuit, que peu de pensionnaires étaient exemptes du vice de tribadisme ». — « Si ces infâmes liaisons existent, la faute en est aux tenancières », ont écrit Parent-Duchatelet et Jeannel. Après Macé, Coué et Lerouge, MM. Carlier, Reuss et Coffignon ne contestent plus rien sur ce chapitre : ils citent même le mot d'argot donné aux tribades « *gougniottes*[1] », plus proprement insépara- « bles, petites sœurs ».

Bien que nous nous soyions imposé au début de cette monographie de ne puiser dans les notes communiquées sur les mœurs des filles de maison qu'avec une extrême réserve, nous ne pouvons omettre de rappeler qu'une des plus banales et innocentes occupations de ces misérables est de faire entre elles des concours de beauté, de s'exhiber mutuellement et devant leurs camarades réunies en jury, non pas seulement leur gorge, mais leurs charmes les plus secrets, et de se décerner après examen successif le prix que

[1] Elles s'appellent encore entre elles « *gousses* ».

se disputaient les trois déesses de la fable pour leurs grâces tout entières.

De là naît la *frictrix*, la *cunnilingua*.

De là naissent enfin ces manifestations d'un nervosisme protéiforme, ces amours unisexuelles, ces ménages de femmes, qui sont presque la règle dans les tolérances.

Le Dr Martineau, attaché à Lourcine et prématurément enlevé il y a trois ans à la médecine gynécologique, avait fait de cette monstruosité saphique, de ces mariages biutérins, une étude analogue aux études de Tardieu sur la pédérastie : il a cité plusieurs traits caractéristiques de ces étranges unions qui finissent par affoler l'organisme nerveux des conjointes. Ce sont des tragi-comédies dont l'amour contrarié ou soupçonneux entre hommes et femmes ne donne parfois qu'une faible idée ; on s'écrit ; on s'espionne ; on étudie jusqu'au gonflement bistré des paupières à la descente de la chambre de passe ; on s'injurie ; on se bat ; l'infidèle est menacée comme le serait par un amant tyrannique une maîtresse volage.

« Les maisons publiques soumises à la surveillance de la police, écrit le médecin de Lourcine, servent avant tout à l'établissement, à la formation des ménages de femmes.

« Voici, par exemple, une lettre adressée

par une femme de l'infirmerie de Saint-Lazare [1] à une de ses amies ; cette lettre nous montre l'ascendant qu'une tribade peut exercer sur une autre. A la suite d'une scène de jalousie survenue à propos d'une troisième

[1] Martineau a omis de dire l'influence désastreuse de la prison de Saint-Lazare même à ce point de vue, avec sa promiscuité, le pêle-mêle des prisonnières vieilles, jeunes, adultes, majeures et petites mineures, des *juments de retour*, des exaspérées, des vicieuses. Le dortoir est la salle d'étude de la corruption interféminine. Ce n'est pas seulement la théorie de l'infamie qui s'y donne, mais l'obscène pratique qui s'y consomme.

Il y a 50 ans, Parent Duchatelet avait pu écrire : « Sous le rapport des vices affreux qu'on leur connaît, les femmes sortent toujours de la prison plus libertines et plus dégoûtantes qu'elles n'y étaient entrées ». Le mal a fait marée montante. Celles qui connaissent le vice tribadique, se flairent et ont vivement fait de se grouper : dans la queue-leu-leu des cours elles s'emboîtent le pas : elles sont au réfectoire assises à côté l'une de l'autre : « J'ai ma mangeuse » disent-elles. Au dortoir leurs lits sont côte à côte. Mais le grand plaisir est d'initier, de débaucher une fillette, et d'en faire sa jeune maîtresse. Cela devient alors de la folie sexuelle. Cette jalousie, cette tyrannie, que nous avons été forcé de peindre dans les maisons de tolérance, éclatent dans la prison encore plus violemment, parce que les mineures y abondent et offrent une avenante proie. Des ménages se forment. Ce sont ces couples saphiques que l'on retrouve parmi les pensionnaires. Les fiançailles et les premières nuits de noces datent des dortoirs semi-obscurs de Saint-Lazare. Nous hésitons à transcrire ici les notes qui nous ont été remises d'après les observations d'un homme dont le nom imprimé ici causerait quelque étonnement, et qui montrent le vice tribadique s'exerçant jusque dans la chapelle et....

femme, et dont il est question dans les premières lignes de la lettre, la femme soupçonnée engage son amie à se faire inscrire avec elle sur les registres de la police, et *à entrer dans une maison publique*, afin de faciliter leur vie commune :

« De cette manière, ajoute-t-elle, aucun « soupçon de jalousie ne pourra survenir « entre nous et nous vivrons heureuses ». La réponse, chose à peine croyable, contenue dans une lettre des plus érotiques, montre que le consentement ne s'est pas fait attendre.

« Je dis même plus, continue Martineau : ces liaisons sont favorisées par les patrons ou matrones de ces établissements.

« Ce sont eux qui parlent, je ne fais que transcrire les renseignements qui m'ont été fournis.

« Lorsque, disent patrons et matrones, les femmes ont un amant de cœur (un *béguin*, suivant leur expression), elles quittent la maison les jours de sortie et vont dépenser au dehors l'argent qu'elles ont pu amasser pendant la semaine. Les tribades, au contraire, ne profitent pas du jour de sortie, elles restent enfermées dans leur chambre, où elles se paient mutuellement des friandises et des liqueurs achetées dans la maison qui bénéficie ainsi de leurs dépenses ». — « C'est là un puissant agent favorable au tribadisme émanant des patrons d'établissements, qui poussés par l'intérêt préfèrent dans leur maison un couple tribade (un ménage) à une femme isolée. Aussi les voit-on les rechercher avec soin et venir récolter leur moisson jusque dans nos hôpitaux où les préliminaires de ces unions se nouent quelquefois ».

Ce n'est pas que la plupart des femmes ne résistent au début aux sollicitations dont elles sont l'objet de la part des camarades déjà dressées, et ne manifestent même le dégoût que ce vice commence par leur inspirer, mais peu à peu elles se familiarisent, essaient, puis cèdent ; beaucoup succombent pour la première fois dans le demi-sommeil de l'ivresse, et, là comme ailleurs, il n'y a que le premier faux pas qui coûte.

Une coutume singulière veut que la femme qui a ainsi forcé sa compagne et remporté cette étrange victoire, fasse servir sur la table commune, au premier repas qui suit, deux bouteilles de champagne placées l'une devant elle, l'autre devant sa nouvelle amie, afin que personne n'en ignore dans la maison.

La folie tribadique peut être poussée si loin

dans les maisons, qu'il y a nombre d'années les médecins de Saint-Lazare et du Dispensaire distinguaient au premier coup d'œil les pensionnaires des isolées par ce fait que les premières portaient presque toutes un nom de femme sur le ventre (de Sinéty). Présentement, comme l'a constaté le professeur Lacassagne, la pratique du tatouage a presque totalement disparu chez les femmes publiques.

Il ne faut pas omettre qu'on a vu des tenancières tribades rechercher une compagne à leur usage parmi les jolies filles de leur établissement. Sans remonter aux faits notés par Parent-Duchatelet, rappelons que certaines tenancières récemment en exercice étaient connues à la police comme de fortes Saphos. L'une, dans une maison proche de la fontaine Molière, accablait une jeune pensionnaire de ses préférences, la vétissait élégamment, la nourrissait et abreuvait finement, et la dispensait même dans la mesure compatible avec les intérêts de sa caisse de la trop grande affluence de clients [1]. Une autre se livrait à un examen minutieux des clients à qui elle permettait d'approcher son amie. — Une autre étant ivre se jeta un jour

[1] Communication de M. X, député de Paris (1890).

sur une jeune fille récemment entrée dans sa maison et tenta de lui faire violence,— *plane medium vorare puellam volens*, comme dit Martial.

C'est par la plainte émanée de certaines pensionnaires à qui ces assiduités plus ou moins brutales répugnent de la part de la tenancière, que la police est le plus souvent instruite.

Mais ce n'est pas constamment parce que les tribades constituent des pensionnaires plus tranquilles ou qu'elles-mêmes peuvent ainsi satisfaire un vice personnel, que les matrones poussent au saphisme ou l'imposent.

La pantomime du saphisme joue un rôle considérable dans les tableaux qu'elles offrent aux clients : les femmes qui le pratiquent pour leur propre compte en apporteront d'autant plus de savoir-faire dans les exhibitions payées ou bien marqueront moins de répugnance à figurer de telles scènes.

Par là le vice est d'une précieuse culture.

Nous prenons au hasard dans les notes qui nous ont été remises: qu'il s'agisse des tolérances échelonnées boulevard de la Villette, proche le Conservatoire des Arts-et-Métiers, les Invalides ou la Bibliothèque nationale, il en va partout de même. Voici un fait relaté par un jeune réserviste caserné, il y a deux ans, à l'Ecole Militaire : « Six jeunes soldats pénètrent dans une maison de tolérance de la rive gauche et demandent au tenancier des scènes saphiques : celui-ci répond qu'il est prêt à satisfaire la curiosité de ses clients, mais qu'ils doivent au préalable lui assurer l'ordinaire bénéfice net de la nuit — trois cents francs ; des consommations seront servies ; les volets et les portes seront fermés ; nul dérangement n'est à craindre. Le marché est conclu. Une femme est désignée par le tenancier comme la grande tribade de la troupe. Le choix lui est laissé d'une partenaire parmi ses compagnes. Grand désappointement des spectateurs. Le tenancier intervient alors, gourmande la principale actrice et, désignant lui-même la maîtresse de la tribade, déclare aux clients que s'ils ne veulent être ni dupés ni volés, c'est celle-ci et non point l'autre qui doit faire partie du duo passionnel... Cette fois les six jeunes soldats en eurent pour leurs trois cents francs ».

Tenanciers et matrones doivent donc être dénoncés comme excitant les pensionnaires, par l'appât d'un gain sonnant et trébuchant, à échaffauder ces groupements antiphysiques.

La maison publique est à ce point connue

comme un centre très spécialement vicieux, que les tribades mondaines et demi-mondaines, les tribades habituelles occasionnelles ou intermittentes, y viennent tout naturellement, du même pas délibéré ou furtif que le client mâle. Devant la Commission municipale feu le Dr Paul Dubois avait nominativement désigné la maison de la rue Chabanais comme un lieu de rendez-vous très couru des femmes du monde, du demi-monde boulevardier ou théâtral, qui ont des goûts anormaux. Dans le rapport de la Commission, en 1883, nous avions signalé ces faits avec quelques détails. Le Dr Martineau plus tard a également bien étudié ces mœurs : « La tribade mondaine, dit-il, éprouve, un jour d'énervement, le besoin de satisfaire ses appétits sensuels ; alors elle a recours moyennant finances aux Lesbiennes modernes qui font métier de la prostitution du saphisme : elle se rend dans les maisons de tolérance... ; on peut donc comparer la tribade intermittente à l'homme ».

Il ne serait point juste de ne désigner que la maison de la rue Chabanais : M. Carlier a dû confesser qu'il existe à Paris quatre ou cinq maisons de tolérance où femmes entretenues et femmes du monde viennent souvent le soir, mystérieusement et dans le plus strict incognito, faire leurs dévotions ; si les unes se livrent à plusieurs hommes pendant la nuit comme de simples pensionnaires ou font des orgies collectives, « *d'autres se livrent au saphisme* ». Tout ceci est suffisamment connu de l'observateur des bas-fonds parisiens qui s'est quelque temps promené dans l'Allée des Poteaux, au Bois de Boulogne : telles d'entre les élégantes « panuches » qu'on y voit parader en victoria ou à cheval, les mêmes qu'on retrouve aux expositions de cercles, aux petits salons, aux premières, sur le turf, y sont couramment montrées du doigt comme des adeptes publiques de la galanterie tribadique — poursuivie jusque dans la maison de tolérance.

Il est curieux de noter que les femmes des tolérances, si portées à pratiquer le saphisme entre elles, montrent moins d'empressement et ne se déterminent que sur convenable salaire à le pratiquer avec les femmes qu'elles ne connaissent pas, — les visiteuses du dehors. Aussi, dans certaines grandes maisons, la tenancière, en embauchant ses pensionnaires, stipule-t-elle « qu'elles seront aussi pour femmes ». La répulsion des unes et la précaution de l'autre s'expliquent. Ce ne sont pas seulement des jeunes femmes qui viennent en tolérance s'adonner au vice saphique — mais des femmes de 50, 60 et 70 ans! Dans telle tolérance de premier ordre on voit venir tous les quinze jours, tous les mois, trois ou quatre riches vieilles, seules ou accompagnées de leur femme de chambre : la tenancière fait cacher les visiteuses dans un des salons, derrière un paravent, et tout le personnel des pensionnaires défile en complet état de nudité. La vieille femme fait son choix et monte avec les deux ou trois filles qu'elle a indiquées ; nulle d'entre les filles ne peut savoir qui elle est : sa tête et son visage restent durant toute la débauche enveloppés d'un voile plusieurs fois enroulé. La tenancière fait payer suffisamment de telles entrées et de tels caprices ; chaque pensionnaire seule reçoit au moins deux ou trois louis, mais elle-même n'en prélève souvent pas moins de cinq[1].

Certains auteurs, comme Parent-Duchatelet, Jeannel, Carlier, ont dit que c'était généralement après vingt-cinq ans d'âge et huit à dix années de vie vénérienne que les filles, surtout les filles de maison, se livrent au tribadisme. Les observations qui nous ont été obligeamment communiquées par des con-

[1] Notes remises par X., ex-inspecteur du service des mœurs, sur les tolérances de la *première* circonscription de Paris(janvier et mars 1891).

frères et d'anciens inspecteurs de police nous prouvent au contraire que la pensionnaire ne tarde pas tant : elle est bien plus tôt dépravée que ses compagnes de débauche et de misère, les isolées. Des jeunes femmes de vingt-deux ans sont déjà maîtresses expertes. Comment résisteraient dans la maison celles que Saint-Lazare a déjà aiguisées ?

Quelque répugnant que soit le vice tribadique, ce n'est pas la plus répréhensible des infamies qui se perpétrent à toute heure du jour et de la nuit dans les tolérances. Encore, dans l'esprit de ceux qui étudient un instant ces dévoyées, reste-t-il pour elles une arrière-pensée de pitié : on ne peut s'empêcher de voir dans ces affolées, doublement en opposition avec la loi et la fin naturelles, des misérables rendues malades par la maison même.

Mais, en présence de la clientèle de pédérastes qui assiègent les maisons publiques, sont en relations suivies avec les matrones, il n'y a plus de place que pour la colère et la vindicte.

Quelque naïf que paraisse l'aveu, nous confesserons que, même en écrivant cette partie du présent ouvrage, nous voulions obstinément douter des accusations vaguement portées de ce chef contre les maisons de tolé-

rance. Il nous semblait invraisemblable que
le vice de la pédérastie trouvât hospitalité
publique et gîte protégé dans des établissements soi-disant surveillés par la police.
C'est cependant simplicité pure que d'exemp-
ter de la délictueuse pratique les clients de
maison, pour en faire l'attribut des seuls dé-
bauchés de haute et basses couches opérant
librement ailleurs, dans les maisons de rendez-vous, les garnis, dans nos jardins publics,
sur les bancs de nos avenues, se rencontrant
dans les fiacres, sur les bas-quais et sous les
ponts de la Seine [1].

Les maisons publiques sont, au contraire,
grâce aux tenancières, un centre actif de pédérastie.

Très inutilement les règlements prescrivent
de ne recevoir aucun client mineur, de ne
conserver dans la maison aucun petit enfant
âgé de plus de six ans, la tenancière fût-elle
sa mère : ces défenses sont quotidiennement

[1] M. le professeur Mantegazza dans son livre, L'amour
dans l'humanité, a écrit quelques pages intéressantes sur
ce vice. Sans être la patrie classique de la sodomie, l'Italie
contemporaine contient, d'après Mantegazza, tout un monde
de sodomites. Si l'on en croit les divers mémoires et chro-
niques parus au cours des derniers siècles, il en a toujours
été de même : les mémoires de Benvenuto Cellini sont curieux à consulter à cet égard, notamment à propos de son
procès avec sa concubine Catherine et de sa querelle avec
le sculpteur Bandinelli devant le duc Cosme : les mœurs

éludées de la façon la plus ostensible, (nous y reviendrons pour les mineurs), et d'autre part les pédérastes n'ont pas de plus dévouées pourvoyeuses que les maîtresses de maison. Tardieu, qui n'était point opposé à la police des mœurs, a dénoncé en ces termes les tenancières comme favorisant l'inversion : « L'une d'elles, écrit-il, dut avouer dans une enquête que les deux tiers des hommes qui se présentaient chez elle y venaient uniquement pour lui demander des petits garçons ». Le même médecin-légiste signalant, avec Casper, le goût des pédérastes pour les images licencieuses, les vêtements éclatants, les mascarades endossées dans le quart-d'heure d'aberration sexuelle, cite une maison de la banlieue parisienne sur les derrières de laquelle étaient installés des petits cabinets tapissés de dessins obscènes et d'inscriptions qui ne laissaient aucun doute sur la nature des vices que cachaient

sont prises là sur le vif. Mantegazza a étudié les sodomites contemporains, « leur langage par signes » selon qu'ils sont *cinedi* ou *patici*, actifs ou passifs. « Ce vice infâme, ajoute-t-il, n'est point confiné dans les basses classes de notre société ; il se retrouve jusque dans les plus riches et plus intelligentes classes. Dans le cercle étroit de mes relations, j'ai connu un publiciste français, un poète allemand, un homme politique italien et un jurisconsulte espagnol, atteints de cette aberration. Tous étaient hommes d'un goût exquis et d'un esprit très cultivé ».

les murs : dans quelques-uns d'entre eux on trouva des chemises de tulle, des voiles en tissu doré, des guirlandes, des couronnes de fleurs artificielles qui servaient de parures dans ces étranges moments.

Tardieu n'avait fait qu'effleurer la question en ce qui concerne la maison publique.

Nous voudrions pouvoir mettre ici sous les yeux des lecteurs la série des indications précises qui nous ont été données avec les noms des tenancières, l'adresse des établissements, les heures où le genre de commerce bat son plein pour cinq ou six des grandes tolérances des quartiers centraux : on verrait stationner dans les cafés et chez les marchands de vin de l'entour nombre de jeunes gens à facies plus ou moins raviné, en complet de coupe douteuse ; on verrait aller, venir, entrer, sortir, sous prétexte de livraisons diverses, de service intérieur, des garçons coiffeurs, des garçons de café, des garçons brasseurs (aux mains peu fatiguées), des petits marchands de plaisirs qui ne sont rien moins que des *Jésus* et des *petits-Jésus* retenus ou appelés sur l'invite expresse des matrones. Le *Jésus*, le *petit-Jésus*, a succédé dans la terminologie spéciale au Ganymède de l'antique Olympe à propos duquel Junon, selon Lucien et Martial, querellait son époux, non sans motif. La pédérastie contemporaine va chercher impudemment ses vocables dans la mythologie judaico-chrétienne. Pour avoir et livrer des enfants, car « on a tout ce qu'on veut [1] », la tenancière du centre a recours aux plus grossières comédies. Celle de telle maison, afin de tromper l'œil des boutiquiers voisins devant lesquels il faut faire passer enfants et adolescents, tantôt les travestit en femmes, tantôt les vieillit par l'application de petites barbes postiches. Il y a trois ans, une maison parisienne de second ordre nous était signalée comme recevant plusieurs fois par semaine un pauvre garçonnet de onze ans, « complètement abîmé » nous dit la note remise. Les amateurs mondains — les « rivettes » en argot — trouvant dans la maison publique une sécurité et une discrétion que n'offrent pas les appartements de passe dont la porte est moins bien gardée et où le change peut être moins facilement donné en cas de sérieuse alerte, se passent d'ailleurs fort bien de l'intermédiaire de la tenancière pour se procurer des jeunes gens. Sous prétexte de *parties carrées*, deux hommes entrés ensemble (ce qui ne saurait donner l'éveil) choisissent chacun une pension-naire, demandent la *chambre à deux lits* dont

[1] Notes remises par un inspecteur du service des mœurs.

nous parlerons et, après quelque menue débauche naturelle, renvoient les femmes pour rester seuls. Le truc — qu'on nous passe l'expression — est usuel dans les tolérances. Personne ne s'en étonne. La tenancière prélève seulement un surcroît de passe, comme bien l'on pense. Dans les tolérances périphériques la tenancière connaît toujours dans les ateliers voisins, dans les écuries du plus prochain loueur, chez les marchands de vin, quelque petit apprenti, quelque petit palefrenier vicieux, quelque jeune souteneur grandi à l'ombre de la maison publique ; à la première réquisition elle envoie chercher « le jeune garçon ».

Ces faits ne seront niés que par une administration aveugle ou rendue indifférente par son impuissance même.

La présence du pédéraste dans les maisons publiques et le racolage des petits mineurs ou des jeunes adultes par les tenancières s'expliquent d'autant mieux que le pédéraste n'est pas absolument misogyne. C'est une opinion généralement accréditée, il est vrai, que l'individu en proie au vice des amours masculines ne recherche en aucune façon la possession des femmes, mais c'est une erreur manifeste. En dehors des réalités qui prouvent quotidiennement la fausseté de cette assertion communément répandue, il est une raison péremptoire : c'est que le fond de la pédérastie est tout simplement la sodomie et que la presque totalité des femmes de maison s'adonnent et plus justement sont forcées de s'adonner aux pratiques sodomites. Les classifications des faiseurs de livres et des bureaucrates policiers coupant autant de chapitres ou de paragraphes dans leurs traités et rapports qu'ils prétendent trouver de vices soidisant distincts et exercés à part, sont des vues absolument arbitraires de l'esprit que bouleverse la réalité brutale des faits. La vérité est que tous ces vices s'empiètent, se chevauchent, s'engrènent, se fusionnent, et que le pédéraste instinctif, absolument pédéraste et anthropophile, tel qu'il a été étudié dans plusieurs cas par Tardieu et Casper, et dernièrement par Charcot, Magnan, Ball, Krafft-Ebing et Westphal, est un idéal morbide, nous allions dire une entité pathologique. Son aberration génésique en tout cas est incontestablement l'épisode capital de la dégénérescence héréditaire de son système nerveux, une monomanie comme disaient les anciens aliénistes, un délire partiel comme dit l'école contemporaine.

Le pédéraste ordinaire, celui que pourchasse la Préfecture de police avec sa sous-

brigade d'inspecteurs particuliers depuis
1873 [1], est arrivé à cet état par suite des abus

[1] Quelques chiffres d'arrestations ont été communiqués
en 1888 par la Préfecture à la Commission municipale sanitaire

Années	1879	1880	1881	1882	1883	1884	1885
Arrestations d'antiphysiques	165	120	10	81	72	19	103

Ces chiffres ne sont d'ailleurs point exacts ; leurs oscillations singulières, qui suffiraient à prouver leur inexactitude, s'expliquent non pas seulement par la manière dont
la préfecture dresse ses statistiques, mais aussi par le
grand nombre de mises en liberté qu'ordonne arbitrairement le préfet. M. Lerouge devant la Commission municipale d'enquête sur la prostitution (10 février 1879) estimait
à 300 le nombre des arrestations annuelles de pédérastes
surpris en flagrant délit. Ce dernier chiffre a du moins le
mérite de la vraisemblance si on le rapproche des nombres
donnés par Carlier : de 1860 à 1870, 4711 pédérastes ont fi-
guré dans des enquêtes judiciaires et 1631 ont été pris sur la
voie publique, soit 6342 pédérastes reconnus tels devant les
tribunaux en 10 ans. C'est dire combien d'affaires sont
étouffées. En général, tout prêtre arrêté est relâché après
avoir été simplement signalé à l'archevêché (Cas cités par
Lerouge et par M. A. Hovelacque). Nous ne voulons point
d'ailleurs nous arrêter sur ce sujet trop facile de la pédérastie ecclésiastique. Des auteurs sacrés ont prétendu que
ce vice ne constituait point une violation des statuts disciplinaires. Au dire de certains annalistes du siècle dernier,
jamais on ne compta à Paris autant de sodomites semi-
publics que sous le règne de Louis XVI, environ 40.000 ;
C'était bien le vice d'une société en dissolution. Il n'y en
avait que 20.000 signalés à la Lieutenance de police sous le
Régent. — Présentement, les antiphysiques appréhendés par
la police ne sont jamais soumis à une visite médicale sauf
sur l'ordre du parquet et dans les affaires d'attentat aux
mœurs.

de toute espèce qu'il a faits lui-même, ou qu'un autre a faits de son organisme sexuel, et dans l'immense majorité des cas, c'est l'usage prématuré des femmes — dont il ne perd jamais absolument le goût — qui l'a lancé dans cette voie.

L'exemple souvent cité, depuis Casper, du comte Caylus, si célèbre dans les fastes médico-juridiques de la pédérastie, justifie ces considérations. Cet homme, qui appartenait à une des plus grandes familles de Prusse, s'adonna à la pédérastie à l'âge de trente-deux ans : il était *non agens, sed patiens*. Il avait des amants pour lesquels il éprouvait tous les sentiments d'une maîtresse ardente et jalouse : il leur adressait des lettres brûlantes — lues au cours du procès — et leur faisait des scènes de jalousie quand il croyait avoir à se plaindre de leur fidélité. Il avait fondé une société composée de sept pédérastes ; il donnait des soirées dans lesquelles des hommes se déguisaient en femmes et — *in muliebrem naturam transfigurati* — jouaient un rôle féminin. Dénoncé et traduit en justice, il se défendit, devant les tribunaux, en alléguant « qu'il ne croyait pas avoir violé les lois de son pays ». Grâce aux puissantes influences dont disposait sa famille, il fut acquitté comme aliéné. Mais

ce qu'il faut ajouter, c'est que dès le début
ce personnage déclara qu'il avait très largement abusé des femmes jusqu'à l'âge de
trente-deux ans. C'était un désabusé du sexe.
Le mot du grand Frédéric n'était donc à
proprement parler point applicable à son
compatriote, non plus qu'à ceux qui, sans
distinction de frontières, agissent comme le
comte prussien : « L'amour est un dieu per-
fide; quand on lui résiste en face, il se re-
tourne ». Le grand Frédéric avait d'ailleurs
un renom de compétence bien établie. Voltaire, qui avait habité Sans-Souci, disait son
hôte atteint de — *postdamie*.

La pédérastie acquise est donc bien la
règle ; c'est l'abus des femmes, ce sont les
habitudes féminines vicieuses, c'est l'alcoolisme dont il ne faut point omettre le rôle
considérable, qui y conduisent.

La pédérastie congénitale est la rarissime
exception.

CHAPITRE XI

Comment les maisons servent la morale publique! — Les
maisons publiques repaires de tribadisme, de pédérastie
et de bestialité.

(*Suite et fin*).

Malgré la nausée que ces turpitudes font
monter au cœur du médecin lui-même et le
regret de toucher du bout de sa plume une
encre si boueuse, il est indispensable de
compléter ici le tableau que les matrones
ont tant d'intérêt à tenir secret et qu'elles
réussissent seulement à mal dissimuler à
qui ne veut faire ni l'aveugle ni le muet.

Suivons donc ce crescendo d'infamies, et
dénonçons-le jusqu'au bout.

C'est un fait d'observation absolument
confirmé que la fille inscrite isolée répugne
très généralement aux pratiques sodomites.
Une note due à l'obligeance d'un ancien
commissaire de police de Paris retraité il y
a quelques années, qui a intéressé ses loisirs à l'étude de la prostitution, dit textuellement : « On est fort étonné de trouver,

sur les boulevards extérieurs et dans les
quartiers les moins bien famés de la ville,
des filles publiques inscrites libres, des rac-
crocheuses patentées de trottoir, de tournure
naturellement très commune, et — pour achever le portrait — plus que quarantenaires, qui,
lorsque le client demande des actes anti-na-
turels, opposent un refus très net. Elles disent : « Moi, je ne fais pas de ces choses-là !
Y a des femmes pour çà ! » ou « Va au b....
Là on te fera tout ce que tu voudras (sic) » !

Ce serait évidemment une naïveté d'attribuer cette répugnance à toutes les filles libres, mais la plupart d'entre elles ont fort
bien conscience que la sodomie est pour la
femme qui fait argent de son corps le dernier degré de l'infamie et elles refusent de
choir dans ce cloaque. Qu'est en effet la
femme sodomite ? Un être sans nom.

Dans les maisons publiques, au contraire,
la sodomie est la pratique courante des
femmes : elles appellent cela « *Tourner la
médaille* ». Bien mieux nous ajouterons,
(et personne ne nous démentira) que plus
la maison publique est riche, luxueuse,
au prix d'entrée élevé, et la clientèle so-
cialement choisie, — plus les habitudes et
les mœurs vénériennes y sont perverties et
la sodomie, les folies antisexuelles, dévelop-

pées. Nous citerons sans doute plus loin quel
que fait ignoble qui s'est produit dans telle
maison de banlieue parisienne, mais là ordinairement le système cérébro-spinal plus
rudimentaire du gros des clients se contente
de dépravations moins capricieusement honteuses. Ce sont les grandes tolérances, les
établissements de premier ordre, qui dans
la hiérarchie de l'infamie tiennent vraiment
la tête. « Aujourd'hui on ne va plus dans
certaines tolérances, avoue Carlier sans trop
insister, que par dévergondage ». A une
époque où nous étions occupé de tout autres
travaux que de la question sociale de la
prostitution, en 1872 et en 1873, il nous a
été donné d'observer dans les hôpitaux deux
cas indéniables de sodomie imposée à de malheureuses pensionnaires de maisons, imposée
avec une telle continuité que des accidents
assez graves chez l'une d'elles en avaient été
la suite. La première était une jeune femme
de vingt-huit ans reçue à Lariboisière dans
le service de M. le Dr Oulmont : elle était
atteinte d'une rectite blennorrhagique. La
seconde, femme de trente-huit à quarante-
ans, reçue dans le service du professeur
Gosselin à la Charité, était atteinte d'une
chute récente du rectum ; elle présentait en
outre cet accident curieux et rare, qui

prouve jusqu'où peut aller l'aberration : le canal uréthral offrait chez elle, dans une longueur de quatre à cinq centimètres, les dimensions hospitalières du canal parallèle; ce double accident de procidence et de dilatation guérit au bout d'une vingtaine de séances d'électrisation. Après s'être—comme toujours la femme en pareil cas — énergiquement et fièrement défendues de tout commerce anormal, ces deux misérables finirent par avouer avec pleurs l'origine suffisamment patente de leur mal : elles devaient toutes deux des sommes élevées à leurs tenancières, et celles-ci les forçaient, pour se rembourser, à gagner de l'argent « n'importe comment », plaidait l'une des malades.

Je cite ces deux cas parce que le hasard les a fait passer sous mes yeux dans des hôpitaux généraux, mais une centaine de femmes sodomites passent en moyenne annuellement à l'hôpital de Lourcine, et l'on remarque que le nombre de ces malades observées à l'infirmerie de Saint-Lazare est beaucoup plus élevé.

Nulle forme du vice ne peut être refusée par la pensionnaire, pas même la plus odieuse après le *coïtus analis,* le *coïtus buccalis.* Souiller son corps, *arcana lumbi,* selon le mot de

Perse, est déjà bas dans l'abjection, mais son visage ! Tardieu a fait du *fellator* une description célèbre en son temps, que ne dirait-on point de la *fellatrix!* Le latin impopulaire qu'employait Tardieu et qu'on emploie toujours en semblable impasse pourrait seul traduire avec des mots ce type innommable de la plus dégradée des femmes immondes que créent les tenancières !

Cette excentrique érotomanie (la folie du nerf génito-labial comme disait Ricord, — après Voltaire), poursuivie par la tenancière dans un but si lucratif chez le client et la pensionnaire, les a fait rouler tous deux dans la débauche systématiquement libidineuse et bizarre. Peu lui importe, à elle ; elle n'a pas pour cela épuisé ses cent tours.

La tenancière est fille du marquis de Sade.

Ce personnage jouit, on le sait, de la très triste gloire d'avoir donné son nom à tout un chapitre de dépravations. Ce viveur avignonnais, capitaine de dragons plus ou moins volontairement démissionnaire sur la plainte motivée de ses camarades, ami du comte d'Artois, allié aux Conti par sa femme qu'il avait allègrement abandonnée avec trois enfants, promenait dans les cabarets élégants de Paris ou de Marseille son mau-

vais sourire de blond grisonnant et de
chauve précoce. Un jour il raccroche une
fille Place des Victoires, s'enferme avec elle,
la dépouille de ses vêtements et lui inflige
une de ces fustigations savantes qu'il décrira
plus tard la plume à la main ; la fille s'enfuit nue par.la fenêtre, poussant des hurle-
ments ; Sade est arrêté, jugé, acquitté, puis
emprisonné en vertu d'une lettre de cachet.
Mis en liberté, au bout de peu de temps, il
vient vivre en Provence la vie de château
dans un domaine somptueux dont sa femme
était propriétaire ; il y fait de la littérature
et particulièrement des pièces de théâtre,
recevant nombreuse compagnie. Entre temps
il allait se divertir à Marseille. Là il fait ra-
coler par son valet de chambre sodomite
deux filles et se livre sur elles à de bizarres
flagellations qui entraînent un démêlé avec la
maréchaussée. A quelque temps de là, il
traite à souper quelques belles catins pro-
vençales et (histoire de rire !) leur fait manger au dessert des bonbons aux cantharides
qui les empoisonnent à moitié. Poursuivi
comme empoisonneur et sodomite, il s'enfuit
en Italie. Il est extradé, acquitté. Une seconde
lettre de cachet l'enferme à la Bastille. C'est
là que le brave peuple de Paris vient le déli-
vrer le 14 juillet. Les papiers du temps relè-

vent que le prisonnier criait plus fort que les
autres, ameutant ses libérateurs, jurant qu'on
massacrait tous les jours des prisonniers,
réclamant des manuscrits enlevés dans sa
cellule sur l'ordre du gouverneur. C'est là
qu'il avait en effet commencé à écrire son
roman *Justine ou les malheurs de la vertu*,
livre infâme s'il en fût, qu'il publia en 1790.
Fort gêné dans ses affaires, il se fit largement
payer par les libraires, tout en désavouant
son œuvre : « Si je savais que ma main
droite ait écrit ce livre, disait-il sérieusement,
je la couperais ». Révolutionnaire bruyant
dans sa section, il était nommé capitaine
dans la garde nationale et finalement en-
fermé par la Commune en 93 comme noble ;
il reniait d'ailleurs courageusement sa noblesse comme son livre : il prétendait que
son père était palefrenier. Le 10 Thermidor, il
sortait de prison au grand scandale du bon
Michelet qui va jusqu'à dire : « Le premier
essai de la guillotine lui appartenait de droit ».
En 1797, il avait l'audace de faire tenir à
chacun des Directeurs un exemplaire de son
livre sur papier vélin ; en 1800, il renouve-
lait son envoi aux trois Consuls. En 1804,
enfin, Bonaparte mettait un terme à cette
carrière d'ordures en envoyant le marquis de
Sade à la Force et de là comme fou à Cha-

renton où il mourut en 1815. Là comme dans son château de Provence, il vécut fort tranquille, faisant de la littérature dramatique, recevant la bonne société...

La tenancière a dans ses tiroirs et elle en sort le plus simplement du monde l'arsenal complet des tortures sexuelles que les plus Sa...des d'entre les clients peuvent lui réclamer : elle va d'ailleurs au-devant des demandes ; elle est en relation avec les fabriques spéciales belges et allemandes ; elle n'offre pas seulement le banal vêtement dont Mme de Staël disait si plaisamment « cuirasse contre le plaisir, toile d'araignée contre la vérole », elle est en possession de tous les instruments prohibés. Pas de dissimulation, de comédie du reste ; rien dans son langage ou dans celui de sa sous-maîtresse qui marque qu'elle puisse se croire inquiétée. Avec la tenancière point d'inaction ou de flasco à craindre pour le vieillard, pour le frigide, le semi-impuissant. Comme la prêtresse d'amour Œnothée et la vieille Proselenos de Pétrone, elle peut justement dire : « *Istum morbum, juvenis vel senex impotens, sola sum quæ emendare scio* ». Et pour ses fins, elle n'a pas seulement tout l'appareil du vieux jeu, martinets à lanières de cuir parfumé, cordons de soie pour ligatures, petits bou-

quets d'orties, et autres disciplines amoureuses démodées ; elle a suivi les progrès de
la science et elle sait intelligemment y faire
appel : elle possède la pompe ou ventouse
du docteur Mondat, et applique comme un
spécialiste les appareils à électrisation locale (*ad mammas*, *virgam*, *clitoridem et
anum*). Libertins usés et vieilles saphistes
peuvent espérer une réminiscence. Les
hommes dits « *à passions* » seront satisfaits.
Le sodomite honteux lui-même peut grâce à
la tenancière contenter sa passivité avec le
seul concours d'une pensionnaire préalable-
ment harnachée, comme eût fait patiem-
ment un bandagiste pour un herniaire, et
in virilem naturam transfigurata. La jeune
tribade mondaine pourra de son côté se donner l'illusion d'un double commerce avec
cette autre pensionnaire également transfor-
mée en hermaphrodite artificiel. La pharmacie de la tenancière comprend jusqu'à
des substances érotiquement toxiques, la
teinture de phosphore, la teinture de cantharides [1]. Mais qu'importe ! Nulle des peines
correctionnelles qui frappent la vente des

[1] Un flacon de 150 *grammes* de cette teinture toxique
saisi dans la pharmacie d'une tolérance riche de Paris.
(*Notes remises par X, ancien inspecteur.*) « Il y a des gens
qui en demandent » répondit la tenancière qui d'ailleurs ne

poisons non plus que le colportage et la détention des ignobles outils du sadisme instrumental, n'est faite pour la tenancière. Tout cela se loue, se paie, et les tarifs sont perçus le plus tranquillement du monde.

Après ceci, est-il besoin d'ajouter que la tenancière tient marché de petits plâtres, de photographies obscènes dont elle fait payer l'exhibition ou qu'elle fait vendre par ses pensionnaires, s'en attribuant, cela va sans dire, exclusivement le prix. Il n'y a pas de bénéfice à dédaigner. Nombre de photographes assez connus à Paris et en province ne craignent pas de se mettre ainsi dans le mauvais cas de cet... artiste sur les œuvres duquel Tardieu eut à se prononcer en août 1861. Cet individu avait mis en circulation une foule de photographies obscènes qui représentaient des femmes dans les poses les plus variées : le visage était caché, mais l'exhibition que faisaient les modèles de leurs parties les plus secrètes était compliquée d'un raffinement si singulier que l'œil percevait des détails d'ordinaire accessibles au seul méde-

fut nullement inquiétée par le bureau des mœurs. On sait que le comédien Molé, amoureux d'une jeune femme à laquelle il voulut prouver que son âge n'était qu'un mot (il avait 66 ans) mourut après avoir absorbé une trop forte dose de cette préparation. Le cas récent du professeur de droit A. est connu.

cin. Depuis Tardieu cette branche de l'art photographique a progressé : ce ne sont plus seulement des poses individuelles qui sont prises, mais des duos, des groupes, et si les hommes dissimulent leur visage ou portent des fausses barbes, les femmes montrent sans scrupule leur figure, nue comme le reste : les mains, souvent volumineuses, manœuvrières et noires, des hommes employés à cette spéculation prouvent à quel monde de pauvres diables les photographes et les tenancières s'adressent pour ces poses ; dans les tolérances de troisième ordre, c'est le premier malheureux venu que l'on va quérir dans la rue, au cabaret du coin. Les photographes sont si sûrs de l'impunité que certains ne se gênent point pour oublier au verso l'indication de leurs nom et adresse afin sans doute de provoquer les commandes des amateurs. Ce qui est peu croyable, c'est qu'on trouve dans les tolérances des séries photographiques reproduisant de toutes jeunes filles, *virguncula*, des gamines, des *gavrochines*, comme dit un néologiste, M. Paul Bourget, visage nu elles aussi et faisant l'étal de la plus impubère et vilaine débauche. Ces reproductions authentiquement d'après nature en apprennent long sur la prostitution infantile et la part qu'y prend le proxénétisme des tenancières : comme la classique procureuse de Suburre, elles ont le droit de « *corporaliter et propter res venerarias curare virgines* ». Elles cherchent à vendre tout cela de deux à cinq francs l'exemplaire, selon le degré de curiosité vicieuse ou d'imbécillité du client. La générosité de certaines gens quand il s'agit d'acheter des images ou des livres obscènes est suffisamment connue. Par exemplaire bien placé, la tenancière dans les tolérances de deuxième et troisième ordre donne quelquefois à la vendeuse vingt à trente centimes ou une liqueur gratuite au prochain repas, mais ce qu'elle n'admet pas c'est que la fille elle-même se fasse marchande pour son propre compte et lui fasse concurrence en vendant au client dans la chambre de passe des obscénités analogues : elle n'hésite pas à la frapper d'amendes et à lui confisquer ses cartes.

Les tolérances riches possèdent surtout des collections variées d'albums licencieux [1] : la lithographie, la gravure et les dessins au crayon ou à la plume rivalisent avec la photographie. *Luxuriâ pagina nulla vacat.* Ce ne sont pas des figurations à la manière de celles de Gulio Pippi qui inspirèrent les sonnets de

---

[1] La Farcy d'inoubliée mémoire avait un cabinet spécial où étaient appendues aux murs les photographies de toutes ses pensionnaires nues.

l'Arétin et pour lesquelles d'ailleurs le pape
Clément VII, s'offusquant peut-être plus que
de raison, voulait faire pendre le célèbre
peintre de *la Flagellation*, de *la Nativité*, et
de la *Transfiguration de Notre-Seigneur*. Un
élève de Raphaël ne pouvait faire bassement
obscène. Jules Romain s'était surtout inspiré
de ces gracieuses peintures antiques qui tracent des scènes d'amour avec un mélange de
prose et de poésie et qu'on voit encore si fraîches après deux mille ans sur les murs des
chambres retirées des villas de Pompéi. Ses
adolescents et ses amoureuses ne portent point
la livrée de la mauvaise débauche : leurs
poses sans doute ont du pittoresque, mais
leur délire reste naturel. Le crayon du peintre a couronné ses héros et ses héroïnes de
pampres et de fleurs : leur nudité même est
le sujet d'études proprement esthétiques qui
font valoir la science d'un grand anatomiste
d'académie et la poésie d'un grand artiste :
des torses si beaux ne sont pas malintention-
nés : les sièges, les lits, les coussins sont antiques ; les buen-retiros sont des chambres
de style noble et même un peu sévère, ou
bien des portiques à colonnes, froidement
dallés, avec échappées sur des campagnes sagement alignées comme les peignait le maître de Romain lui-même. Mais que parler de

l'Arétin et même des tableaux tracés à la plume par les pères casuistes, saint Thomas entre autres, pour les instructions des confesseurs, et même des *Octoquadraginta Figuræ Veneris* de Forberg : ceci est la naïveté de l'obscène . Les collections des tenancières sont d'une autre touche. Leurs albums offrent la plus inimaginable gamme. Les divers régimes y figurent avec leurs modes et costumes, la Restauration, le régime de Juillet, le second Empire. Le premier Empire même y est représenté. L'habituelle comédie des religieux et des religieuses ne manque pas. Nombre d'albums qui figurent la débauche sous Bonaparte ont échappé aux investigations de la Préfecture de police à peine instituée. Parent-Duchatelet tenait de l'ancien archiviste Peuchet que Bonaparte, sur la fin de son consulat, avait donné des ordres formels pour saisir et détruire les gravures et livres obscènes qui s'étaient réfugiés des boutiques du Palais-Royal dans les maisons de prostitution. *Un seul* exemplaire de chacun d'eux avait été déposé à la Bibliothèque nationale. Van Praët donna la liste de ces livres et dessins à Parent-Duchatelet, et les lui montra dans une pièce écartée de la Bibliothèque royale . Ces pièces ont vraisemblablement fourni le commencement du fonds réservé

appelé présentement par MM. les conserva-
teurs « *L'Enfer* », comprenant un assez grand
nombre de livres et d'estampes, augmenté
chaque année par des confiscations et même
— détail curieux — par l'envoi que font spontanément de leurs œuvres les auteurs d'ouvrages imprimés et vendus secrètement. Il
est inutile d'ajouter que le public n'est point
admis dans « *L'Enfer* » de la Bibliothèque.

Dans les tolérances riches, les collections
contiennent jusqu'à des imageries licencieuses venues d'Extrême-Orient : dans l'une
d'elles le Japon a apporté — par le canal de
voyageurs au long cours — son contingent
d'extraordinaire fantaisie avec l'*Ile des femmes*, l'*Ile des hommes*, etc. Le musée des tenancières peut tout posséder : il est inviolable.

Il existe, il est vrai, un article 287 du Code
pénal et deux lois, celles du 21 octobre 1814
et du 17 mai 1819, qui font de ces délits une
répression spéciale : mais, encore une fois,
la tenancière est au-dessus de la loi. — Si
dans les grandes tolérances les albums sont
communiqués sans supplément, le prix de
la passe étant suffisamment élevée, dans les
moyens et petits établissements, il n'en est
plus de même : la tenancière réclame des
curieux une somme qui varie de 3 à 5 et
même 10 francs.

Une des suites immédiates de la débauche bisexuelle ou intervertie en maison, c'est qu'elle ne conserve pas la physionomie du tête-à-tête : le groupement des femmes qui est le pivot du système de la police, engendre fatalement l'exploitation des infamies en commun.

La tenancière est la metteuse en scène par excellence : son escarcelle se remplit à ces exhibitions comme la caisse d'un théâtre le jour d'un opéra à grand spectacle.

Ce sont surtout les tolérances de premier ordre qui tiennent ce genre en harmonie avec le goût de nombre d'hommes mondains et même distingués. L'heure de la représentation est connue : il faut être exact comme pour l'heure des pirouettes des danseuses, sans quoi l'on est mal placé !

L'indiscret Sainte-Beuve, dans une de ses plus piquantes et fouillées études, met ce mot sur les lèvres de Fontanes, l'ami de Chateaubriand, le grand-maître impérial de l'instruction publique : « Je ne sais rien de plus agréable qu'un ballet bien indécent après un bon dîner ». Une certaine esthétique voluptueuse explique le propos et le goût. On voit la pente. D'autres l'ont descendue, aussi célèbres que Fontanes, Cambacérès entre autres, si souvent plaisanté par Napoléon en plein

Conseil d'Etat sur sa vie de célibataire.
M. Taine n'a pas manqué de rappeler le fait en historien aussi véridique que Sainte-Beuve.

La tenancière cultive, caresse les vices de son temps.

Voici d'abord les tableaux vivants dont le sexe féminin seul, les pensionnaires, font les frais.

Ici, afin de donner plus de relief aux actrices réunies, la tenancière fait apporter un grand tapis de velours noir dans le salon : les femmes esquissent des poses, des groupes sous la lumière des candélabres tous reportés à l'extrémité de la pièce.

Dans cette autre maison l'arrangement est permanent : il y a la chambre noire, entièrement tendue de satin noir ; au milieu, une estrade capitonnée également en satin noir ; en face de l'estrade, sur un socle, une statue de la Vérité tenant à la main un flambeau. Aussitôt que le tableau vivant s'est superposé et imbriqué sur l'estrade, un flot de lumière oxhydrique jaillit du flambeau et inonde les femmes dont les corps sur le satin noir prennent le blanc éclat de statues de marbre. Tout à coup la lumière disparaît, et quand le flambeau s'éclaire à nouveau, un autre groupe échafaude avec des variations ses blancheurs simili-marmoréennes.

Dans cette troisième maison, c'est la chambre aux glaces qui sert de théâtre à la représentation.

Dans cette dernière maison enfin, telle pièce est pourvue d'un plancher avec plaque centrale tournante sur laquelle se masse le groupe des femmes en représentation : les femmes tournent ainsi à la manière des bustes de cire à la devanture des coiffeurs. Dans cette maison, on représentait souvent le groupe de Carpeaux. Yves Guyot de son côté a cité le fameux Moulin-Rouge.

Tout ce dispositif, la police ne l'ignore pas : bien au contraire, ses agents visitent ces pièces ; ses écrivains les décrivent d'une plume rieuse et complaisante, les signalent aux étrangers en villégiature à Paris, comme des curiosités.

Et cependant la Préfecture de police sait fort bien que jamais les scènes ne se renferment dans les limites ci-dessus — indulgemment appelées par quelques-uns épicuriennes et même artistiques.

Jamais les tableaux vivants, alors même que toutes les actrices en sont volontaires, ne s'en tiennent aux poses plastiques, *veneres statariæ*. Il n'y a là — et c'est pourquoi la tenancière organise ces scènes — que des occasions de saphisme incube et succube, de sodomie uni et bisexuelle, de conjonctions de tout genre.

Sans doute, le vieillard et le libertin épuisé viennent devant le tableau vivant pour chercher à réaliser en chair et en os les fantômes obscènes de leurs imaginations de nuit ou de leurs propos de table. Canler, parlant des riches tolérances du temps de la Restauration, décrit une chambre aux statues où de hauts personnages de la cour de Charles X venaient faire leurs dévotions devant de nouvelles Galathées, huchées sur un piédestal : l'un deux, le comte de B., homme d'âge dans une position sociale extrêmement élevée, venait chaque semaine faire son adoration ; il revêtait le costume de Pygmalion et chaque fois donnait cent francs à la tenancière. Dans cette même chambre, un autre tableau sculptural représentait le combat de beauté entre Vénus, Minerve et Junon : le visiteur, nouveau et platonique Pâris, déposait le prix — sous forme de cinq louis — sur le socle où se trouvait perchée la pensionnaire-statue qu'il avait jugé la plus belle. Canler ajoute qu'il avait été introduit dans la maison de tolérance et dans la chambre secrète par le mari d'une revendeuse au marché du Temple qui était l'amant de la tenancière; il ajoute encore que sa pudeur de chef de la Sûreté lui interdit de rapporter ce qui se passait dans les maisons publiques de la rue de l'Ancienne-Comédie. Cette réserve du maître-policier indique combien les platoniques sont rares.

De même qu'en Italie certaines maisons publiques entretiennent officiellement un ou deux *essayeurs* qui ont pour rôle de venir au salon quand il est plein de clients et d'y avoir des rapprochements avec les femmes de façon qu'aucun des spectateurs, après une telle invite, ne ressorte comme il est entré, ces scènes organisées par les tenancières n'ont pas d'autre objet que d'évoquer chez les spectateurs ou de fouetter le désir déjà né de réaliser eux-mêmes la débauche commise sous leurs yeux [1].

L'orgie somptueuse, les soupers relevés d'aphrodisiaques culinaires, arrosés de champagne (le vin toujours entrevu dans les rêves

[1] L'Italie tient un bon rang, on le voit, dans cette course licencieuse. Dans son livre *L'amour dans l'Humanité*, le savant professeur d'anthropologie Mantegazza rapporte le fait suivant : « Il y a peu d'années, dans une grande ville d'Italie, on ouvrit un concours avec un prix pour l'homme qui (nous latinisons le texte de Mantegazza) *lesbiaco amore maximam voluptatem mulieri afferret ; victoriæ conditiones constitutæ: robur, gratia, ludorum varietas.* Il y eut des préparatifs solennels, jury et nombreux concurrents. J'ai connu le vainqueur... » ajoute même Mantegazza (Liv. II, p. 49).

de la prostituée comme la boisson idéale), les scènes érotiques de la fin du repas sont la suite obligée des tableaux organisés par la tenancière.

On peut être sûr que la note présentée le lendemain matin est de bon chiffre.

Quelquefois cette note est soldée d'une manière tout à fait régence. Macé raconte qu'à la suite d'un magnifique souper dans une grande tolérance parisienne, la tenancière en femme d'esprit refusa le prix des dépenses : mais le lendemain elle recevait un bracelet enrichi de gros brillants, d'une valeur très supérieure à tous ses frais ; en même temps, elle conquérait la clientèle de toute la *gentry* d'un cercle important.

Faire offrir cette absinthe intoxiquée de l'amour par des acteurs et des actrices stylés et conscients n'est pas d'ailleurs le dernier raffinement de la tenancière : le tableau des plaisirs d'autrui, quand il est commandé à tous les exécutants, est toujours, quelles qu'en soient les réalités, empreint d'un convenu et d'un apprêt, accompagné de grimaces connues et de gestes appris, qui lui enlèvent aux yeux des amateurs blasés le meilleur de son intérêt. A ce désidératum la tenancière s'est empressée de pourvoir. Le client lui-même de la maison fournira le partenaire inconscient chargé de donner à la scène érotique le piquant d'une sincérité qui lui manquait : la femme fera avec lui *le cerf* par exemple. Le secret de l'hospitalité sera violé au bénéfice de la matrone qui recevra, dans le cas, des deux mains — non plus des seuls spectateurs.

Jadis, il y a quelque quarante ans, la tenancière faisait tout simplement pratiquer au villebrequin des petits trous dans les cloisons de quelques-unes des chambres de son établissement[1] : c'est ce qu'observa du moins Jeannel; elle mettait encore à la disposition des curieux des armoires percées de trous obliques. Aujourd'hui les simples trous *voyeurs* sont un peu démodés : par un habile arrangement de draperies tendues sur les portes, de tentures murales sur lesquelles sont mal appliqués des gravures et des tableautins, ou grâce à des tubes disposés à travers la cloison et aménagés les uns en lorgnettes grossissantes, les autres en cornets acoustiques, le spectateur peut voir et entendre d'un petit cabinet annexe : une ins-

[1] *Nil novi in fornice !* Après Martial, Pétrone peint le tableau d'une de ces doubles scènes; mais dans le *Satyricon* c'est une femme qui veut être la spectatrice indiscrète : « Imprimis Quartilla *per rimam improbe diductam*, applicaverat oculum curiosum, lusumque pueritem libidinosa speculabatur diligentia » (§ 25).

tallation avec siège approprié, veilleuse, etc., lui est commodément faite. Règle à peu près générale,—quand un individu vient dans une maison publique et monte avec *deux* pensionnaires, il peut être presque sûr d'avoir une galerie plus ou moins fournie de témoins : bien stylées, les deux commères ne négligent rien pour mettre le sujet bien en évidence.

Ces représentations se donnent, cela va sans dire, devant un public demi-selecté : on y est admis sur quelques références laissant supposer la discrétion et de larges finances. On paie sa place comme un vrai fauteuil d'orchestre. Nos voisins d'Outre Manche sont signalés comme conservant sur le continent et notamment à Paris une prédilection marquée pour ce genre de spectacles ; des observateurs impartiaux ajoutent même qu'il faudrait, pour être exact, les faire figurer — comme en avait donné l'exemple le rédacteur de la *Pall Mall gazette* — dans les paragraphes où il est question de fillettes et surtout de « jeunes garçons ».

Des amants, des maris même pourvus de femmes froides, se font encore par des tableaux de cette sorte leurs éducateurs vicieux.

Nous ferons grâce au lecteur des épisodes que les écrivains de police se repassent les uns aux autres à propos des histoires plus ou moins dramatiques causées par les trous voyeurs : l'histoire du beau-père qui tombe frappé d'apoplexie en reconnaissant son gendre dans un sodomite *patiens* ; celle du mari voyant sa femme se prostituer à titre de fille externe et faisant irruption à travers la porte enfoncée, etc., sont suffisamment répétées. La plus vraisemblable et la moins lugubre est l'aventure de ce membre du corps diplomatique, accrédité à Paris, donnant à son insu une représentation aussi obscène que grotesque à ses amis de club habilement cachés par la matrone.

Il n'est pas jusqu'aux exhibitions de monstruosités sexuelles auxquelles ne pensent nombre de tenancières comme occasions de lucre. Plusieurs, de notoriété semi-publique se tiennent à l'affut des hermaphrodites notamment et exploitent, dans des scènes dont la lubricité ne le cède en rien à toutes les autres, le dédoublement bizarre de la personnalité vénérienne de ces individus. On sait en effet que l'hermaphrodite ou mieux le pseudo-hermaphrodite, car il n'existe pas de véritable hermaphrodite alors même que les caractères masculins ou féminins (androgynie ou gynandrie) dominent particulièrement chez lui, présente le plus souvent dans l'un et dans l'autre cas des goûts simultanés pour les personnes des deux sexes. Les tenancières exploitent ces aberrations de la nature, et comme les malheureux qui en sont victimes ont généralement par le fait même de leur monstruosité une existence dévoyée et misérable, l'entente se fait facilement avec eux.

Un dernier mot donnera de la vie vénérienne des femmes de maison une idée exacte.

Quand l'immonde *stercoraire* franchit le seuil, le stercoraire qui efface *le renifleur*, *l'épongeur*, il faut que la pensionnaire se prête aux exigences indicibles de cette bête crapuleuse qui devrait être renvoyée aux médecins aliénistes et aux cabanons.

C'est dans la maison publique enfin que le crime de bestialité se pratique le plus. Semblables aux acolytes des prêtres de Baal-Péor qui ne se contentaient pas de se vendre eux-mêmes aux fidèles pendant les prières à l'idole, mais dressaient des chiens aux mêmes ignominies et appliquaient aux revenus du temple le produit retiré du double louage, les tenancières vont jusqu'à exploiter le spectacle de la *mulieris copula cum cane*.

Dans ce paroxysme, certaines tolérances ont usage de cette espèce de grands chiens danois devenus à la mode depuis quelques années dans les milieux mondains. Les maisons périphériques et suburbaines, cependant moins systématiquement ignobles que les autres, imitent : elles se servent de ces espèces mâtinées de terre-neuve qui abondent dans les faubourgs de la grande ville.

En 1882, pendant que nous étudiions les questions de police de sûreté au Conseil municipal, nous avons eu sous les yeux le mémoire protestataire d'un suisse expulsé de France dont la femme était devenue pensionnaire d'une maison de Montrouge (extramuros) : il relatait cette débauche que les Pères, saint Thomas et tous les théologiens moralistes à sa suite, placent bien au-dessous de la sodomie.

Mais c'en est assez sur cette répugnante matière...

Plus discere licuit, sed plus dicere non licet.

CHAPITRE XII

Comment les maisons servent la santé publique ! — Conséquences antisanitaires du groupement et de l'internement
des femmes. — Les clients vénériens. — La mentalité de
l'homme malade. — Les tolérances conservatoire et laboratoire de la syphilis. — Insalubrité de la maison publique.

Que peut être l'hygiène sexuelle dans un
tel milieu ?

La clientèle masculine a répondu.

La majeure partie s'est détournée de la
maison publique, dénonçant ainsi le danger
des relations sexuelles avec les femmes de
maisons — les dernières parmi les femmes
communes — en d'autres termes dénonçant
l'insalubrité vénérienne de la maison de tolérance.

Étudions cette question d'hygiène froidement.

On s'étonne que les organisateurs de la police des mœurs en 1802 et les fondateurs de
la maison de tolérance patentée, administrateurs et hygiénistes, n'aient pas tout au

moins entrevu les conséquences immédiates du groupement officiel des femmes communes. La réglementation protectionniste, en battant le rappel au bénéfice de ses filles, devait nécessairement provoquer auprès d'elles une affluence très mêlée qui les exposait chaque jour à cent chances de contagion et les rendait par ricochet mauvaises aux individus sains figurant dans la cohue. L'insalubrité du groupement pouvait être établie, ce nous semble, a priori par ce seul fait que, tout le système reposant sur la prospérité de la maison, plus il y venait de clients, moins ses habitantes devenaient sûres.

L'induction ne fut pas faite, mais la réalité est venue démontrer combien elle eût été juste et prévoyante.

Partant au contraire de ce double principe qu'il n'y avait d'une part aucun ménagement à garder au point de vue du droit envers les femmes de mauvaise conduite, que d'autre part la surveillance sexuelle, aboutissant au retrait immédiat de toute femme malade, assurait largement la sécurité publique, l'administration médico-policière crut avoir résolu le problème de la digue à la diffusion de la syphilis avec des établissements fermés où ses agents ne devaient maintenir que des femmes en bon état de soumission morale et de santé vénérienne. Combien d'écrivains et de préfets ne l'ont-ils point répétée, cette formule : « Si l'on pouvait interner toutes les femmes dans les maisons, la question de la prostitution hygiénique serait à jamais tranchée » !

Ce n'est pas que quelques partisans — même résolus — du système de coercition, n'aient de temps à autre manifesté certains scrupules sur l'inhumanité qu'il y avait à séquestrer des malheureuses, à ressusciter en pleine civilisation les abominations de la traite, à créer au profit d'exploiteurs infâmes des privilèges inouïs devenant l'origine des plus sales et rapides fortunes : mais l'excellence du but social faisait taire plumes et consciences, et chacun s'inclinait devant l'indiscutable axiome : « La maison de tolérance est une garantie de sécurité pour la santé publique ».

Or, la théorie a été bouleversée, dès que l'expérience a été commencée. Les faits ont, sans attendre, démoli les prévisions.

Il est advenu que, dès le début, les maisons ont été, précisément au point de vue hygiénique, la partie la plus défectueuse du système. Chiffres en mains, statistiques dressées, — nulle personne de bonne foi ne conteste plus aujourd'hui que les pensionnaires des maisons de tolérance sont plus dangereuses que les femmes en carte isolées et d'une façon absolue extrêmement dangereuses.

Les premiers travaux statistiques qui ont paru, ceux de Parent-Duchatelet, antérieurs à 1832, ont mis le fait en lumière avec une force singulière.

Ainsi, dans la période de 1812, ce médecin établissait le tableau suivant : il existait :

En 1812 {	1 fille syphilitique en maison	—	sur 11	pensionnaires	
	1 —	—	isolée	— 20	isolées
En 1822 {	1 —	—	en maison	— 7	pensionnaires
	1 —	—	isolée	— 33	isolées
En 1830 {	1 —	—	en maison	— 19	pensionnaires
	1 —	—	isolée	— 43	isolées

Parent-Duchatelet, qui, malgré son admiration pour la police des mœurs, était un esprit scientifique et honnête, ne put s'empêcher de faire ressortir la singularité inattendue du fait et d'en tirer loyalement des conclusions peu favorables : « Au premier aperçu, écrivait-il[1], tout semblerait faire croire que les filles qui appartiennent aux dames de maison, étant en général mieux choisies, mieux surveillées, plus souvent et plus attentivement visitées, devraient présenter plus de garanties que le reste de cette

---

[1] T. I, op. cit. p. 681 (Edit. de 1857).

population ; *cependant nous observons tout le contraire* ». Parent-Duchatelet, la constatation faite, n'eut cependant pas la logique assez courageuse pour aller jusqu'au bout : il respecta la maison publique.

De 1832 à 1854 les statistiques ont été fort mal établies ou fort superficiellement consultées par les successeurs de Parent-Duchatelet et notamment par les éditeurs de la troisième édition de son livre (1857) : mais les rares chiffres qu'ils ont donnés laissent suffisamment apparaître la réalité. Ils établissent ainsi que les filles des maisons de la banlieue, c'est-à-dire Paris hors les vieux murs de ronde des boulevards extérieurs, avaient parmi elles quatre fois plus de syphilitiques que les pensionnaires de tolérance de la ville même, et que d'autre part les pensionnaires des maisons de la ville comptaient deux fois plus de syphilitiques que les filles en carte isolées. Les seuls chiffres positifs qu'ils donnent sont ceux du mois de janvier 1845 qui sont très significatifs. Sur une population de pensionnaires de banlieue de 230 femmes, le chiffre mensuel des syphilitiques est de 13 ; sur les 1206 pensionnaires de Paris il est constaté 27 syphilitiques ; enfin sur les 1623 isolées en action sexuelle, il est constaté 3 syphilis. On comprend qu'en présence de

cette statistique de malades pour *un mois*, les
éditeurs de Parent-Duchatelet, déjà visiblement gênés par les chiffres de leur auteur
et par son commentaire sur l'insalubrité des
pensionnaires, n'aient point poussé plus loin
la recherche du détail[1].

De 1855 à ces dernières années, les statistiques ont été établies à la Préfecture de police avec précision. M. Lecour les a naïve-
ment relatées dans son ouvrage, sans se douter de l'usage que devaient en faire Yves Guyot
et ses coadjuteurs ; les préfets nous les avaien'
refusées à partir de 1880, pendant et après notre séjour au Conseil, mais ils ont été obli-
gés de les communiquer à une commission
municipale qui voulait ajouter une direction
d'hygiène publique aux grands services de
la ville ; nous nous sommes indirectement
procuré les comptes-rendus sanitaires du
Dispensaire; enfin quelques écrivains, sympathiques à la préfecture et favorables à la
police des mœurs, ont également obtenu
nombre de chiffres qu'ils ont reproduits sans
se rendre compte du tort qu'ils faisaient à la
thèse de la réglementation, et c'est ainsi que
le tableau suivant montre jusqu'à quel point
les maisons publiques ont constitué dans Paris un intense foyer d'infection syphilitique.

[1] T. I, op. cit. p. 691.

Nous rapprochons les deux classes de filles, pensionnaires et isolées :

Années.	Filles de maison.		Filles isolées.	
	Person¹ présent	Syphilitiques.	Person¹ présent	Syphilitiques.
1855	1852	803	2407	137
1856	1978	970	2422	130
1857	2008	938	2208	134
1858	1714	604	2545	146
1859	1912	494	2235	109
1860	1920	551	2270	97
1861	1823	421	2205	127
1862	1807	427	2470	156
1863	1741	420	2601	185
1864	1639	289	2610	120
1865	1519	268	2706	156
1866	1448	229	2555	112
1867	1412	235	2449	143
1868	1341	274	2428	149
1869	1206	308	2525	211

Pendant les deux années 1870 et 1871, il n'a point été fait de statistiques à cause du siège allemand et de la guerre civile.

Années.	Filles de maisons.		Filles isolées.	
	Person¹ présent	Syphilitiques.	Person¹ présent	Syphilitiques.
1872	1126	261	3116	186
1873	1143	338	3460	241
1874	1109	285	3458	216
1875	1149	293	3496	181
1876	1145	263	3343	152
1877	1168	253	3129	125
1878	1278	246	2870	110
1879	1343	246	2648	130

Années.	Filles de maison.		Filles isolées.	
	Personnel présent	Syphilitiques	Personnel présent	Syphilitiques
1880	1107	285	2478	231
1881	1057	227	2103	160
1882	1116	220	1723	174
1883	1030	120	1786	193
1884	961	121	1956	206
1885	913	120	2008	293
1886 [1]	914	111	3405	236

Il ressort donc de ces tableaux, rédigés en fin de compte dans les bureaux de la Préfecture de police elle-même, que les conditions dans lesquelles les filles des tolérances parisiennes sont livrées au commerce vénérien les vouent presque fatalement à l'infection syphilitique dont elles deviennent les agents propagateurs les plus actifs.

Quel que soit l'esclavage dans lequel est maintenu la fille isolée, le peu de liberté qui lui est laissé la préserve encore dans une mesure très notable, pendant quelque temps du moins, de la maladie vénérienne.

Tous les dithyrambes à l'adresse de la maison publique et des prétendus services qu'elle a rendus à l'humanité mâle civilisée, viennent s'échouer contre le simple tableau

[1] Pour les années 1887, 88, 89, voir la note des pages 198-199 du présent chapitre.

parallèle que nous venons de dresser et contre des résumés comme celui-ci.

Prenons seulement en effet les sept dernières années, fournissant à ce titre la preuve la plus intéressante parce qu'elle est le plus actuelle.

De 1880 à 1886, il y a eu pendant deux ans (1881 et 1886) 1 fille syphilitique sur 13 isolées ; pendant deux ans (1880 et 1885) 1 fille syphilitique sur 10 isolées ; enfin pendant 3 ans (1882-83-84) 1 fille syphilitique sur 9 isolées.

Tandis que, pendant le même laps de temps, les médecins du dispensaire ont constaté pendant trois ans (1883-84-86) 1 fille syphilitique sur 8 pensionnaires, pendant un an (1885) 1 fille syphilitique sur 7 pensionnaires, pendant 1 an (1882) 1 fille syphilitique sur 5 pensionnaires, — enfin pendant deux ans (1880-81) 1 fille syphilitique sur 4 pensionnaires !

Cette proportion véritablement énorme impose aux plus récents défenseurs officieux de la réglementation [1] les mêmes conclu-

[1] Entre autres MM. Lecour (p. 94, 97, 131) et le Dr Reuss (p. 316). M. le Dr Commenge lui-même, le médecin en chef adjoint du dispensaire, ne fait point exception et confirme, dans son dernier mémoire présenté le 7 janvier 1890 à l'Académie de médecine, (*Recherches sur les maladies vénériennes à Paris dans leurs rapports avec la prostitu-*

sions que formulait, il y a soixante ans, Parent-Duchatelet.

Mais quelle appréciation faudrait-il émettre si l'on s'étendait sur la véritable catastrophe antisanitaire causée par les maisons

tion clandestine et la prostitution réglementaire de 1878 à 1887), les observations de Parent-Duchatelet et de ses collègues de la Préfecture de police. M. Commenge a d'abord eu le grand mérite de condamner définitivement, en en faisant ressortir l'insuffisance, la méthode employée par ses prédécesseurs et primitivement par lui-même, méthode inimaginable qui consistait à calculer la proportion des syphilitiques dans chaque classe de femmes pour 1.000 visites. Parmi ces femmes, les unes — les pensionnaires en maison — étant visitées 52 fois par an, les autres — les isolées — 26 fois, les troisièmes — les insoumises — une fois, il en résultait que plus le nombre des visites attribuées à une classe était élevé, plus le nombre des femmes de cette classe trouvées malades devenait insignifiant.

Repoussant des réhabilitations sanitaires absolument fantaisistes, l'honorable médecin adjoint de la police des mœurs, auquel tels critiques ont sur ce point et quelques autres rendu un vif hommage, a remis lui aussi en leur vraie place les femmes de maison comparées aux isolées en employant la seule méthode pratique qui consiste à rapporter le total des malades au personnel total de chaque groupe ; il a ainsi trouvé à son tour les femmes en maison deux fois plus infectées que les femmes en chambre : sur 100 femmes en maison, en effet, 12 étaient syphilitiques, tandis que sur 100 isolées 7 seulement étaient syphilitiques : la proportion était à quelques dixièmes près la même pour les maladies vénériennes non syphilitiques dans les deux classes de femmes (p. 27-29 du mémoire cité). — De part et d'autre le chiffre des malades nous paraît d'ailleurs notablement affaibli, mais le mauvais état sanitaire des femmes de tolérances reçoit ici une confirmation de plus.

de tolérance dans les années où la moitié du personnel par exemple était infecté (1855-56-57), où sur *2* filles de maison on était toujours sûr d'en trouver *1* infectée, c'est-à-dire infectante !

Veut-on jeter un coup d'œil sur les statistiques sanitaires comparatives établies dans d'autres villes de France pour les pensionnaires et les isolées ? Les conclusions qu'on en tirera sont identiquement les mêmes que celles suggérées par les statistiques de Paris.

De ces statistiques, les unes ont même cela d'extrèmement intéressant qu'elles ont été dressées à une époque où la question de l'abolition de la police des mœurs n'existait pas : on ne saurait donc imaginer d'observations plus impartiales et plus désintéressées.

Voici par exemple le tableau que dressait le Dr Strohl, professeur agrégé à la Faculté de médecine de Strasbourg, pour quarante mois, de septembre 1853 à décembre 1856 [1] :

Années	Filles de maison.		Filles isolées.	
	Personnel présent	Syphilitiques	Personnel présent.	Syphilitiques.
1853 (4e trimestre)	de 106 à 115	11 à 15 p^r mois.	24	1 à 2 p^r mois.
1854 (1er trimestre)	— 109 à 120	15 à 20 —	21 à 34	2 à 5 —

[1] Parent-Duchatelet. T. II, p. 527-531.

Années.	Filles de maisons		Filles isolées.	
	Personnel présent.	Syphilitiques.	Personnel présent.	Syphilitiques.
(2e trimestre) —	116 à 121	15 à 27 p. m.	35 à 46	0 à 3 p. m.
(3e trimestre) —	110 à 127	10 à 21 —	45 à 51	0 à 2 —
(4e trimestre) —	100 à 111	8 à 14 —	57 à 61	1 à 7 —
1855				
(1er trimestre) —	104 à 113	10 à 17 —	56 à 64	0 à 2 —
(2e trimestre) —	112 à 118	15 à 19 —	61 à 67	3 à 5 —
(3e trimestre) —	113 à 122	8 à 10 —	68 à 75	3 à 6 —
(4e trimestre) —	117 à 132	19 à 24 —	61 à 71	5 à 6 —
1856				
(1er trimestre) —	108 à 113	18 à 22 —	73 à 81	4 à 13 —
(2e trimestre) —	128 à 117	13 à 17 —	87 à 91	3 à 4 —
(3e trimestre) —	123 à 126	19 à 20 —	101 à 108	2 à 4 —
(4e trimestre) —	140 à 156	21 à 29 —	94 à 103	6 à 9 —

Ainsi, sur une moyenne de 125 pensionnaires, il y a eu constamment une moyenne de 15 à 22 femmes syphilitiques, soit près de 2 à 4 femmes infectées sur 10 femmes en action sexuelle, tandis que les isolées ne présentaient que 1 syphilitique environ sur 20 à 22 femmes présentes.

Ajoutons que nous sommes ici dans une ville de garnison et que la maison publique est encore considérée dans certains états-majors de notre armée comme le palladium de la santé du soldat. Dans la discussion qui a eu lieu à l'Académie de médecine, en mars et avril 1888, n'a-t-on pas entendu un inspecteur général d'armée, feu l'éminent chirurgien Legouest, se faire l'écho des doléances de tels d'officiers supérieurs sur la disparition ou l'absence de maisons publiques dans un grand nombre de villes de garnison [1] ?

D'autres statistiques provinciales ne sont pas moins saisissantes, parce qu'elles sont dressées par des médecins systématiquement favorables malgré le débat actuel à la police des mœurs, et parce qu'elles sont contemporaines des plus récentes statistiques parisiennes.

Prenons en effet le tableau dressé par le dispensaire de la ville de Lyon pour la période quasi décennale de 1878-1885 :

Années.	Filles de maison.		Filles isolées.	
	Personnel présent	Vénériennes.	Personnel présent	Vénériennes.
1878	239	218	331	377
1879	206	255	305	307
1880	212	270	396	310
1881	207	227	386	241
1882	209	218	465	249
1883	206	147	511	168
1884	223	115	588	146
1885	229	114	690	106

Le dispensaire, ici, n'a pas établi de catégorie pour la syphilis qu'il laisse confondue avec les autres maladies (ulcération simple et blennorrhagie) [2]: la proportion défavora-

[1] Parmi les documents recueillis dans la récente *Enquête belge*, nous voyons que Longwy est signalé comme ayant deux maisons exclusivement réservées à la clientèle militaire, l'une pour les officiers, l'autre pour les soldats.

[2] Cette confusion d'affections dissemblables dans leur

ble n'en reste pas moins considérable pour
les femmes en maison, puisque, soit par
suite des récidives, soit par suite de la disparition des malades, le chiffre total des
maladies — on l'aura remarqué pour plusieurs années — est supérieur à celui des
pensionnaires présentées le jour du recensement. Ainsi d'après le tableau communiqué
au Dr Reuss par le Dr Augagneur, agrégé à la
Faculté de Lyon, les femmes des tolérances
lyonnaises ont été affectées — et par consé-
quent ont contagionné — de deux à cinq fois
plus que les femmes en carte demi-libres.

Bien que nous nous soyions seulement attaché dans les statistiques parisiennes à faire
ressortir le chiffre comparatif des syphilis
chez les pensionnaires et chez les isolées, il
ne faut point croire que, lorsqu'il s'agit
des autres maladies vénériennes. d'une gra-
vité moindre, telles que le chancre mou (ulcération non spécifique) et la blennorrhagie

étiologie, leur mode de développement et leurs suites est
un vestige de la doctrine uniciste longtemps enseignée par
Ricord et l'école de Paris. Elle n'en indique que plus clairement le peu d'attention avec lequel des médecins d'ailleurs
distingués traitent ces questions d'une réelle importance
sociale. L'opposition des réglementaristes français qui,
ayant des documents en main, n'ont rien publié de coor-
donné pour jeter quelque lumière sur le débat, n'en demeure que plus inintelligible.

(uréthrite virulente) les femmes de maison soient moins dangereuses. Bien au contraire les statistiques préfectorale et hospitalières (Lecour, Yves Guyot, Mauriac, Clerc [1]) les montrent remportant ici encore sur les isolées une double palme :

	Filles de maison.		Filles isolées.	
Années.	Personnel présent	Blennorrhagiques et ulcéreuses.	Personnel présent	Blennorrhagiques et ulcéreuses.
1872	1126	229	3116	142
1873	1143	309	3460	219
1874	1103	374	3458	217
1875	1149	394	3496	203
1876	1145	294	3348	176
1877	1168	264	3129	169
1878	1278	253	2879	114
1879	1343	155	2648	80
1880	1107	146	2475	85
1881	1057	224	2103	147
1882	1116	193	1723	149
1883	1030	178	1786	188
1884	961	120	1956	167
1885	913	152	2998	223
1886	914	125	3405	207

Après la guerre de 1870, le D⁻ Mauriac, médecin du Midi, a noté que sur 117 mala-

[1] Les chiffres donnés dans ce tableau par les bureaux de la Préfecture de police sont probablement encore au-dessous de la vérité, comme dans le tableau relatif à la syphilis seule. Nous voyons en effet, dans la déposition de M. D⁻ Clerc, médecin en chef du dispensaire de Paris, que, de la fin de l'année 1871 au 31 décembre 1878, en

des consultants atteints de chancres mous,
59 avaient contracté la maladie avec des
filles en carte et 58 avec des femmes en
maison : or le nombre des femmes en maison
étant de deux à trois fois inférieur à celui

7 ans et demi, 4.525 pensionnaires ont été reconnues malades : or en additionnant le chiffre des syphilitiques en
maisons et le chiffre des ulcéreuses et blennorrhagiques
également en maison, indiqués par la Préfecture, on ne
trouve que 3.856 vénériennes ; ce qui fait une différence de
669 pensionnaires malades, notées au dispensaire, mais supprimées par la Préfecture et son historien officiel pendant
cette période, M. Lecour (*Procès-verbaux* de la Commission municipale. 24 février 1879, p. 48-49). Durant ce même
laps de temps, M. Clerc a constaté que 3.059 filles en carte
venant régulièrement aux visites avaient été malades, et
que les soumises arrêtées comme contrevenantes avaient
donné 3.600 vénériennes.

A partir de 1886 les chiffres donnés par la Préfecture
établissent une confusion entre les affections vénériennes
dissemblables, c'est-à-dire ne font point de distinction entre
la syphilis et les deux autres maladies.

Années.	Filles de maison.		Filles isolées.	
	Personnel présent	Syphilitiques ulcéreuses et blennorrha-giques.	Personnel présent	Syphilitiques ulcéreuses et blennorrha-giques.
1887	926	236	3755	465
1888	772	196	3819	361
1889	691	108	4260	460

(31 Octobre)

La proportion de malades pour les filles en maison n'en
reste pas moins très supérieure à celle des malades isolées,
soit 26 0/0 pour les pensionnaires et 12,50 à 13 0/0 pour les
filles simplement en carte.

des isolées, on voit la supériorité fâcheuse que conservent les pensionnaires.

Si les seules pensionnaires des tolérances françaises présentaient cette énorme proportion de syphilis et ce désavantage sanitaire sur les femmes isolées, nous comprendrions que cette exception nationale tînt l'opinion en suspens, en défiance même, et que la réforme dont nous signalons l'urgence parût simplement aux esprits, n'ayant point assez de loisirs pour étudier eux-mêmes la question, une forme d'hostilité contre l'organisation préfectorale de la police actuelle.

Mais la France ne jouit point de ce peu enviable privilège. Partout en Europe où il existe des maisons publiques patentées, le même fait d'insalubrité se reproduit; partout les pensionnaires parquées sous les yeux des matrones et des agents policiers sont les plus infectées des femmes inscrites. C'est avant tout, en un mot, des tolérances que la syphilis « rebondit » pour employer l'énergique expression d'Alfred Fournier, dans le public pour aller infecter les femmes dites clandestines et de ci de là les femmes honnêtes.

Prenons la Belgique.

A la suite du projet de règlement du 5 décembre 1881, M. Buls, bourgmestre de

Bruxelles, plaçait le tableau sanitaire suivant [1] :

Années.	Filles de maison.		Filles isolées.		Entrées °/₀ à l'Hôpital.	
	Personnel présent.	Vénériennes envoyées à l'Hôpital.	Personnel présent.	Vénériennes envoyées à l'Hôpital.	de pensionnaires.	d'isolées.
1871	73	35	225	50	47.9	22.2
1872	72	32	234	58	44.4	24.8
1873	74	35	234	45	47.3	19.2
1874	69	20	222	75	29.0	33.8
1875	71	30	230	72	42.2	31.3
1876	96	48	217	146	50.0	67.3
1877	97	49	322	119	50.5	36.9
1878	122	80	319	97	65.5	30.4
1879	143	87	249	117	60.8	47.0
1880	118	85	277	86	53.1	31.0

Le Dr Yseux, conseiller communal de Bruxelles, a complété cette statistique à la suite du rapport de M. Buls pour 1881 et 1882.

En 1881, les inscrites de Bruxelles ont présenté 127 cas de maladies vénériennes : 65 pour les femmes en maison et 62 pour les éparses ; soit pour les pensionnaires 54 0/0 et pour les éparses 22 0/0. En 1882, sur 153 femmes en maison, 67 sont entrées à l'hôpital Saint-Pierre dont 20 pour syphilis ; sur 230 isolées, 86 sont entrées à l'hôpital dont 18 pour syphilis : la proportion des malades

---

[1] Révision du règlement bruxellois de 1877. Rapport de M. Buls, p. 13. (1881). —'V. également les travaux du D[r] Mœller et *La Prostitution en Belgique*, par L. Fiaux.

a donc été de 34 0/0 pour les pensionnaires et de 23 0/0 pour les isolées.

Le rapport du collège échevinal de Bruxelles, paru en 1886 pour la période quinquennale de 1881-1885, donne un autre tableau comparatif du nombre de maladies dans les deux classes de femmes : mais les rédacteurs se sont servis malheureusement de la méthode de calcul absolument puérile basée sur le nombre des visites pour 0/00 qui réduit contre toute vérité et toute vraisemblance le chiffre des maladies pour les femmes en maisons. Tel qu'il existe cependant, le rapport est obligé de conclure que les pensionnaires ont été toujours deux fois plus malsaines que les isolées : il y a eu en d'autres termes pendant cette période quinquennale une moyenne annuelle de 299 pensionnaires malades pour 178 isolées également atteintes. L'aveu a du coûter au collège des échevins, car les adversaires de la police des mœurs et notamment des maisons publiques, depuis les grands procès de 1880 contre les tenanciers bruxellois, n'ont pas désarmé.

Nous pouvons rappeler encore l'insécurité des maisons de Berne. Ces maisons ont été supprimées pour cette insécurité même, sur un rapport du commissaire de police en chef de la ville déclarant qu' « au point de vue sanitaire, le seul qu'on puisse invoquer pour les défendre, les maisons ne présentent aucune garantie ».

L'insalubrité des tolérances n'a pas été moins rigoureusement mise en lumière pour la Hollande, pour la Suède et Norwège, pour la Russie, tous pays où des statistiques officielles sont annuellement dressées avec grand soin. En dehors de la question de déshonnêteté publique, c'est au nom même de cette insalubrité que les maisons ont été supprimées en 1845 dans le royaume de Prusse, et à la suite des événements de 1866 et de 1870 dans tous les pays confédérés ou annexés qui constituent l'empire allemand.

En Russie, les résultats des travaux de Sperck de Pétersbourg notamment ont été si démonstratifs que ce savant a pu formuler cette loi : *toute femme saine qui entre en maison devient inévitablement syphilitique dans les trois premières années de son séjour.* Pendant une période minima de un an et demi à trois ans, cette femme, avec les récidives probables de son mal, devient donc l'agent le plus intense d'une désastreuse contagion. Peu importe que les recrues des maisons soient saines, comme l'a justement fait remarquer le docteur Moeller, de l'Académie de médecine de Belgique. On peut comparer ces malheureuses conscrites au bois qu'on jetterait dans un foyer allumé pour un temps très court ; la chaleur du foyer va s'affaiblissant, on y jette du bois nouveau et la chaleur redouble. De même que le bois nouveau entretient le feu, de même les nouvelles recrues, restées saines jusque là, viennent entretenir constamment la syphilis au milieu des prostituées. Plus on jette de bois dans le feu à un moment donné, plus la température s'élève : plus grand est le nombre des femmes saines entrées en maison, plus sera élevé, dans les années suivantes, le nombre de syphilis propagées par les maisons publiques.

A Pétersbourg, pour une période de cinq années (1871-1876), avec un personnel moyen de 1.000 pensionnaires et de 1.800 isolées, Sperck a noté qu'il est entré à l'hopital Kalinkin, dont il est médecin en chef, une moyenne annuelle de 90 0/0 de femmes en maison et 34 0/0 d'isolées vénériennes. En catégorisant la nature des maladies, sur ces 1.000 pensionnaires, 360 étaient syphilitiques, soit 35 0/0 ; sur les 1.800 isolées il y avait 200 syphilitiques, soit 10 0/0.

A Kieff, les tatistiques de Nicolsky, assistant de la clinique dermatologique de l'Université, montrent que dans le groupe des femmes de maison, pour une période variant de 2 à 4 années, le chiffre des syphilitiques n'est jamais moindre de 14.3 0/0 et qu'il peut s'élever à 66.6 0/0 ; sa moyenne constante est d'environ 39 0/0. Ce médecin a vu des maisons publiques nouvellement ouvertes contenir — au bout de quatre mois d'existence — des syphilitiques dans la proportion de 27 0/0. L'installation plus ou moins luxueuse de l'établissement et l'élévation de la taxe des passes n'avaient pas d'influence sur l'état sanitaire des internées. Une maison de bonne apparence, avec taxe de deux roubles, renfermait une proportion de pensionnaires syphilitiques variant de 40 à 50 0/0. Les isolées sont atteintes de syphilis dans une proportion moindre, bien qu'élevée, 36.9 0/0.

L'influence délétère de la maison est si indéniable que Nicolsky a pu dénoncer en février 1889 comme une vraie peste les malheureuses inscrites qui passent de la classe des isolées dans celle des pensionnaires, et réciproquement. Il a été obligé d'en faire un groupe mixte où la proportion des syphilitiques est de 48 0/0 [1] !

[1] L'enquête russe, publiée en 1891, donne les proportions suivantes :

0/0 des prostituées atteintes le 1 (13) août 1889 de syphilis

FILLES EN MAISONS	FILLES EN CARTES
27.1	25.3

Soit 1.8 de moins pour les filles en cartes que pour les filles en maisons.

Tous les dithyrambes en faveur de la mai
son publique ne changeront donc rien à la
photographie de la réalité. Vainement, en
1888, à l'Académie de médecine, un médecin
de la valeur de l'éminent Brouardel aura porté
la parole pour le maintien et la multiplication des tolérances avec autant de chaleur
qu'un autre professeur de la Faculté de médecine, M. Le Fort, au Congrès médical in-
ternational de 1867 : quelque bien inten-
tionnés que fussent ces savants hygiénistes,
il est suffisamment établi que leurs vœux
n'ont point une base de faits assez nombreux
et assez solides pour servir utilement aujour-
d'hui la doctrine de la réglementation avec
son inséparable maison publique.

L'insalubrité vénérienne de la maison
s'explique d'ailleurs par des raisons à la fois
morales et matérielles qui avaient été depuis
longtemps signalées. Parent-Duchâtelet en
1832 ne parlait pas autrement qu'Yves Guyot
en 1880 — et quelques-uns de ses anciens
collègues du Conseil municipal en 1892.

Après avoir montré que, contrairement à
toute prévision officielle, les filles des maisons
présentaient moins de garanties que les isolées, Parent-Duchâtelet ajoutait ainsi : « Ceci
s'explique aisément par la connaissance des
mœurs et des habitudes particulières à ces

femmes dans les différentes positions où elles se trouvent. La plupart des filles isolées, étant chez elles et maîtresses dans leurs chambres, n'admettent que ceux qui leur conviennent ; elles sont libres de soumettre à un examen ceux qui prétendent à leurs faveurs ; elles exigent souvent que l'on mette en usage certains moyens préservateurs, et comme tout ce qu'elles gagnent leur appartient, elles voient moins de monde et diminuent d'autant les chances d'infection.

« Par opposition, les femmes des maisons publiques sont obligées de s'abandonner au premier venu qui les réclame, fût-il couvert des plus dégoûtants ulcères ; il n'y a pas à reculer si elles veulent éviter les coups et les plus affreux traitements ; les dames de maison ne leur donnent pas de repos [1] ».

M. Carlier, chef du service des mœurs sous le second empire (1860-1870), auteur d'un ouvrage qui passe de beaucoup la moyenne de tous les livres écrits par les fonctionnaires de la Préfecture de police, a fait en 1870 ce qu'on pourrait appeler la même déclaration : « Les filles de maison, n'ayant qu'une clientèle passagère, sont moins soigneuses de leurs corps et moins scrupuleuses de la santé de leurs visiteurs [2] ».

[1] T. I, op. cit. p. 681.
[2] *Annales d'hygiène publique*, p. 305, T. XXXVI. (1870).

Quarante ans après Parent-Duchâtelet et immédiatement avant Carlier, M. Lecour reproduisait l'accusation d'insalubrité contre les femmes de maison : « La pratique, dans le ressort de la Préfecture de police, a prouvé que ces habitudes des filles isolées et l'indépendance relative dont elles jouissent, par comparaison avec la situation dépendante des filles de maisons de tolérance, surtout de celles du dernier degré, les préservent dans une certaine mesure de rapports dangereux, au point de vue sanitaire ; qu'elles subissent d'ailleurs, quant au nombre, beaucoup moins de contacts que les filles des maisons de tolérance. Sur ce point le tableau comparatif des résultats des visites sanitaires faites aux filles isolées et aux filles des maisons de tolérance fournit les éléments d'une démonstration absolue. Il en est de même des rapports mensuels du dispensaire [1] ».

Lenaers, l'ex-commissaire en chef de la police de Bruxelles, dont le témoignage ne saurait-être suspect (ce fonctionnaire fut en effet révoqué en 1880 comme ayant des intérêts dans presque toutes les maisons publiques de la ville et leur fournissant, sous le nom de son fils, des vins et liqueurs, des mobiliers, etc.), faisait au cours du rapport qui

---

[1] *Prostitution à Paris* (p. 131).

accompagnait le règlement de la prostitution de 1877 les mêmes observations dans des termes presque identiques[1].

Venons à d'autres grandes villes que Paris. A Reims, M. de Bourbonne, juge de paix, dans une intéressante déposition devant la Commission municipale, montrait que, dans cette ville et les grands centres de l'Est, les isolées, obligées de se soucier de la santé des hommes qu'elles ont l'habitude de recevoir, et devenant pour eux des manières de connaissances presque quotidiennement coudoyées dans la vie restreinte des cités provinciales, sont incomparablement plus saines que les pensionnaires.

A Marseille, le Dr Mireur, médecin du Dispensaire de cette ville, a fait cette observation probante : « Sur cent cas de syphilis confirmée que j'ai observés, moitié chez les malades de mon cabinet, moitié chez les malades de mon dispensaire, j'ai constaté, grâce aux indications intimes et désintéressées de mes clients, que 62 contagions devaient être attribuées aux filles de maison, tandis que 38 étaient dues aux prostituées de la ville, filles inscrites isolées ou clandestines[2] ».

---

[1] *Bulletin communal de Bruxelles* (Août 1877) p. 176.
[2] *La Prostitution à Marseille* (p. 363).

Diday, dans une lettre au D' Level, alors conseiller municipal de Paris, écrivait en 1879 : « Malgré la fréquence croissante des visites médicales, les cas des contagions ont-ils diminué d'une façon sensible ? Non. Tous les jours je vois encore des malheureuses malades dans des maisons de premier ordre (à Lyon), qui, outre la visite officielle, se paient le luxe d'un médecin attaché à l'établissement. Un usage populaire vient à point me donner cent fois raison : conduits par un raisonnement très plausible, beaucoup de gens se tiennent aux aguets pour attendre au sortir du dispensaire la fille qui vient d'y subir la visite. Eh bien ! il n'est pas rare d'observer des contaminations, et des plus graves, contractées à la suite de ces unions garanties en quelque sorte par l'autorité administrative ». Dans un livre classique, le savant syphiligraphe lyonnais est revenu avec insistance

---

[1] *Examen pratique et critique des nouvelles doctrines sur la syphilis* (p. 543).

Cet état d'esprit des personnes qui fréquentent plus ou moins régulièrement les maisons publiques, est bien caractérisé par cet exemple que citait Ricord dans ses *Lettres sur la syphilis*. Un négociant de Lyon se présentait un jour chez l'illustre médecin dans un véritable état de fureur contre le préfet de police : « il venait demander un certificat constatant qu'il avait contracté un chancre dans une maison de filles publiques, qu'il croyait *garantie* par l'autorité. Son intention était de faire des poursuites en

sur ce détail de mœurs et d'hygiène [1]. A l'Académie de médecine en 1888 (10 avril) le même
maître disait encore : « Le goût public se dé-
tache de plus en plus des maisons de tolérance ; c'est qu'en l'état actuel, la sécurité sanitaire n'y existe pas : trop de faits indéniables
le prouvent chaque jour. A qui la faute ? A
la police ? Aux médecins visiteurs ? En présence d'un résultat défectueux, toute explication, toute accusation reconventionnelle est
admissible ».

Le professeur J. L. Chanfleury van Ijsselstein,
qui a été médecin du dispensaire de La Haye
dans sa jeunesse, écrivait, il y a trois ans,
dans un excellent mémoire sur la *Visite des
prostituées*, que l'inutilité de la police des
mœurs l'avait rapidement amené à résilier sa
place : il faisait pourtant des visites dans les
maisons à des heures inattendues, afin de
surprendre tout le monde, la tenancière et les
filles, et d'empêcher toute fraude. « Au cours
de ces visites, il lui arriva souvent d'être
obligé d'envoyer à l'hôpital les deux tiers des
femmes visitées, soit comme infectées, soit

dommages-intérêts. Il ne savait pas, ajoutait finement Ricord, que la *tolérance* est une sorte de brevet qui, comme
tous les brevets, est sans garantie du gouvernement ».
(23e Lettre. — *Prophylaxie de la syphilis*). Or Ricord savait à quoi s'en tenir : il était (et il est resté jusqu'à sa mort
survenue en 1889) chirurgien consultant du Dispensaire.

comme suspectes. Et encore n'était-il pas bien sûr du tiers restant, mais on ne les retirait pas de la circulation parce qu'il eût été dangereux de vider les maisons publiques (*textuel*). » —« Il est positif, dit encore le professeur hollandais dans le même mémoire, que le nombre des clients de la prostitution s'accroît considérablement dès que le public sait qu'elle est soumise au contrôle. Beaucoup d'hommes que la crainte de la contagion tenait à l'écart des maisons, en franchissent alors le seuil et croient pouvoir profiter en toute sécurité d'une occasion favorable. J'ai bien observé qu'à La Haye la fréquentation des maisons publiques s'accrut lorsque le bruit se répandit que j'étais chargé des visites. De cette manière, la clientèle de la prostitution ne faisait qu'augmenter au lieu de diminuer, à la suite de l'élimination de tant de sujets malsains. Et malgré la visite minutieuse qui était pratiquée, un certain nombre de personnes qui s'étaient abstenues jusque-là contractèrent des maladies vénériennes ».

On ne saurait plus pratiquement montrer quelle action déplorable exerce dans le public le préjugé de sécurité basé sur la patente officielle. Le prix de l'entrée dans la maison représente en partie aux yeux du client l'examen du médecin qui devient ainsi un faux garant.

La visite ne vaut tout au plus que dans l'instant même où elle est pratiquée. Dès qu'un homme a été reçu, la sécurité relative cesse pour son successeur.

Dans cette question de la réglementation et de la maison publique, on oublie toujours en effet les hommes malades, les clients vénériens qui passent dans le pêle-mêle. Jamais, et avec raison, parce que ce n'eût guère été d'une exécution facile, on n'a songé à mettre pratiquement l'embargo sur cette classe de gens. Leur liberté est et reste entière. A-t-on réfléchi cependant à ce qu'ils font, à ce qu'ils deviennent — au point de vue sexuel, s'entend? Le premier moment de stupeur passé, l'hypnotisation phallique du chancre dissipée, le syphilitique (car nous pouvons négliger les deux autres maladies spécifiques) écoute bien encore deux mois, trois mois, quatre mois au plus le conseil honnête du médecin qui lui prescrit par double motif l'abstinence : mais bientôt, le moral raffermi, il ressent de nouveau les commandements de l'inéluctable loi ; l'état de turgescence physiologique se manifeste ; la guérison de l'accident initial a rétabli une demi-esthétique apparente ; l'absence de douleur locale refait une place au souvenir des plaisirs passés, au désir des plaisirs nouveaux.

Alors se crée chez le syphilitique une mentalité particulière, que nous appellerons la mentalité du vénérien, faite de sentiments d'un égoïsme féroce et de raisons en partie logiques qui se mêlent, se confondent et aboutissent à refaire de ce malade un passionnel aussi insouciant qu'un homme sain, un coureur aussi étourdi que le plus vagabond des don Juan. Cet homme tout d'abord ne réfléchit point que la femme dont il tient son mal ignorait vraisemblablement qu'elle était elle-même dangereuse ; il rirait si on lui objectait que cette femme n'est point la vraie coupable, qu'elle a été prise au guet-apens sexuel par un syphilitique conscient comme il l'est lui-même. L'atteinte grave dont il vient de souffrir ne le prédispose point à entendre tant de raisonnements ni à établir la philosophie des causes ; bien au contraire, elle l'a suffisamment aigri pour lui enlever dans de nouvelles relations de passage tout vestige de scrupule ; il a été syphilisé, il syphilise : il rend au sexe ennemi « la monnaie de sa pièce » ; ce n'est que justice... Cet homme se dit encore que la syphilis est une maladie qui dure : il le sait fort précisément ;

le médecin l'a averti ; lui-même l'a lu dans quelque ouvrage technique, car le vénérien, syphilitique ou autre, lit beaucoup sur son cas ; nous en connaissons qui possèdent comme pour répondre à un examen doctoral toutes les théories émises sur le virus. Pendant un an, deux ans, quatre ans, s'il veut respecter strictement les lois de la morale sociale, il devrait s'astreindre au jeûne ! Cette exigence est simplement une impossibilité. Cet homme est ramené ici par une raison spécieuse à justifier à ses propres yeux son retour à l'exercice physiologique de la fonction.

Ceci est la mentalité du syphilitique intelligent, averti. A côté, il y a la foule des malades ignorants ; ceux-là ne rationalisent point à perte de vue sur la reprise du commerce avec les femmes. Ils n'ont point feuilleté de livres. Ils n'ont point disserté sur la nature et l'évolution de la syphilis. La recommandation du médecin leur a paru banale ; le médecin a toujours beaucoup de choses inutiles à dire. Cette maladie — mais elle ressemble à toutes les autres ! Une fois que le *bouton* a disparu, on est guéri ! A côté du médecin, il y a toujours d'ailleurs un ami du malade, un homme qui s'y connait, qui a eu exactement « la même chose » ; jamais il n'a suivi de traitement pendant plus de deux ou trois mois et jamais « il n'a plus entendu parler de rien » ! Ici le péché d'ignorance est seul en cause et il est plus fréquent qu'on ne croit. Dans ses belles études cliniques et sociologiques sur la syphilis, Alfred Fournier a montré combien d'hommes très honnêtes, incapables d'une mauvaise action, ou se marient trop tôt et contagionnent par des récidives inattendues la jeune épouse qu'ils aiment, ou inoculent la matrone respectée, la mère du foyer familial, un instant oubliée dans une fâcheuse escapade, et cela — avec une pauvre érosion, semblable à une petite éruption herpétique, à une écorchure insignifiante.

Si donc l'ignorance cause nombre de ces catastrophes conjugales, combien plus amène-t-elle de contagions chez la femme commune, et chez la femme commune par excellence, celle des maisons !

La maison publique est un centre d'attraction pour cette clientèle particulière composée de malades vénériens, clientèle importante, capitale, dont la médecine sociale n'a jamais voulu tenir compte et qui commande cependant la santé publique. Faites en effet cette hypothèse : supposez que la police des mœurs parvienne, aujourd'hui même, après examen universel, à arrêter et à enfermer *toutes* les femmes publiques, sans exception, atteintes de syphilis, et dites si, dans trois mois, elle ne retrouvera pas contaminées un nombre à peu près équivalent de femmes saines à l'heure présente?

Les syphilitiques viennent naturellement à la maison. Ils savent qu'ils ont dû souvent et longtemps battre le pavé de la ville pour trouver une imprudente isolée qui leur ouvre ses bras sans examen minutieux ; ils ont éprouvé des rebuffades plus d'une fois scandaleuses. A la maison, point de ces avanies. On est sûr de trouver la porte ouverte et, la passe payée, de monter l'escalier. La tenancière n'entendrait point rendre l'argent. Quant à la pensionnaire, tant pis pour elle : elle est là « pour ça » et le métier a ses aléas. « La maison serait le paradis de Mahomet, s'il n'y venait jamais que des hommes beaux et propres », disait un jour une tenancière à une de ses houris qui faisait la difficile.

La police des mœurs a quelquefois objecté avec sérieux que dans les maisons la visite des hommes (avant de les laisser entrer en lice) est sinon officiellement, du moins officieusement pratiquée. Il faut en un mot montrer patte blanche. Cette assertion est fausse pour les dix-neuf vingtièmes des quelques établissements qui subsistent encore. S'il est constant que dans les maisons de premier ordre, quand un homme se présente *pour la première fois*, une manière de badinage indécent (auquel la sous-maîtresse est appelée à prendre part) a la prétention de révéler l'état sanitaire local de ce consommateur, il n'est pas moins exact que l'habitué en est exempté, comme présentant par sa fréquentation ordinaire avec les femmes de la maison de suffisantes garanties ! D'ailleurs qu'est-ce que ces « bagatelles de la porte », cette *petite visite*, comme dirait Fournier, peuvent bien avoir de commun avec un examen valable? Pourvu que l'organe en jeu ne présente nul ulcère, qui se mêle d'inspecter les muqueuses labiale, linguale, pharyngienne et autres? Si le diagnostic de la syphilis est souvent fort difficile chez la femme — à cause de la conformation féminine —, on ne doit point croire qu'il soit chose toujours banale chez l'homme. Il faut un minimum de connaissances techniques que la femme, la sous-maîtresse et la tenancière elle-même conférant ensemble, ne réuniraient pas. En vérité, la sécurité du successeur plus ou moins prochain est médiocrement assurée. Quant à l'immense majorité des

maisons, à leur presque totalité pour mieux
dire, jamais il n'y est question de l'examen
le plus sommaire, et n'est-ce pas après tout
les maisons de second et de troisième ordre
qui intéressent l'hygiène populaire et non
point celles où le seuil n'est franchi qu'au
tarif d'un louis ou deux?

Jeannel cite, dans son apologie des tolérances, une maison de Bordeaux, habitée par
un personnel moyen de huit femmes, qui en
l'espace de quatre années ne fournit pas au
dispensaire une seule malade : 1864 visites
avaient été pratiquées pendant ce laps de
temps à des pensionnaires saines. Il fallait que
les entrants fussent bien sévèrement contrô-
lés. Quant à nous, depuis plus de huit ans
que nous nous occupons de la question de
la prostitution, nous ne connaissons pas un
seul établissement patenté qui puisse figurer
à côté de cette maison exceptionnelle. Il est
vrai que, la quatrième année, Jeannel cons-
tatait de nouveau dans son établissement-
modèle la présence de la syphilis et des
autres maladies spécifiques. La loi de Sperck
ne pouvait être éludée : toute femme en maison est fatalement atteinte dans un laps de
temps qui varie de une à trois années. Les
Bordelaises du Dr Jeannel échappèrent un an
de plus. Le cas du médecin du dispensaire

de Bordeaux est identique à celui que rapporte Parent-Duchatelet sur l'observation de l'interne Pagès : dans une statistique tenue pendant six mois, en 1832, il fut constaté que sur 250 syphilitiques reçues à l'Hospice des Vénériennes, 8 avaient été filles publiques pendant six ans sans rien contracter : à la fin de la sixième année, « sans cause connue et pour elles appréciable », elles s'étaient trouvées toutes huit infectées comme les 242 autres [1].

« *Sans cause connue et pour elles appréciable* », les femmes deviennent syphilitiques : on ne saurait mieux peindre l'état d'ignorance, d'incurie, d'abrutissement où tombent ces infortunées. La malheureuse fille de maison qui en est à son quatrième ou cinquième client, à son dixième ou douzième congrès, à l'absorption de l'on ne sait quelle série de petits verres d'alcool, est en vérité bien apte à regarder, distinguer, apprécier ! Saoule, hébétée, la tête tournante, les flancs brisés par le gavage immonde, elle est incapable de reconnaître même à vingt-quatre ou quarante-huit heures de date le corps et le visage de l'homme auquel elle s'est donnée et qui se perd dans les brumes d'une mémoire submergée par la marée toujours montante,

[1] Op. cit. T. I, p. 707. (3ᵉ Edit.).

toujours grossissante, toujours changeante, des assaillants.

Comment se garderait-elle des hommes malades ou des suspects? Comment ne serait-elle point dangereuse aux hommes sains?

La conclusion s'impose.

Les maisons publiques, loin de satisfaire hygiéniquement les passions et les besoins de la foule pour laquelle l'administration de la police les a créées et prétend les conserver, ont été la plus abondante source de l'empoisonnement public. Elles sont le collecteur et le conservatoire de la syphilis et des autres affections vénériennes. On y apporte les maladies; les femmes les reçoivent, les tiennent en réserve et les distribuent sans compter à bureau ouvert et de jour et de nuit[1].

L'argot populaire a un mot significatif pour distinguer les tolérances : il les appelle des « fabriques de regrets ».

[1] Feu Emile Richard, dans son *Rapport*, aussi modéré de forme que de conclusions, a cependant radicalement conclu comme nous à la suppression des maisons publiques : « L'internement dans les maisons de tolérance, dit-il (p. 41), loin de constituer une garantie au point de vue sanitaire, est au contraire une cause de développement très considérable des maladies vénériennes, chez les femmes qui y sont renfermées, et par suite parmi la population..... La démonstration de l'innocuité de la suppression des maisons de tolérance au point de vue sanitaire est d'ailleurs surabondamment faite ».

CHAPITRE XIII

Efforts de la police pour empêcher ou retarder la disparition des maisons.

Violation autorisée de tous les articles du règlement qui gênent le fonctionnement arbitraire de la tolérance. — La maison publique devenue maison de passe ; les petits clients mineurs ; les bébés en maison, etc.

La maison publique se dépeuple de filles, se vide d'hommes, tombe en ruine...

La catastrophe finale est proche.

Que ne fera pas la Préfecture de police pour la conjurer?

Il serait facile de s'étendre sur la complicité des agents supérieurs dans la concession de la tolérance, sur de trop fréquentes vénalités, sur des associations d'intérêts qui finissent proprement par faire figurer les tenants-maison parmi les fonctionnaires et les fonctionnaires parmi les tenants-maison, de montrer en province et même à Paris des agents du service des mœurs, ni plus ni moins que sous le premier empire [1], tenan-

[1] V. Appendice, p. 338.

ciers officiels de maisons publiques, courtiers de proxénétisme et proxénètes eux-mêmes, de montrer le bas personnel à la dévotion et aux ordres des tenancières (Canler, Macé) : sans revenir à ce point de vue (qui paraît accuser plus d'hostilité envers les personnes qu'envers l'institution), contentons-nous de considérer simplement ce que la Préfecture permet à ses associées de faire du règlement.

Le LIVRE remis par le chef de la police des mœurs figure, en effet, le règlement, la consigne qui doivent être ponctuellement suivis.

Les articles qui y sont accumulés sont-ils pris au sérieux ou ne sont-ils là que pour la montre? Sont-ils obéis ou sont-ils éludés? C'est ce que nous allons savoir en examinant les principaux d'entre eux.

Et tout d'abord, il est une obligation première, *sine qua non*, relative à l'internement des femmes pensionnaires et à l'exclusion absolue de toute femme étrangère au personnel. Le règlement amoncèle les précautions pour maintenir une physiologie spéciale à la femme de maison : « La tenancière doit faire enregistrer dans les 24 heures sa nouvelle fille ; elle doit avant de la recevoir la faire examiner au dispensaire ; si la fille quitte la maison, la tenancière doit dans les

24 heures en aviser le bureau des mœurs ; si même en dehors de son jour de sortie la fille s'absente pour 24 heures, des prescriptions particulières (Paul Dubois) établissent que cette fille ne fait plus partie de la maison et doit se soumettre à une nouvelle visite sanitaire avant d'y rentrer ». Ce qu'il importe avant tout pour que la maison reste ce qu'elle doit être administrativement et ne devienne point autre chose, c'est la réalité d'un personnel *fixe et connu.*

Eh bien cette première obligation est absolument lettre morte.

Dans les tolérances riches le prêt de femmes pour parties en ville, à la campagne, est d'une pratique courante.

Il y a quelques années, à Paris même, sur 127 maisons, 36 étaient autorisées à recevoir des filles libres. Feu Paul Dubois devant la Commission municipale de la police des mœurs montrait les filles de maison allant en bande, avec l'autorisation du service spécial, raccoler des clients dans les bals publics, costumés, à l'Opéra en temps de carnaval, etc.

Hier encore, MM. Macé et Carlier ont été forcés de convenir, d'assez mauvaise grâce d'ailleurs, de cette révolution dans les habitudes intérieures des maisons.

Certains incidents mis suffisamment en
évidence dans le jour plus ou moins cru de
procès correctionnels et criminels instrui-
sent encore sur la manière dont l'interdiction
des femmes externes est observée par la tenancière. Dans un procès d'assises, en octobre 1889, on voyait un sieur Sch., peintre en
bâtiment, retrouver sa femme dans une maison publique de St-Denis (Seine) où elle avait
été placée après enlèvement par un ami
commun, le sieur Oll.; comme ses visites
coïncidaient rarement avec la présence de
Louise Sch. son épouse, Sch. qui aurait
voulu finalement la retirer, était obligé de
venir à diverses reprises. La dame Sch, en
effet, allait et venait en toute liberté, et au
cours du débat il était établi que sa situation
dans la maison pouvait être exactement dé-
nommée celle de pensionnaire... externe.

Ce cas n'est point isolé. En février 1889, le
tribunal correctionnel de la Seine jugeait
un cas analogue : la seule distinction à établir avec le cas précédent, c'est que, tandis
que Sch. était obligé de payer à la tenancière
la redevance habituelle pour voir sa femme,
ici le mari jouissait d'une passe gratuite.

Ces observations montrent par parenthèse
quelle confiance il fallait avoir dans les assertions du bureau des mœurs qui affirmait

hautement qu'un ordre de services remontant à 30 ans et toujours en vigueur défendait — à l'instar du règlement d'Amiens et autres villes de provinces — l'admission dans les tolérances des femmes mariées [1].

Nous ne reviendrons pas sur la clientèle des saphistes jeunes et vieilles qui viennent demander aux filles de maison ce qu'il est moins facile de se procurer quotidiennement au dehors.

Ce n'est pas tout.

Des notes personnelles nous permettent d'établir que les tenancières ont pu sans empêchement d'aucune sorte transformer leurs établissements au point d'en faire tantôt des agences de prostitution clandestine, tantôt des maisons de rendez-vous.

Un grand nombre de tolérances parisiennes ont de ce chef une clientèle qui change, selon l'arrondissement, sinon de caractère, du moins de classe.

Dans les maisons bourgeoises et populaires, la clientèle féminine externe com-

---

[1] Etat numérique des femmes mariées enregistrées à Paris de1880 à 1886 :

Années	1880	1881	1882	1883	1884	1885	1886
Nombre des femmes mariées	11	27	41	31	66	123	121

prend tout un petit monde d'ouvrières, en
chômage, ou en journée, qui viennent là les
unes pendant le jour avec leurs souteneurs,
les autres le soir avec des passants raccolés
sur l'heure, par crainte de se faire enlever
dans des rafles d'hôtels garnis ; elle comprend aussi beaucoup de jeunes domestiques
qui, sous prétexte de commissions un peu
éloignées ou de visites nocturnes à des parents malades, viennent gagner quelque supplément de gages. Les tenancières favorisent
intelligemment ces allées et venues parce
qu'en dehors même des bénéfices plus ou
moins notables qu'ils fournissent, ce mouvement de filles procure d'excellentes occasions de recruter un personnel fixe qu'alimente mal les registres de la préfecture.
D'ailleurs, les habitués mâles de la maison
sont là à l'affut, au bon endroit, pour voir
passer, causer un instant ; ils peuvent demander dès lors à la tenancière, sans parler *in asbtracto,* des femmes moins défraî-
chies que l'ordinaire galerie des banquettes
du salon.

Les maisons de premier ordre sont le théâtre d'arrangements, pris sur l'initiative de gentlemen et de dames — non pas de demi-da-
mes, actrices de troisième ou de second ordre
et autres galantes notoirement vénales — de

dames, avons-nous dit, qui trouvent commode d'héberger leurs passades dans des chambres tranquilles pourvues d'un mobilier confortable et de linge blanc. La location des chambres dans ces cas de rendez-vous mondain se fait sur le pied de 40 à 100 francs la séance, selon la magnificence du local et les renseignements procurés à la tenancière sur ses hôtes de passage.

L'adultère trouve ainsi à se consommer le plus tranquillement et le plus fréquemment du monde.

Comment en serait-il autrement? Et la sécurité si complète acquise à toute femme qui franchit le seuil, la liberté que confère pour toutes sortes d'amours le protectorat de la police ne devaient-elles point attirer les femmes plus particulièrement préoccupées de s'abriter contre les indiscrétions d'autrui ou les sévérités de la loi? Ce n'est avec la tenancière qu'une question d'argent.

Parmi les femmes mariées, les unes comme la Messaline de classique mémoire, lasses des somnolences d'un mari vieilli ou maladif, les autres dépitées des élégantes inerties des sportsmen de boudoirs, viennent chercher les brutales nervures du populaire que la tenancière s'applique toutefois à sélecter d'une main prudente. « Un muletier à ce jeu vaut

trois rois, » mais il faut encore que le muletier soit garanti [1].

D'autres femmes mariées demandent hospitalité comme maîtresses d'un seul et habituel amant. La tenancière entend toujours
à demi-mot : elle fera bonne garde et au besoin l'inspecteur des mœurs sera intéressé
moyennant généreuse rémunération à la
tranquillité du couple. L'irruption banale et
redoutée des commissaires de police est dès
lors dépistée. Des notes authentiques récemment remises nous montrent plus d'une parisienne en puissance de mari, sachant ce
chemin et ce lieu de rendez-vous — les derniers à imaginer —, mais autrement sûrs que
les garçonnières d'entre-sol et les chambres
de grands hôtels. Des accidents peuvent arriver cependant : témoin ce mari s'assurant
de l'intention de sa femme, la suivant, bri-
sant la porte et voulant la faire conduire à
St-Lazare, non pas seulement comme adultère,
mais comme fille clandestine.

Que si cette clientèle distinguée hésite à
franchir cette porte — protectrice sans doute
pour des têtes hantées de craintes, mais un
peu basse pour celles où hébergent encore

[1] C'est ici le lieu de rappeler le mot du cardinal de Riche-
lieu à Bussy, qui avait hasardé quelque paradoxe : « M. de
Bussy, toute honnête dame trouvée au b..... est réputée p.....»

quelques bons préjugés — les tenancières
n'ont garde de perdre les grasses aubaines qui
leur viennent de ce côté. Nombre d'entre elles
ont, dans le même quartier que leur maison
officielle et à proximité, un appartement où
elles sont censées loger et logent souvent leur
famille, ascendants ou enfants trop grands
pour être conservés dans les tolérances : elles
font de ce privé une maison succursale, une
annexe à la maison-mère où le proxénétisme
clandestin et l'amour traqué peuvent s'exercer sans contrariété.

Ainsi la tenancière par ses relations, son
milieu, son caractère administratif, devient
le pivot d'une multitude de combinaisons
sexuelles qui n'ont rien de commun avec
son commerce autorisé. Elle n'est pas seulement proxénète légale, reine ointe et cou-
ronnée des appareilleuses, entremetteuses et
procureuses policières : elle peut être saluée
grand'prêtresse du sacrement de l'adultère[1].

   Continuons.

[1] En province, on voit fréquemment la maison publique
servir aux hommes les mieux placés dans leur département
pour y abriter des *semaines entières* des enlèvements plus
ou moins volontaires. Récemment, dans une sous-préfecture
de l'Aisne, un officier ministériel que sa famille éplorée
cherchait vainement depuis dix jours était retrouvé installé
avec une jeune fille enlevée à ses parents dans la maison
de tolérance locale : sur l'intervention du parquet il a dû
vendre immédiatement sa charge (mai 1891).

Pour le groupement du personnel actif, le règlement défend aux tenancières d'agréer dans le même établissement la fille et la mère comme pensionnaires, afin d'empêcher l'exercice d'une variété de prostitution incestueuse.

Dans ces six dernières années, les notes qui nous ont été obligeamment remises nous ont fourni dix-sept observations de cette camaraderie : presque toutes appartiennent à des tolérances de troisième et de quatrième ordre. Dans les trois quarts des cas, les tenancières étaient informées de la parenté de leurs pensionnaires et les inspecteurs n'ignoraient rien, mais ce rassemblement n'a guère eu pour conséquence que de fort divertir les unes et les autres. Quant aux sœurs présentes dans la même maison, la fréquence des cas dispense d'en énumérer le nombre. Il est juste de reconnaître que sœurs, filles et mères, donnent le plus souvent un faux nom afin de dissimuler leurs liens de sang, mais cette petite comédie une fois connue, les tenancières se gardent bien de séparer leurs couples. Chuchoté même à l'oreille de tel client, le prétendu secret vaut à la tenancière de fortes aubaines et de doubles gains pour les scènes et les tableaux de famille qu'on devine.

Le règlement comprend de nombreuses

prescriptions sanitaires qui sont également une des bases du système de l'internement : ces prescriptions sont assez minutieuses pour que la tenancière soit astreinte à conduire spontanément au dispensaire la fille chez laquelle elle découvre quelque symptôme de mauvais aspect. Comment les tenancières répondent-elles à cette prévoyance ? Ce n'est pas seulement dans les hôpitaux généraux qu'elles vont faire leur racolage ; c'est à la porte des hôpitaux de vénériennes qu'elles envoient leurs recruteuses embaucher des convalescentes à peine nettoyées des accidents du jour et prêtes à toutes les récidives de demain, des femmes à peine *blanchies*, selon l'expression du professeur Fournier. Il a fallu tous les efforts du directeur actuel de Saint-Lazare, M. Deurlin, pour mettre récemment un terme à ce courtage insalubre sous le porche même du 107 Faubourg Saint-Denis, et un juge d'instruction, M. A. Guillot, affirme même que M. Deurlin n'a pas complétement pu le faire cesser.

Le recrutement des pensionnaires de tolérances dans les hôpitaux spéciaux est un des faits les plus paradoxaux qu'on puisse trouver et cependant un des mieux établis. Déjà Parent-Duchatelet l'avait dit : « Les hôpitaux de vénériennes en particulier fournissent aux dames de maison la plupart de leurs sujets. Dans tous ces lieux elles ont des émissaires qui leur donnent avis des individus qui peuvent leur convenir. Ces émissaires sont quelquefois des femmes qui sortent de chez les dames de maisons et sont pour une maladie obligées d'interrompre l'exercice de leur métier. Dans l'hospice des vénériennes on ne rencontre que ces femmes... ». A soixante ans de distance, Martineau, médecin de Lourcine, tient le même langage dans sa *Prostitution clandestine*. La Préfecture n'ignore rien : elle établit la biographie de ses inscrites sur ses registres.

Le règlement défend aux tenancières de recevoir des *mineurs*, nous voulons dire les petits clients du sexe masculin. Nous avons vu, en effet, que les pensionnaires mineures tiennent large place dans les rangs des filles internées. Pour se rendre compte de l'observance de cet article, il suffit de citer les maisons de la IXᵉ circonscription de Paris : les tenancières n'exigent même pas que le Képi classique soit remplacé ou dissimulé. Sur les boulevards extérieurs, des gamins de seize ans viennent certains jours et certaines heures dans les maisons qui étalent au midi leur gros numéro, de La Chapelle à Charonne ; ils y passent des journées entières, dépensant l'argent dérobé aux parents, aux patrons, jouant aux cartes avec les souteneurs (Flévy d'Urville). M. Paul Bourget, dans sa *Physiologie de l'amour moderne*, a raconté les débuts des adolescents de lycées de province dans la maison de la ruelle lorgnée du coin d'un œil jaloux par les plus jeunes camarades, un jour de promenade, en remontant le faubourg.

Le règlement défend aux tenancières de conserver avec elles leurs enfants dès que ceux-ci ont atteint l'âge de quatre ans [1]. Cette prescription n'est pas moins éludée que les autres. Nous pouvons parler, en effet, de cas aussi ostensibles que celui qui est tombé sous les yeux de M. Macé et de M. d'Haussonville fils : une tenancière de la maison de la barrière d'Italie s'obstinant à garder dans son établissement une petite fille de cinq ans sous prétexte que l'enfant orpheline de mère était sa filleule, et ne se décidant à la laisser placer que sous la menace de fermeture (janvier 1887) : « Je suis sa marraine : c'est moi qui l'ai tenue au baptême », était le grand argument de cette dangereuse mère adoptive. Il nous a été donné à nous-même de voir à diverses reprises, il y a trois ans, en passant devant une maison du quartier de la Gare

[1] Ou de six ans, dit un écrivain bien renseigné, M. Coffignon.

et l'an dernier devant une maison du boulevard de la Villette, un spectacle étrange. Dans le premier cas, trois enfants, trois petits garçons dont le plus jeune avait certainement plus de quatre ans et dont le plus grand n'avait pas moins de neuf ans, jouaient devant la maison publique, profitant de l'ouverture de la porte bâillant largement pour y faire cache-cache tour à tour. La singularité du théâtre de ce jeu et le naturel avec lequel les enfants s'y ébattaient ayant attiré mon attention, je demandai à un commerçant voisin à quels insouciants parents pouvaient bien appartenir ces innocents : mon interlocuteur me répondit sans s'émouvoir d'ailleurs que le plus petit appartenait à une fille de la maison publique et les deux autres à la tenancière elle-même : l'enfant de la fille habitait la maison, mais les deux autres ne venaient passer avec leur mère que deux jours par semaine, le jeudi et le dimanche. C'était effectivement un jeudi. — Le second fait vient à l'appui du premier. Appelé quotidiennement pendant un mois par des devoirs professionnels dans le quartier de la Villette, nous remarquâmes sur le seuil de cette autre maison publique deux enfants, un garçon de onze ans et une fillette de neuf ans environ ; tous deux étaient accotés à l'intérieur du ves-

tibule contre l'un des battants de la porte
ouverte ; leur mise et leur tenue étaient dé-
centes, ils étaient, comme on dit vulgaire-
ment, *endimanchés*. Trois dimanches consécutifs, repassant dans cette même voie, nous
vîmes ces deux enfants dans le même costume, tantôt accotés contre la porte, tantôt
contre les verres dépolis du café de tolérance.
Une petite enquête dans le voisinage nous
apprit que ces enfants venaient toutes les
semaines passer, comme ceux du quartier de
la Gare, leur dimanche entier avec leur mère,
tenancière de la maison. Or, Boulevard de la
Villette et le dimanche, c'était un va et vient
assez fréquent d'hommes sortant, entrant
dans la maison. A diverses reprises les enfants
s'effacèrent pour laisser passer des clients.

Une note nous est enfin remise sur ce tableau entrevu une fois, un soir de l'hiver
dernier, dans une maison publique de troisième classe : un enfant de trois ans et demi
à quatre ans, jouant en plein salon, circulant
au milieu des tables, passant des mains des
consommateurs attablés aux mains des filles,
celles-ci s'amusant à la manière des commères
qui bercent dans le récit rabelaisien l'enfance
de Gargantua, le bambin répondant par des
mots obscènes et de vilains petits gestes !

Belle surveillance policière en vérité !

CHAPITRE XIV

Efforts de la Police pour empêcher ou retarder la disparition des maisons (*Suite et fin*). — L'ivresse légalisée (*Veneris armiger Bacchus*)! le mari de la tenancière parisienne en maison ; les femmes *doublent ;* les règlements du préfet Pasquier et les *Tolérances-Edens*, etc., etc.

Le règlement, proprement modifié par M. le préfet Gigot, avait supprimé le raccrochage opéré par les maisons publiques au moyen des marcheuses ou trotteuses qui, lancées comme des chiennes en saison aux environs et même assez loin de l'établissement, ramenaient une meute d'hommes provoqués par l'excentricité de leur tenue ou de leur allure ; il avait également supprimé le raccrochage au moyen des bonnes indicatrices placées sur le pas de la porte et qui appellent du « pstt » usuel ou du geste — *digitum ostendunt infamem quo sannas impudicas faciunt.* C'était là un acte d'administration honnête. Il n'a pas duré. Si les successeurs de M. Gigot n'ont pas osé aller jusqu'à rétablir les marcheuses, ils ont rétabli les bonnes indicatri-

ces ou mieux provocatrices. Ces femmes font
— comme devant — leurs deux ou trois
heures de quart sur le pas de la porte ; elles y
séjournent même passé onze heures quoique
l'ancien règlement leur prescrivit la retraite à
cette heure précise (Lecour). Les tenancières
ont forcé la main de la Préfecture : elles ont
convaincu les Naudin, les Macé. La bonne
provocatrice aide à contrebalancer l'activité
déployée dans les parages de la maison par
les isolés et les insoumises !

Suivons.

Le règlement relatif au débit des boissons
dans les maisons publiques a tout d'abord été
formellement défensif.

Jusqu'en 1840 l'attraction du boire fut jugée
dangereuse : on pensait que le groupement
des femmes suffisait ; qu'il ne fallait point y
joindre l'excitation du vin ; que la silhouette
de la femme nue n'avait pas besoin de se
jouer à travers les vapeurs de l'alcool pour
hypnotiser davantage. L'interdiction du débit
fut donc absolue : aucune maison ne pouvait
faire d'un lieu à boire le vestibule des chambres de débauche.

En 1840, le préfet Delessert ayant autorisé
nombre de cabaretiers et teneurs de garnis
des villages suburbains à transformer leurs
établissements en maisons publiques, tout en

continuant à débiter des boissons, les matrones de l'enceinte de Paris réclamèrent vivement contre le privilège octroyé à leurs collègues *extra-muros*; la réclamation fut trouvée juste, et pour que la balance fût égale, pour que les tolérances parisiennes ne fussent point en état d'infériorité, un arrêté préfectoral décida que le consommateur trouverait désormais partout la femme et le vin réunis.

Le nouveau règlement rendait inoffensif et licite ce qui était la veille défendu et dangereux.

Désormais les maisons publiques du département de la Seine étaient officiellement classées en maisons avec ou sans estaminet. En 1881, dans l'intérieur de Paris, sur 105 tolérances, 63 étaient pourvues de cafés; toutes les maisons de la banlieue (13) étaient également autorisées à débiter. En 1888, sur les 74 tolérances subsistant dans le département, 50 (dont 9 en banlieue) avaient des cafés et estaminets [1]. La distinction est-elle d'ailleurs justifiée? que le débit des boissons se fasse au rez-de-chaussée dans le café ou en tête-à-tête dans les chambres, où est — alcooliquement parlant — la différence ?

Au moins les limites posées par le nouveau

[1] V. *Appendice*, p. 351.

règlement sont-elles respectées ? Un ordre de service porte qu'il est défendu de donner à boire dans les maisons pourvues de café après onze heures du soir. Quelle tenancière tient compte de cette prescription ?

Bien antérieurement à la loi sur l'ivresse, il a été également prescrit aux tenancières d'empêcher les femmes et les clients de s'enivrer et tout au moins de ne leur en pas fournir les moyens. Quelle tenancière au contraire ne pousse les clients et ses pensionnaires à la consommation ? Vis-à-vis des clients les dépenses prennent souvent les proportions de véritables spoliations, avoue Carlier. Feu Paul Dubois qualifié pour en témoigner, puisqu'il était médecin de la police des mœurs, a vu de son côté des matrones pousser leurs filles à boire des liqueurs, de l'absinthe « jusqu'à en devenir malades (sic) » ; quoiqu'il ait rencontré au cours de ses inspections beaucoup de femmes ivres et scandaleusement dans les tolérances, « jamais il ne constata une seule condamnation infligée de ce chef aux matrones. »

Jamais la loi sur l'ivresse n'a été exécutée dans les maisons ; elle n'y est même pas affichée.

Quand on attaque le règlement sur cette question de boissons, le service des mœurs répond comme fit M. Naudin devant la Commission municipale : « Que voulez-vous ! Si l'on ne donnait pas à boire dans les maisons de tolérance, le client n'y viendrait plus du tout » (10 février 1879). Le service des mœurs pense peut-être avec Marcus Manilius : « *Vires ministrat Bacchus !* » — avec Ovide : « *Vina parant animum Veneri !* » — avec Apulée : « *Veneris hortator et armiger Bacchus !* »

La Préfecture parisienne est fort au-dessous des municipalités d'un grand nombre de provinces : à Amiens, Brest, Marseille, Rennes, Toulouse, Nantes, Rouen par exemple, il est interdit aux tenanciers de débiter des boissons et de tenir estaminet salon au rez-de-chaussée.

En Belgique, la loi du 26 avril 1887 a formellement défendu de donner à boire dans les maisons publiques.

Le règlement défend au mari de la tenancière d'habiter la maison publique avec sa femme. Cette prohibition est théoriquement justifiée chez les commentateurs par la crainte des violences ou des sympathies du personnage vis-à-vis les pensionnaires. Les violences sont d'ailleurs plus à craindre que les sympathies.

A Paris, en effet de telles brutalités se sont produites que des tenancières pour assurer la paix de leurs établissements ont dû demander leur séparation aux tribunaux qui d'ailleurs l'accordent assez facilement, les motifs ne manquant pas. Le jugement va jusqu'à légaliser l'octroi de la tolérance en autorisant la femme à requérir la force publique pour expulser le mari s'il veut en troubler l'exercice.

Les procès de Bruxelles ont également mis en lumière les dangers de cette présence continuelle d'un mâle aussi suspect.

Quoi qu'il en soit, cette prescription, relative à la cohabitation de l'époux, est absolument abrogée bien qu'en aient pu dire MM. Lecour, Coué et Naudin. La vérité est que l'administration parisienne permet au mari de la patronne de loger dans la maison : il y vient dans la journée ; il y prend ses repas ; il oublie de s'en aller le soir ; ses habitudes d'ancien souteneur — qu'il a presque toujours été — expliquent assez sa conduite. (Reuss, Carlier). Quand on demande une explication à la police des mœurs sur cette nouvelle violation du règlement, elle répond qu'en province—sauf quelques grandes villes — la tolérance est indifféremment concédée à un homme ou à une femme et que dans le

premier cas les tolérances ne sont pas plus
mal administrées que dans le second ; elle
répond aussi qu'il est encore plus moral
d'admettre ce mari à la table et au lit de
l'épouse que de le forcer à aller se faire héberger chez des isolées ou des clandestines
qu'il gruge à titre de « marmites » ou bien
avec lesquelles il dépense les sommes prises
au comptoir matrimonial ; elle répond encore
que s'il n'y a pas de mari auprès de la tenancière la place vide est toujours remplie par
un ou des amants ; elle répond enfin qu'après
avoir autorisé la seule présence de femmes
comme servantes, elle a été forcée d'autoriser les patronnes à prendre à leur service
des domestiques — hommes. On connaît en
effet ces gas à carrure d'hercule trapu, à
tignasse drue et basse rétrécissant le front,
qui font les gros ouvrages, descendent les
tonneaux de bière et de vin et qu'on voit
souffler en tablier blanc sur le pas de la
porte : au besoin ils rétablissent d'un coup de
poing l'ordre troublé parmi les clients qui
ont l'ivresse mauvaise et jettent sur le trottoir les tapageurs récalcitrants, mais ils
aident surtout la fille et la patrone à déva-
liser la clientèle indistinctement, en vrais
souteneurs qu'ils ont été, restent ou deviennent (Reuss). Carlier a souligné le goût des

dames de maison pour ces individus : il en parle avec quelque étonnement comme inhérent à la profession de tenancière. Il n'y a guère cependant pour une tenancière d'autre manière de s'attacher ce personnage et l'instituer à demeure le gardien de la paix de la maison — que d'en faire son concubin... Dès lors la maîtresse ayant besoin d'un homme à poste fixe, conclut présentement le service des mœurs, il ne convient point de montrer tant de rigueur vis-à-vis du mari et de l'exclure systématiquement de cette double place de serviteur et de coucheur qui, après tout, lui revient de droit.

Le règlement, précisément parce qu'il concentrait la débauche, s'est à l'origine préoccupé du retentissement que pourrait avoir sur les mœurs vénériennes des habitantes et des victimes de la maison un tel groupement de femmes : un de ses principaux articles est l'interdiction expresse de faire coucher deux femmes ensemble : Ce fut le préfet Pasquier, qui rendit pour la première fois, en 1811, une ordonnance aux termes de laquelle il était défendu que, dans aucune circonstance, le même lit pût servir à deux filles à la fois. *De minimis curat pretor.*

Cet article est-il observé ?

Les fonctionnaires et les apologistes de la police des mœurs vont répondre.

« Le nombre des femmes dépasse de beaucoup celui des chambres (Lerouge 1879.) »

« Il n'y a jamais concordance entre le nombre des femmes et le coucher des chambres (Coué. id.) »

« Je signale la maison de la rue Chab..... comme ayant vingt-deux lits pour trente-cinq ouvrières — et cela au su et vu de l'officier de paix de service (Dʳ Paul Dubois id.) »

« Par mesure d'économie, les tenancières forcent leurs femmes à coucher deux ensemble... La défense de faire coucher les pensionnaires deux par deux et en dortoir est malheureusement tombée en désuétude dans certains établissements des grands quartiers de Paris (Carlier, 1888). »

Il existe même une expression usuelle dans l'argot des maisons pour désigner cette cohabitation forcée des femmes dans le même lit : elles *doublent ;* elles sont également forcées de se réaccoupler quand une chambre est prise par un coucher, la femme qui *doublait* avec la compagne occupée va *doubler* avec une autre afin de laisser sa place libre au client.

Or, un autre règlement émané du même bureau des mœurs frappe de la plus grave

des peines disciplinaires, de l'emprisonnement à Saint-Lazare deux femmes isolées
qui habitent la même chambre ou même qui
sont trouvées ensemble par rencontre passagère dans la même chambre. Pareille peine
frappe l'isolée qui héberge une amie — non
inscrite.

Faut-il encore ici rappeler l'existence des
chambres pour *parties carrées* qui existent
dans toutes les tolérances, sur les boulevards
extérieurs comme dans les quartiers centraux.
Deux lits d'alcove et quatre oreillers dans
les petites maisons, deux lits à trois faces,
deux chaises longues, deux toilettes dans les
grandes marquent très publiquement la destination. Moyennant supplément de passe les
deux couples peuvent se donner le spectacle
réciproque de leur débauche et changer de
partenaires. Le jeu des glaces est particulièrement aménagé. L'existence des chambres
pour parties carrées est d'autant plus singulière qu'elle a pour autre résultat, nous l'avons
dit, de favoriser la pédérastie.

Le règlement dit encore — mais il va
falloir nous borner : « Les maîtresses de maison doivent veiller à ce que la mise des
femmes (envoyées en raccrochage aux environs de la tolérance) soit décente et les em-

pêche de provoquer à la débauche par gestes ou propos indécents. » Des ordres de service moins connus donnent pareil avertissement pour les exhibitions intérieures. La recommandation est étrange s'adressant à une maison de débauche — mais enfin, elle peut s'expliquer au point de vue théorique où se sont d'abord placés les organisateurs de la maison : pour eux il y avait une mesure à garder dans la satisfaction de ce qu'ils regardaient comme un service public. Le besoin pouvait être satisfait sans l'orgie, sans les provocations ordurières.

On a vu les mœurs les tableaux, l'organisation des exhibitions où le rêve de la police s'est effondré.

Voyez encore le seul estaminet avec ses grappes de femmes vautrées sur les banquettes, renversées sur les murs, avachies sur les marbres, à cheval sur les genoux des hommes, les inondant de la coulée de leur poitrine, les fouillant d'une manipulation chercheuse, les enlaçant d'attitudes pâmées de comédie amoureuse ou brutales de cynisme blagueur ! Il faut que, par ses entreprises, la pensionnaire exige le désir; elle ne néglige rien comme description, comme promesses :

Quum faciem laudo, cum miror crura manusque
Dicere, Galla, soles : « Nuda placebo magis ! »

Elle fait appel à tout moyen, comme la Quartilla, *femore facilis, clune agilis, manu procax.* Sa lubricité ingénieuse ouvre des horizons.

Dans le salon de la grande tolérance, c'est plus de nu encore! Pas de jupes écourtées, de maillots, de costumes-bébé, de chemises ouvertes; les groupes ne semblent même pas des figurantes de café concert à demi déshabillées. Les femmes sont là assises, étendues sur les sofas, toutes en peau de la face au genoux, sans autre vêtement que des bas de soie, de légers escarpins, la mantille naturelle des cheveux épars sur les épaules : elles se tiennent immobiles, sans parler, regardant dans le blanc des yeux, cherchant à se surpasser les unes les autres par des saillies de buste, des torsions de corps, des écarts indiscrets, pour obtenir le choix .Le règlement intérieur de la tenancière n'impose pas partout l'immobilité sculpturale : les simulations obscènes, l'esquisse de la rencontre, *juxta dispositionem venerei actus femoribus divaricatis et adductis,* la mimique des vices où chacune excelle achèvent de prodiguer l'hypnotisation des d'obsessions vénériennes !

Quand la maison publique patentée a été fondée, le règlement primitif n'était pas muet sur les conditions de son installation intérieure. Le préfet Pasquier marquait dès 1811 que les maisons étant des endroits honteux destinés à la prostitution pure et simple, il ne voulait ni bouges ni palais pour la débauche : le luxe doublement dépravateur faisait perdre à la maison publique le caractère utilitaire qu'elle devait seul avoir ; la misère était malsaine aux habitantes.

Que reste-t-il du principe posé ?

Aujourd'hui la proxénète patentée est libre d'ouvrir son commerce dans le coupe-gorge le plus immonde, une vieille bâtisse de platras en ruine et de planches pourries, comme on voit à Grenelle — ou dans un bel immeuble comme on en voit au cœur de Paris, qu'elle décorera de tout ce que le luxe peut donner d'éblouissement et de confort spécial.

Quelques maisons à salon notamment, par leur somptuosité éclatante, par leur mobilier magnifique effacent ce que les touristes peuvent voir de plus féerique dans les palais édifiés par le gaspillage des sultans sur les rives du Bosphore.

L'entrée est d'ordinaire mystérieuse avec double porte à tambour bien rembourrée pour retomber sans bruit et étouffer le brouhaha du dehors comme les portes des églises riches ; dans le vestibule tapissé et tendu se tiennent de nombreuses bonnes en tablier blanc. Deux ou trois grandes tolérances sont mêmes pourvues de portes-cochères qui permettent l'accès en voiture : une fois le véhicule engagé sous la voûte, la grand'porte est rapidement fermée et les plus curieux ne peuvent rien voir ni savoir de la silhouette du visiteur. Il importe au plus haut point que la clientèle distinguée sente de suite que la plus protectrice discrétion est partout et de toutes manières, scrupuleusement observée. Une fois entré, le visiteur se heurte à de nouvelles et rassurantes précautions pour ne point laisser trahir *l'incognito :* l'escalier pourvu d'un moelleux tapis et de draperies ou tentures assourdissantes est habilement machiné pour ne permettre aucune rencontre entre clientèle montante et descendante ; à chaque palier ou demi-palier, un petit salon ou reposoir d'attente permet le garage opéré d'ailleurs avec ostentation par les signaux des bonnes et tout un jeu de sonneries électriques rappelant assez ce qui se passe pour les trains circulant en sens inverse sur les chemins de fer à voie unique.

Les salons sont nombreux dans les grandes tolérances. D'abord petit salon pour entretien préalable avec la sous-maîtresse, paye de la passe, etc. ; puis série de grands salons pour l'exhibition du bataillon des pensionnaires, pour les tableaux vivants, pour les grands soupers, etc.; partout des tapis épais, des portières, des glaces à profusion, des tapisseries, des lustres, des bronzes, des tableaux, des fleurs et plantes naturelles, exotiques; les plafonds avec peinture ou dissimulés sous l'arrangement de riches étoffes; l'ameublement du plus parfait confort, les sièges bas, larges, capitonnés, de longs divans à l'ottomane.

Le luxe ne faiblit pas dans les corridors, les dégagements, petits passages, antichambres et paliers des étages supérieurs : toujours des tapis sur le parquet et les marches, des glaces et des tentures aux panneaux, les plafonds décorés d'étoffes, les fenêtres sur les cours intérieures avec vitraux artistiques.

Comme ici les chambres de passe ne servent jamais à l'usage personnel des femmes qui n'y passent la nuit que lorsque le client les garde, la tenancière continue à déployer un luxe de décoration, d'objets d'arts et d'arrangement mobilier digne des grandes pièces. Lit à trois faces, à colonnes et draperies — sans couverture *ni drap du dessus*, magnifique toilette recélant dans ses flancs et étalant sur son large marbre toute la vaissellerie nécessaire à la plus intime toilette

en métal étincelant, tous les flacons à par-
fums variés, une irréprochable lingerie, chaise
longue ou divan et autres meubles sensuels,
une cheminée avec statuette et grosses lampes
à gaz, des glaces multipliées, toujours au
ciel du lit une glace de la superficie même
du matelas... Il ne faut pas qu'un imbécile
sorte, sans être émerveillé. « Il ne faut pas,
dit aussi un auteur apologiste des tolérances, qu'un client qui jouit chez lui de toutes
les satisfactions que le luxe peut donner,
puisse en regretter une en entrant dans ces
maisons (*sic*). »

Mais ceci est encore trop banal. La tenancière sait mieux encore exaspérer l'imagi-
nation vénérienne en remplaçant le luxe
européen par le luxe des pays d'Orient si
bien adapté à la pratique sexuelle.

Telle maison, proche la place Louvois,
connue dans le monde entier des amateurs
cosmopolites, ni plus ni moins qu'une célèbre
galerie de tableaux, offre aux clients une
série de chambres qui permet aux nationaux
de donner à leurs passades l'illusion d'amours
en voyage et aux étrangers de remémorer
une patrie absente. A côté de la chambre
dite française, il y a la série des chambres
espagnole, turque, égyptienne, chinoise, ja-
ponaise. Il existe même une chambre trans-

formée en riche cabine de transatlantique :
le lit a la forme d'un hamac suspendu de
façon à ménager au couple un balancement
qui simule le roulis du paquebot ; une énorme
malle recouverte en coutil constitue la toilette, la table de nuit est représentée par un
petit baril fixé sur un chevalet ; si pendant
la traversée, le passager a terminé dans sa
cabine quelque aventure commencée dans
le flirt des ponts, il peut s'imaginer qu'il la
recommence rue Ch. — Toute cette fantaisie,
s'allie à un luxe de tapis, de peintures, de tentures, de lumières, de glaces prodigués vraiment
à la folie. Il n'est pas jusqu'aux carreaux
des fenêtres donnant sur la rue qui ne soient
remplacés pas des miroirs bizeautés comme
dissimulant mieux les persiennes que des
vitraux ou les rideaux les mieux brodés. A
presque toutes les chambres est annexé un
petit boudoir avec chaise-longue large et
basse. L'une des chambres, comme l'un des
salons destinés aux tableaux vivants, est entièrement garnie de glaces : planchers, murs,
plafonds en répétant à l'infini l'image féminine dans les positions les plus variées mul-
tiplient les indiscrétions de l'œil ; le lit est,
à proprement parler, le seul objet opaque
posé à l'intérieur de ce cube de glaces. Plus
loin, voici une pièce dite la chambre obs-

cure dont toutes les tentures et tapis sont
noirs frangés d'or ; le lit est tendu de rideaux
noirs, le drap est en soie noire ; l'éclairage
électrique donnera au corps de la femme la
blancheur lactée et mate d'une statue de marbre. Presque annexée à la chambre-cabine,
voici la salle de bains avec ses peintures sur
plaques dorées rappelant les peintures des
chambres retirées des villas de Pompéï, et sa
baignoire en cuivre repoussé, étincelante
comme la conque marine d'une apothéose
d'opéra : si le client a trouvé quelque difficulté à prendre un bain en ville en compagnie d'une femme, la tenancière autorisée
par le service des mœurs lui en fournit le
moyen : il n'est que d'y mettre le prix. Ce
n'est pas, comme bien on pense, la salle de
bain à l'usage de la communauté dont l'installation est obligatoire dans toute maison
en vertu d'une ordonnance du Préfet Pasquier ! Si quelque naïf posait une question
sur ce point, la sous-maîtresse lui rappelle-
rait vite qu'en maison les bains ne se prennent qu'à deux et que l'ordonnance du Préfet Pasquier en imposant une baignoire à
chaque tolérance ne pouvait certainement
avoir l'hygiène pour objet. Voici enfin la
grotte de Calypso construite dans la cour de
l'établissement qui se trouve ainsi utilisée de

façon géniale pour compléter les attractions : ce ne sont que stalactites et stalagmites, lianes, bassins, roches disposées pour lits de mousse et tables de souper, praticables et effets de lumière mystérieux comme dans les théâtres à grands spectacles.

Des calorifères répandent dans toutes les pièces de la maison sans excepter les couloirs, les vestibules et les escaliers une chaleur douce et tempérée qui permet aux femmes de rester nues dans les salons et de faire dans le même appareil leurs allées et venues hors des pièces d'apparat.

Ces espèces d'Edens, de cafés à la mode ne figurent guère la maison publique d'allures sobres et discrètes rêvée par le préfet Pasquier !

Le règlement dit à Paris que les maisons doivent fermer à onze heures précises du soir et les portes rester constamment et hermétiquement closes.

Or, les maisons ne ferment ni jour ni nuit et la porte reste elle-même jour et nuit ouverte ou largement entrebâillée.

La police a été jusqu'à permettre aux tenancières d'user de « trucs » grossiers, d'inventer des aménagements qui rappellent le moins la maison réglementaire pour se faire une clientèle plus sélectée ou piper les naïfs à qui répugne l'appareil habituel. On connaît ces deux ou trois tolérances parisiennes parfaitement en règle avec la préfecture qui ont longtemps simulé et simulent encore la maison de prostitution clandestine. La tenancière ingénieuse qui avait inventé cette comédie paraît avoir conquis cette double tolérance auprès du service des mœurs par sa beauté méridionale, sa rouerie, l'imprévu de ses excentricités qu'on ne trouvait point en bon lieu dépourvues d'une amusante saveur. Grande, bien faite, mariée à seize ans à un étranger, veuve à dix-sept avec quelque bien, elle prend pour souteneur successivement un joli nettoyeur de boutiques, puis un jeune joueur d'orgue manchot, puis... le portrait d'un vieux général acheté à l'hôtel des ventes et mis en bonne place dans son salon, elle fait du proxénétisme. Enfin, tout à coup elle trouve sa voie par un trait de génie : *l'exploitation de la fausse mineure!* Elle sait le goût des coureurs de femmes pour la femme qui n'a pas couru ; elle racole des camarades à visage de fillettes, à formes graciles et enfantines, prend le livre, s'installe dans une tolérance ruinée et la transforme d'un coup de baguette. Plus de gros numéro, plus de persiennes closes. Au rez-de-chaussée une

simple barrière en bois munie de la prudente
sonnette d'appel. Au premier étage le parloir devient une loge de portière avec bonne
de service ayant le physique de son nouvel
emploi. En face, le salon de choix devient
un atelier authentique, où se pressent et
caquettent une quinzaine d'ouvrières affai-
rées, presque des enfants, ingénues mais cependant « bonnes petites filles. » Sur la
porte de l'atelier s'étale d'ailleurs une large
plaque avec convaincante mention : « Modes
et fleurs. » L'escalier conserve sa simplicité
commerciale et bourgeoise ; aux autres paliers d'autres plaques indicatrices attestent
que les locataires sont d'honnêtes industriels,
gens susceptibles et formalistes, capables de
porter plainte chez le commissaire au moindre tapage ou soupçon de débauche. Aussi
que de recommandations avant de remettre
aux clients la clé des chambres des étages
supérieurs !

Convaincus que la tenancière leur livrait
des petites filles, « généraux, marquis, financiers, bourgeois » prenaient toutes les précautions du monde et payaient au triple, dit
malignement l'ancien chef de la sûreté, le
droit de monter sur la pointe du pied dans
une maison de tolérance et de jouir d'une
fille inscrite.... Sous le couvert de com-

mandes de plumes et de fleurs de telle ou telle nuance, la tenancière expédiait en ville...

A ce jeu l'habile drôlesse réalisait en six ans des bénéfices tels qu'elle pouvait revendre 50.000 francs un fond acheté en pleine déconfiture.

M. Coffignon en a cité un autre cas.

En plein centre de Paris, une tolérance de second ordre fonctionne toujours avec ce décor de fausse maison clandestine.

Et que dit le service des mœurs? Rien. Il sourit. « C'est un tour d'adresse admirablement exécuté (Macé). »

Les principes de la préfecture n'ont pas moins varié au sujet de la répartition topographique des maisons.

Si « l'idée d'enfermer toutes les femmes inscrites, était on ne peut plus heureuse (Carlier) », celle d'agglomérer toutes les maisons publiques sinon dans un même quartier, du moins dans des groupes déterminés d'îlots n'avait tout d'abord pas paru moins profonde. Dans nombre de villes de province et de l'étranger cette agglomération subsiste encore; il n'y a pas fort longtemps il en était ainsi à Bruxelles, dans la Rue-aux-Cailles. A Paris, la préfecture s'efforça longtemps de réaliser cet idéal d'ailleurs renouvelé du moyen-âge et des ordonnances de l'an 1420 auxquelles les archivistes de la prostitution font d'ordinaire remonter l'origine des maisons parce que ces ordonnances assignaient aux femmes publiques des rues et des quartiers pour leur habitation. Nos grands-pères et nos pères ont connu les voies qui figuraient aux environs de l'emplacement actuel des Magasins du Louvre, les rues Froidmanteau, Pierre-Lescot, du Chantre, de la Bibliothèque et autres « rues bordelières » (comme on disait autrefois) où il n'existait que des maisons de tolérance et des maisons ou cabarets de passe patentés : c'était là de véritables quartiers de prostitution formés conformément au principe de la concentration. Le principe de la concentration était moral par excellence : il dissimulait le vice. N'allaient dans « le ghetto des lupanars » que ceux qui le voulaient bien !

Tout principe qu'elle était, la concentration des maisons a depuis longtemps cessé d'être appliquée.

Les théoriciens et les praticiens du service des mœurs ont vite reconnu qu'elle était d'un rigorisme nuisible au système : en agglomérant les tolérances, la concentration ne les mettait point assez en évidence, et même les cachait trop.

Un principe nouveau remplaça désormais l'ancien. La dispersion remplaça la concentration. La dispersion des maisons à travers la ville est aujourd'hui la règle.

Visiblement étudiée cette dissémination les met aujourd'hui bien en lumière. Ce ne sont même point les petites rues non fréquentées qui sont choisies. Qu'on jette un coup d'œil, par exemple, sur un des boulevards les plus populeux de Paris, les boulevards extérieurs, de la Place Pigalle à la Place du Trône, et qu'on y compte les tolérances : sur cette seule voie il n'existe pas moins *d'un quart* du chiffre total des tolérances *intra-muros !*

Il n'est pas jusqu'au « gros numéro », *le signe récognitif* par excellence, comme on dit à la préfecture, qui ne soit devenu lui aussi l'objet d'une bienveillante et officielle dispense. Cependant ce gros numéro prenait dans la bouche de MM. des mœurs la grandeur d'un principe : « Du moment que l'autorité, disait textuellement M. Naudin à la Commission municipale, croit avoir des raisons de tolérer une maison de prostitution, elle ne peut enlever à cette maison le moyen de révéler son existence : si, par exemple, le gros numéro n'existait pas, le public risquerait de confondre la maison avec les cafés et il importe au point de vue de la morale (*sic*) d'éviter de pareilles méprises. »

Présentement tout est changé.

Le gros numéro indispensable hier n'est plus obligatoire aujourd'hui.

Les tenancières de premier et même de second ordre ont représenté que le signe récognitif n'était pas seulement inutile mais nuisible à leur industrie, qu'il scandalisait, gênait, empêchait les clients « comme il faut », et en fin de compte la faveur administrative adroitement sollicitée le rend facultatif pour les proxénètes bien vues Boulevard du Palais.

On ne voit guère plus le gros numéro qu'au-dessus des portes des tolérances périphériques.

« J'ai étudié attentivement la réglementation de la prostitution, écrit M. Macé, et j'ai constaté que tout y est arbitraire.

« De légalité — on n'en trouve nulle part. » Nulle appréciation n'est plus exacte.

En fait voilà ce qu'est devenu le règlement du service des mœurs, ce règlement dont tous les articles avaient été mûrement discutés et pesés, dernier mot de l'expérience et de la sagesse administratives.

C'est un bouleversement complet de la maison publique telle qu'elle avait été conçue et fondée.

Pouvait-il en être autrement?

D'un côté la préfecture — même à l'heure présente — veut à tout prix que les maisons publiques, base de son système coercitif, subsistent et prospèrent.

D'autre part, tenanciers et tenancières se savent les Benjamins du bureau des mœurs dans la grande famille de la prostitution.

Or, la stricte observance du règlement suffit à elle seule à tout ruiner.

Il est facile de conclure.

CHAPITRE XV

Conséquences sociales de la prostitution en maison et du proxénétisme patenté. — Abrutissement et écrasement des femmes internées. — Mentalité et fin des pensionnaires de tolérances.

Au milieu de ce tourbillon vénérien, dans cette atmosphère empoisonnée d'immondices et d'exactions, s'est-on demandé ce que devenait le malheureux être qui est là détenu dans la maison ? Quelle mentalité il s'y fabriquait ? Quelle fin l'attendait ?

Et tout d'abord sous cette obsession, sa pauvre tête est étreinte comme d'une calotte de plomb par la vision unique et fixe, par l'hypnotisation de l'ignoble image toujours surgissante. Jusque dans les plus intimes fibres de sa nature, il faut que le vénérianisme s'exaspère : la tenancière est toujours à l'affût d'une mollesse, d'une indifférence. Sa première question au client en partance est : « A-t-elle été « porca » ? A-t-elle été ....gentille ? » La conversation des pensionnaires n'a point d'autre thème que la manipulation professionnelle ; leurs propos de tout instant sont de l'argot le plus bas ; tout, jusqu'aux objets même usuels leur sert à des comparaisons ignobles. Que dire, à quoi songer quand on va sans cesse du lit de passe et de tribade au lit de visite, toujours sur le dos, toujours obsédée d'actes et de souvenirs immondes, déplacés, disproportionnés? L'obscénité devient tellement banale qu'elle cesse d'être obscène pour ce monde. Elles ne cachent même plus leurs pourboires dans la jarretière du bas de soie : un sachet du docteur Condoms leur sert de porte-monnaie !

L'habitude a émoussé toute sensation. Ces femmes ne figurent plus que des mannequins à mécanique invariable réglés pour la mimique sexuelle, se livrant,— le regard, l'esprit, la physionomie ailleurs. Alors que la femme, la vraie femme ne peut supporter une caresse sans l'émotion de toutes ses moelles, alors qu'on en voit rougir jusque sur la peau de leur gorge et de leurs épaules au coup d'œil inquisiteur du médecin ou solliciteur de l'époux, alors que la vraie femme, la finesse tactile aiguisée par le plaisir, concentre toute sa vie morale et physique dans un sens unique, s'y absorbe, s'y perd, puis revient à elle un peu lasse,

étonnée et charmée, ces autres, comme pri-
vées de leur sexe, prennent des temps, des
pauses, profanent, ricanent, se dérangent, et
celle-ci même raconte indifféremment sa
première communion ou ses bénéfices de
la veille

. . . . . dum
Glubit magnanimos Remi nepotes !

Comme dit en parlant de la Lesbie adorée
et tombée si bas le pauvre Catulle au cœur
tendre et au vers hardi.

Où l'intelligence trouverait-elle à se
raccrocher, à s'assainir ?

Voyez comment s'écoule l'interminable
après-midi : le morne vide des infinissables
heures coupées par les tournées de liqueurs
assommantes, les paquets de cigarettes gril-
lées, les parties machinales de cartes et de
loto, la séance du coiffeur, après le dîner
enfin la grande séance de l'attifement et
du maquillage qui met la troupe sous les
armes !

Voyez le milieu : ces chambres où les
femmes hébergent, vulgaires cabinets de bas
hôtels garnis avec le papier moisi, décollé,
hospitalisant la punaise, la chaise de paille,
la petite table de bois jadis blanc avec sa
vaisselle ébréchée, le sol de briques, la fausse
cheminée, la paillasse du lit de fer ou de

noyer saturée de toutes les excrétions humaines.

Voyez le réduit collectif, *le chenil, le poulailler, le bahut*, tous sobriquets donnés à leur coin : une grande chambre au parquet de sapin couvert de taches, de cendres de tabac, d'allumettes ; au milieu une table boiteuse sur laquelle sont pêle-mêle jetés des peignes, du sucre, du marc de café, des cartes grasses ; dans un coin un petit poële de fonte fendu au ventre où chaufferont les fers à repasser, à friser ; aux murs des traînées de noir de fumée, essais de bouchons brûlés pour maquillage. Une atmosphère indéfinissable étouffe l'odorat qui perçoit du même vent l'odeur du café, de l'alcool, du Bully, du tabac, des cheveux brûlés, du linge repassé. Un demi jour strié filtre à travers les lamelles des persiennes cadenassées [1].

Le renversement de l'ordre naturel du jour, faisant des heures solaires les heures

---

[1] Il n'est pas jusqu'à ces fermetures de persiennes, sur la rue et les courettes intérieures avec scellements et pattes de fer, chaînes et cadenas, traverses en bois clouées, qui ne soient, elles aussi, plus qu'insalubres. Non seulement l'air respirable n'est pas renouvelé — et en été c'est un véritable supplice — mais si un incendie éclatait et obstruait les couloirs et les escaliers en casse-cou, les malheureuses seraient asphyxiées, brûlées sans avoir le temps de s'ouvrir une autre issue. Qui jamais s'est administrativement avisé de songer à cela ?

de sommeil et des heures de nuit les heures
vivantes détraquerait à lui seul un système
nerveux tranquille sur le reste de la gamme.
Qui résisterait à cette claustration nocturne
de la journée, à cette éternelle illumination
factice des nuits, à cet emprisonnement pro-
longé pendant une semaine, deux semaines,
un mois? Nulle part dans les arrangements
de serviteur à patron, celui-ci n'oserait sti-
puler par contrat un tel intervalle entre les
jours de sortie.

L'alcoolisme, le tabac, Saint-Lazare portent les derniers coups, ceux qui déterminent la névrose et finalement l'aliénation
mentale. Délirantes alcooliques et hystériques, impulsives, persécutées, nymphoma-
nes, toutes les variétés du clavier psychique
déséquilibré pullulent dans la maison publique pour laquelle les milieux prolétariens
des villes ont déjà préparé tant d'héréditai-
res dégénérés !

Sur l'action nocive des alcools de tolérance
à quoi bon s'étendre ? En maison « la liqueur
est bonne parce qu'elle est forte ».

Le tabac pousse au rêve, à l'endurance.
« Pourquoi je fume ? disait à Mlle de Grandpré, une prostituée de maison (d'ailleurs
initiée à la vie sexuelle par son père dès
l'âge de treize ans). Que voulez-vous ! Ce

sont mes meilleurs moments. Dans nos
maisons, on ne sort que tous les quinze
jours : c'est long, sans voir le soleil. Quand
je m'ennuie par trop, je m'assieds par terre
et je fume des journées entières. Alors je
rêve toute éveillée ; je vois la campagne, des
collines, des lacs, du gazon. Je n'étais pas
faite pour la vie que je mène... Je fais la noce
pour oublier » !

Les cliniques de la Salpêtrière et des asiles
d'aliénés, les infirmeries des prisons en
apprennent long sur les névropathies d'origine prostitutionnelle [1].

Que parler des autres maladies qui ont tant
d'influence sur le moral des femmes et assail-
lent fatalement ici le malheureux organe,
toute la sé..e des maladies abdominales, depuis les métrites et péritonites jusqu'aux tu-
meurs et fistules !

Que parler de la phtisie qui sévit avec une
intensité égale à celle de la syphilis !

A ces dépressions morbides incessantes —
toute prostituée qu'elle soit, ce serait ici une
erreur de croire la femme indifférente aux
maux vénériens et autres — s'ajoutent la

[1] V. *passim* les travaux du professeur Charcot, du Dr Bourneville. V. aussi l'*Essai sur l'état mental des Hystériques*,
par H. Colin (1 vol. in-8° 1891, chez Rueff), et l'*Étude anthropométrique sur les prostituées et les voleuses* (Bibl. du
Progrès médical), de Mme le Dr Pauline Tarnowsky.

crainte du séjour et le séjour même de Saint-Lazare.

Plus ou moins modifié par M. Herbette, Saint-Lazare reste aujourd'hui ce qu'il était hier, une prison et une léproserie. Passer de la maison à Saint-Lazare, et de Saint-Lazare à la maison, quelle vie !

Là, la femme est astreinte à dix heures de travail forcé ; pour toute alimentation, une nourriture immonde — dont M. le préfet Lozé a dû par un euphémisme très adminis-tratif reconnaître « l'insuffisance absolue » en plein Conseil municipal (9 juillet 1890). Pas de chauffage. On ne peut installer de calorifère de crainte d'incendie. La tem-pérature est là glaciale de décembre à avril, asphyxiante de chaleur en été.

Qui croirait qu'il y a sept ans avant les réclamations d'une commission du Conseil général de la Seine dont nous tenons à hon-neur d'avoir fait partie, il n'existait pas pour les ablutions du soir et du matin d'autre vase qu'une petite écuelle en bois, une seule ? qui croirait qu'à l'heure présente ces mal-heureuses ne peuvent recevoir du linge du dehors et se voient appliquer — même aux époques de leur indisposition mensuelle — le règlement de Mazas qui ne permet aux détenus qu'une chemise par semaine?

Et quelles promiscuités gangréneuses, quel laboratoire d'immoralités interféminines depuis l'infirmerie, jusqu'au grand grenier du vieux couvent devenu la halle à dormir, jusqu'aux cellules où l'on entasse six à huit lits de sangle ! Partout aujourd'hui encore, ainsi que nous le voyions nous-mêmes il y a dix ans, Emile Richard et la commission municipale sanitaire ont rencontré des fillettes de quatorze ans couchées à côté de quarantenaires.

Dans une page admirable de courageuse et humaine éloquence, le professeur Alfred Fournier s'est élevé contre ce bagne de l'illégalité et de l'insalubrité.

« A quoi bon une prison pour des malades ? écrit-il. C'est un hôpital qu'il faut pour s'y traiter et y guérir... Est-ce que Saint-Lazare ne s'éloigne pas absolument du type de ce qu'on peut appeler un asile sanitaire, un hôpital ? Est-ce qu'il a l'esprit et les mœurs d'un hôpital ? Parlez-en aux filles qu'une maladie quelconque amène dans nos services de l'Assistance et priez-les de faire la comparaison de ce qu'elles trouvent chez nous avec ce qu'elles ont trouvé à Saint-Lazare. Elles ont bien le droit, après tout, d'avoir voix au chapitre dans une appréciation de ce genre. Eh bien, toutes ont une terreur et une horreur de Saint-Lazare que paraissent légitimer leurs récits. Saint-Lazare est pour elles un épouvantail, quelque chose comme un enfer, qu'elles détestent, qu'elles exècrent, qui leur a laissé les plus odieux souvenirs. Faisons la part des exagérations, toujours est-il qu'à coup sûr Saint-Lazare n'est pas innocent de sa triste et générale renommée. D'ailleurs, jugeons-en par nous-mêmes... Je n'ai pénétré qu'une seule fois à Saint-Lazare, ajoute M. Fournier en terminant, et, soit dit incidemment, je n'éprouve qu'une amertume modérée à n'y avoir pas multiplié mes visites, car ce que j'y ai vu dans la première ne m'a pas laissé un bien vif regret de n'en pas voir davantage. » L'article 5 du règlement de l'infirmerie spéciale en dit d'ailleurs plus long que les commentaires les plus autorisés : il stipule que les aliments peuvent être en partie retranchés aux malades, à titre de punition. C'est un droit qui n'est pas seulement confié à la direction, mais aux médecins[1]!

[1] « Saint-Lazare est et doit rester une léproserie » conclut un autre médecin de Saint Lazare, le Dr Le Pileur. Les filles soumises frappées pour contraventions n'ont même point droit au parloir de faveur qui est accordé aux voleuses : aussi voit-on nombre de ces malheureuses s'accuser de vols de minime importance pour être mieux traitées. Il leur est défendu même aux heures de récréation de travailler pour elles. (Rapp. d'Émile Richard).

A travers quelle humanité, la fille de maison juge-t-elle de l'humanité? Sur quels types peut-elle se fixer pour avoir une idée du monde social? L'ordre est-il réel ou bien une fiction où les déshonnêtes sont ceux-là seuls qui laissent surprendre leurs vices? Quel écho sa découverte et ses conclusions auront-elles sur ce qui lui reste de caractère et de conscience?

Pour savoir ce qu'est l'humanité, la fille de maison a la société de ses compagnes. Tout son horizon est borné au spectacle que lui donnent ses camarades de chaînes. Le dilemne dans lequel l'enferme leur compagnie est étroit : pas de milieu dans les rapports des femmes entre elles, ou la haine avec les épisodes du côte à côte obligatoire, ou ces amitiés pitoyables qu'excrète le tribadisme... Toutes les basses variétés de la jalousie féminine éclatent là : *semper eadem ubique femina*. On s'est soufflé un bon client, on s'est vantée « d'avoir toujours mieux en hommes » que les autres; on a raillé une camarade laide, mal équipée, avare, ne payant point de tournées; pour se faire les griffes on s'est acharnée sur le souffre-douleur de la troupe; on a montré de ces mépris bizarres, insupportables entre gens qui pataugent dans la même boue; on a échangé dans une saoulerie commune d'assez abominables injures pour s'en souvenir après le réveil de la cuvée; on en est venue aux coups méchants, féroces; on s'est « allongé les cheveux » à faire place blanche; on s'est déchiré le visage, les oreilles, les paupières à coup de peigne à chignon; on s'est mordue de ces morsures venimeuses de femmes en fureur. Il faut vivre ensemble cependant, se retrouver au bahut, à table, dans la même chambre. Des règles ont dû être posées pour éviter au moins les batailles issues de questions de préséance! Les chambres comme les places à table se donnent à l'ancienneté. Du moins on obtient de ce chef la paix — une paix armée.

Et par delà ce premier rang, quelle humanité féminine et mâle aperçoit-elle encore? Quels autres spécimens la lui représentent aux yeux ou dans le souvenir? C'est le courtier qui l'a vendue, c'est la tenancière qui la vole, c'est le parasite qui fait la fonction de l'amant ou du mari de « Madame, » c'est le chineur qui monte vendre des étoffes, des bijoux volés, c'est le photographe obscène; ce sont tous les hommes venus ici sous les espèces non plus d'êtres pensants mais de bas-ventres... Au delà — rien.

Voilà le prisme à travers lequel, verrouillée

dans l'isoloir vénérien, il faut voir l'humanité.
Pour que les impressions du vrai dehors de
famille ou de bon conseil soient plus étouffées,
il est des tenanciers qui interceptent jusqu'aux correspondances de leurs pensionnaires. Nulle lettre ne peut être lue par elles
avant d'avoir été lue par eux ; ils suppri-
ment les lettres qui les offusquent, qui éclai-
reraient trop. Que peuvent-elles savoir dès
lors du monde ? Tout se détruit en elles jusqu'aux derniers vestiges des respects méri-
tés : quand le hasard les met en présence de
quelque personne respectable, cette silhouette n'évoque plus dans leur mémoire
que la silhouette analogue d'un vieux drôle
à cheveux blancs qu'elles ont manié en l'on
ne sait quelle posture orgiaque.

Ce vide de relations honnêtes, cette absence de sentiments affectifs avouables a une
conséquence misérable, inattendue. Cet être
indifférent, machinal a des revanches de
cœur. C'est soudain et c'est bas. « Si je n'aime
rien, je ne suis rien » disait précisément
l'une d'elles. Tout la repousse et la piétine :
elle aimera dans son milieu d'abjection sans
plus s'occuper si elle est payée de retour.
Le souteneur aura son *prêt* et de vrais baisers.
Et cependant ici — du souteneur — la fille de
maison n'a que faire. On ne peut l'appeler

ainsi que par antiphrase : de quelque nom que l'argot le baptise, *poisson*, *barbillon*, *marlou*, etc.; il serait mieux dit encore — le soutenu ; il n'a pas à défendre sa *vessie* ou *marmite* contre le souteneur d'une fille rivale, contre les agents, etc. Non, il est là comme amant de cœur, beau gas dont on est fière, soldat, ouvrier fainéant, garçon de café du voisinage, don Juan de caserne ou de ruisseau, casse-cœur en complet ou en pantalon rouge. Il figure dans le bagage de la fille de tolérance. Elle stipule pour lui auprès de la patronne, pour ses entrées, son droit de passe ; elle s'appliquera des mois à lui broder des pantoufles ; elle mendiera des cigares, en chipera aux clients pour le bien-aimé. En dépit de la police qui en prend son parti d'ailleurs, le souteneur est passé dans les mœurs de la tolérance comme de l'isolée. Martineau a écrit : « Si j'en crois certaines déclarations, les souteneurs préfèrent voir leurs femmes vivre en maison que dehors — parce qu'elles sont plus en sûreté. » Martineau aurait plus exactement écrit — parce qu'elles sont plus surveillées et qu'en arrivant au bon moment le *prêt* peut être opportunément prélevé sur les *gants* que la tenancière achèvera de piller. C'est ainsi que l'exploitation de la femme par le souteneur est

encore favorisée par la maison publique. Le
souteneur de race quand la fille isolée ne
rend point assez, n'est assez *truqueuse* ni *tri-
mardeuse* de trottoir, la force à entrer en
tolérance : là du moins le peu qu'aura gagné
cette *conasse* qui ne sait point vider les poches, n'échappera point.

De quelque côté que la malheureuse se
tourne, ce n'est que causes de détraquement,
de dépression. Comme le chien sans cesse
battu, roulant son échine concave sous la botte
et le fouet, elle n'a point la force de réagir, de
haïr ; elle dit bien : « Il faut avoir tué père et
mère pour tenir maison (*textuel*)»; elle écrira
bien pour demander sa radiation au préfet
des lettres comme celles qu'a vues Parent-Duchatelet, comme celles que nous avons lues
nous-même, mettant en avant ce motif honorable : «Je n'ai jamais tenu de femmes ;
je n'ai jamais été une vile maîtresse de tolérance (*textuel*) ! » Mais c'est là tout : son effort
ne va pas plus loin.

Son effort serait inutile d'ailleurs ; à quoi
servirait-il ?

La difficulté du recrutement des filles a
été trop grande pour que la police ne tienne
pas la main contre leur disparition. Les inspecteurs du service des mœurs, loin d'être
des fonctionnaires impartiaux, des protec-

teurs naturels, sont des témoins indifférents ou des complices du bon plaisir des tenancières : en établissant leurs règlements particuliers, celles-ci se souviennent qu'elles sont elles-mêmes chargées de toute surveillance intérieure, qu'elles sont en un mot, elles, les véritables inspecteurs *intra-muros*. Le service des mœurs n'en disconvient pas. Devant la Commission d'enquête, M. Coué disait : La police *se borne* à constater aussi souvent que possible la présence des filles dans les maisons ou à se faire rendre compte des motifs de leur absence (10 février 1879). » Un inspecteur du même service, M. Brion, disait également : « En ce qui concerne les maisons de tolérance, les agents *se bornent* à visiter tous les deux jours les livres de police. Les matrones leur défendent de pénétrer dans l'intérieur de leur établissement de sorte que la surveillance est à peu près nulle. Du reste les dames de maison sont généralement soutenues par les chefs de la police avec lesquels elles sont en relations continuelles, ce qui enlève aux inspecteurs toute espèce d'autorité sur elles.» Le même agent, faisant ressortir involontairement l'arbitraire qui domine toute cette partie de l'administration policière, ajoutait que si l'intérieur de la plupart des maisons leur est fermé, il en est quelques-unes où ils peuvent pénétrer, visiter les chambres, mais « toujours pour s'assurer en faisant l'appel que toutes les femmes sont présentes.» Maintenir la femme sous clé, tout est là pour la police.

Comment les agents subalternes oseraient-ils d'ailleurs par une surveillance intempestive et sévère désarticuler des rouages administratifs montés par la tradition et l'expérience de près d'un siècle? La simplicité et l'humilité de leur rôle à la porte de la maison sont bien marquées par des instructions comme celles-ci : ils doivent toujours parler à la proxénète chapeau bas ; jamais ils ne doivent se permettre de la tutoyer ; s'ils s'oublient pas imprudence ou fanfaronnade, ils sont immédiatement cassés : les ordres de service publiés par M. Macé en font foi. Quant aux agents qui ont la prétention d'exercer leur fonction avec conscience et impartialité, les avis discrets ou les instructions formelles de leurs chefs, les menaces ou les invites des matrones leur ont fait vite comprendre le caractère conventionnel de la surveillance.

Les matrones qui ont du reste sous main cave bien garnie et chair de femmes sont bien puissantes sur les individus qui s'aventurent à ce scabreux emploi. Les moyens de séduc-

tion et d'enjôlement ne rencontrent guère
de résistance. L'agent des mœurs vit de la
fille, vit de la maison. La tenancière sait
mettre gracieusement à sa disposition ce
qu'il convient et à bouche que veux-tu :
comment parlerait-il ? La vénalité pécuniaire
et sexuelle des agens est si bièn établie que
telle réglementation étrangère — moins formaliste que la nôtre — n'a point hésité à la
menacer publiquement dans ses statuts[1].

Les femmes savent qu'elles n'ont rien à attendre en cas de réclamation ; quoi qu'elles
disent et supportent, elles ne seront dix fois
sur neuf ni crues ni même écoutées. « A
priori, disait un autre inspecteur devant la
Commission municipale, le sieur Lasne, elles
considèrent les inspecteurs du service des
mœurs comme leurs ennemis. »

L'écrasement moral de la fille de maison
éclate à son seul aspect : elle boit, elle mange,
elle va du salon au lit, comme la brute va des
brancards à l'auge. Tantôt grave, tantôt

[1] « Les agents de police qui par connivence ou pour
tout autre motif manqueraient à leur devoir, ou qui accep-
teraient de l'argent ou des cadeaux des maîtresses de maison ou des femmes publiques, ou de n'importe quelle personne faisant partie d'une maison de tolérance, seront
immédiatement destitués et punis des peines correspondant
aux fautes commises. »

(Art. 46, ch. IV. Règlement de Lisbonne, 1er décembre
1865).

succum in buccati coitu pulmonum morbum sanare sperat!

Certains s'extasient devant des épaves de sentiments qu'on retrouve en chiffonnant du bout du crochet dans le tas des ordures amoncelées là sous peau humaine.

Il subsiste de l'amour dans ces cœurs, dit l'un : on en voit qui ont pour amant un étudiant, un employé et lui sont fidèles (*sic*). Il subsiste de la pudeur, dit l'autre : il y en a qui sont heureuses d'être toujours visitées par le même médecin. Elles n'ont pas toutes le goût des saletés littéraires : on en voit, dit ce troisième, qui lisent des « livres honnêtement écrits, l'*Abbé Constantin*, etc. » Elles aiment leurs enfants : le mois de nourrice, la pension de l'enfant jouent un grand rôle dans la collecte des « gants » ; on en a vu se désoler de toujours accoucher d'enfants morts-nés [1]. Enfin elles ont de la religion ! Dans les chambres, parfois au-dessus du porte-manteau où s'accrochent une serviette souillée et un peignoir ouvert dit l'*Irrésistible*, voici un chromo représentant la Vierge et l'enfant Jésus, une branche de Rameaux desséchée ; sur une tablette à côté d'une paire de souliers à jour, voici un livre

---

[1] V. *Sur la prétendue stérilité involontaire des femmes ayant exercé la prostitution*, par L. Fiaux, (Paris, 1892).

de messe et l'on a même vu une *Imitation*
avec un numéro du *Courrier Français* pour
signet !

Religion ou religiosité, vague terreur de
l'animal humain devant la pensée de mort,
caprice ou amour vrai, maternité jouée ou
sincère, pudeur mimée ou ressentie et autres
manifestations du plus étrange dédoublement
féminin qui se puisse rêver, s'il fallait creuser
cette psychologie et y distinguer les bribes
morales qui surnagent avec les chances de
relèvement, la maison publique n'en appa-
raîtrait que plus odieuse en provoquant un
tel chaos.

En réalité, il faut le dire, un irrémédiable
découragement tenaille à la fin la femme de
maison. Elle est définitivement vaincue. Indifférente ou endurcie, lassée ou désespérée,
elle accepte cette fatalité :« C'est sa destinée
qui s'accomplit ! » Elle a désormais la conscience que toute lutte, tout vouloir personnel sont inutiles ; elle sent peser sur elle,
comme un poids énorme, toutes les réproba-
tions infamantes de la veille et du lendemain ; elle accepte tout et son inertie tient
lieu d'acquiescement. Elle pourrait se libérer qu'elle n'a plus l'intelligence de le dési-
rer ni la force de le vouloir. Telle femme
crie : « Je veux être ma maîtresse ! » trouve

un client qui paie ses dettes, reste deux jours avec lui et rentre dans la maison qu'elle vient de quitter : elle revient à son vomissement. Telle autre, dans un récit du chef du dispensaire de Bordeaux, s'échappe de sa tolérance malgré la tenancière, part à pied pour Libourne, met son schall au mont-de-piété pour 5 francs, racole un commis-voyageur, s'arrête avec lui à Périgueux, et revient au bout de cinq jours harassée, affamée, se faire enrôler dans une autre maison.

Un tel spectacle, par parenthèse, remplit l'administration d'aise !

« Vous le voyez : elles restent ou elles reviennent d'elles-mêmes ! Elles ne sont donc point si malheureuses. » L'administration va même plus loin. A ses yeux la maison moralise ! Carlier le prouve chiffres en main : du 1ᵉʳ janvier 1861 au 31 décembre 1866 sur 26.747 contraventions, les filles en maisons n'en ont que 2.550 à leur actif ! ô triomphe ! *Ubi mortem faciunt sapientiam appellant.* C'est là l'interprétation donnée à ce néant. Liberté, tranquillité, bon ordre, respect des règlements, qu'importe ! Les femmes de maisons ici ne comprennent même plus[1]. Si le

---

[1] Sur cet anéantissement moral des femmes de maison, M. Snagge avait fait des observations analogues à Bruxelles (1880), dans un rapport qui mérite de rester comme document.

bureau des mœurs les pressait un peu, il leur
ferait répondre qu'elles sont très heureuses,
semblables à ces agonisants à qui l'on demande « Comment ça va? » et qui répon-
dent : « Très bien ! Je ne souffre pas. Jamais
je ne me suis mieux porté ! » Dans l'instant
ils rendent le dernier souffle.

Non, en dépit de ces tristes arguties et d'une
fréquente apparence de calme, personne
ne prend le change — non plus les femmes
que le bureau des mœurs lui-même. Pour
quelques pensionnaires qu'on cite dans les
annales policières qui trouvent des amants
sauveurs, des épouseux ouvriers, artistes,
commis-voyageurs ou gentilshommes ; pour
quelques autres qui dans les grandes tolérances parisiennes se font grâce aux fastueu-
ses libéralités d'Anglais et de Russes aussi

Plus récemment, en 1888, MM. E. Picot et Louis Bridel dans
l'enquête genevoise ont conclu de même : « La femme qui
s'est laissée prendre est incapable de réagir, disent-ils dans
leur excellent mémoire ; isolée de toute relation avec les
siens, transplantée dans une région, retenue par les dettes,
elle finit par se croire dans une situation presque normale
et même par acquérir un certain sentiment de devoir professionnel qui lui interdit de manquer aux engagements
qu'elle a contractés vis-à-vis de ceux qui l'exploitent. La
femme placée dans cette situation est victime d'une véritable contrainte morale ; incapable de résister à l'odieuse
exploitation dont elle est l'objet, elle n'est plus qu'une
marchandise dont trafiquent les entremetteurs. »

riches qu'alcooliques jusqu'à 4.000 et 5.000 fr. de gants par mois, et peuvent avec de l'ordre devenir elles-mêmes tenancières, la masse des femmes de maisons n'est pas moins dévouée à la plus absolue misère, et ces bruyantes aubaines restent d'infimes exceptions. Nombreuses sont celles qui ont vicié leur sang, aliéné leur liberté, perdu leur vie à jamais pour un bénéfice mensuel variable de 45 à 6 fr. — sur lesquels il faudra solder les créances de la tenancière ! Nombreuses sont les femmes qui débutent dans les tolérances parisiennes du centre et dans les riches maisons moyennes, rue Chabanais, Place Louvois, rue Saint-Anne, etc., qui échouent rue d'Aboukir dans les maisons à 3 fr. la passe ou dans les maisons périphériques. On les voit errer, toujours en quête d'une vie sortable, des tolérances départementales dans celles de Paris et *vice versa*, sans jamais se fixer parce que l'exaction est partout la même. Le rang de la maison, la durée du séjour importent peu. L'administration a soin de prévenir que « le bureau des mœurs ne fait pas de différence entre une fille de maison à prix élevé et sa camarade du quartier du Trône ou de Grenelle. (Dr Le Pileur) » : les hautes et petites tenancières font de même. Les femmes peuvent changer de maison, il y a quelque chose qui ne change jamais, c'est la tenancière. Les femmes peuvent rester dix ans pensionnaires, elles seront aussi « peu avancées le jour de leur sortie que le jour de leur inscription (Carlier). »

Ce ne sont pas des publicistes antiréglementaristes passionnés, ce sont des médecins et administrateurs partisans de la maison publique qui ont écrit ce qui suit : c'est Parent-Duchatelet qui a appelé les femmes de tolérance « des esclaves, des bêtes de somme. » C'est Mireur qui les a appelées « les esclaves modernes. » C'est Sperck qui a dit : « Au point de vue de la morale publique, l'existence des maisons ou l'on vend des êtres humains de la manière la plus honteuse ne peut se justifier. « C'est Carlier qui a écrit lui aussi : « La société qui abandonne ces malheureuses aux exactions de tous ces vampires a bien sa part de responsabilité dans les excès et dans les scandales dont elle se plaint chaque jour. » C'est enfin un observateur impartial comme le Dr Auzias-Turenne, qui a prononcé en 1869, au Congrès médical de Paris, que la maison de tolérance tue la fille mineure en moins de deux ans et que l'adulte au-dessus de 21 ans ne peut guère y fournir une carrière moyenne de plus de quatre ans consécutifs, avec cette réserve toutefois qu'elle passera un an à l'hôpital ! Mireur reporte plus libéralement le décès jusqu'à la trentaine !

Non, l'avenir de ces malheureuses, en dépit de l'optimisme policier, en dépit de leur propre imprévoyance, de leur stupide inertie, — elles-mêmes le voient clairement et sans illusion.

Affolées, loqueteuses, crevant de faim, jeunes du moins, elles sont entrées; maintenant usées, flétries, n'offrant plus que la silhouette précoce de vieilles répugnantes, incapables d'achalander la plus basse maison, pourries de toutes les pourritures amoncelées depuis leur nubilité, on les jette à la rue et toutes les portes claquent sur elles. « La politique infernale » des tenancières, selon le mot éloquent de Parent-Duchatelet que tant de misère émeut, a organisé leur effondrement jusqu'aux dernières fibres. Du moins lorsque le noir vieilli était l'esclave d'un maître humain, il avait encore chance d'être nourri, soigné et de trouver une case pour dormir une agonie tranquille. Mais elles, loques humaines ambulantes et partout chassées, qu'elles deviennent ce qu'elles pourront, qu'elles rodent à la tombée de la nuit et gagnent un morceau de pain comme *manuelles* sur les fortifications ou dans les cités chiffonnières, qu'elles aillent crever sur une paillasse pourrie dans la soupente de quelque faubourg ! Heureuses si elles trouvent un lit de mort à l'hôpital ou si Saint-Lazare se rouvre devant elles pour les « agréer en hospitalité », selon l'argot administratif, et les y faire servir de servantes aux générations nouvelles des prostituées détenues ou malades !

Mais, pour l'honneur de l'humanité si dégradée qu'elle soit, souvent les femmes de maison n'ont point de ces résignations ; elles ont le courage de ne point vivre puisqu'il n'y a moyen que de mal vivre, et comme ces deux pauvres petites suissesses qui, en juin 1888, à quelques jours de distance, se précipitaient par les fenêtres de deux tolérances de Genève et s'écrasaient sur le pavé, — elles se tuent.

Le suicide est ici doublement respectable.

De la cervelle et du sang humains mêlés au ruisseau rappellent au public qu'il y a là, derrière la façade à gros numéro, un problème social à résoudre.

CHAPITRE XVI

Conséquences sociales de la prostitution en maison et du proxénétisme patenté (*suite et fin*). — Réhabilitation du proxénète officiel. — Doctrine « vespasienne ». — Les associés « honorables » des tenans-maisons. — Inconscience publique et administrative. — Perversion de l'opinion.

En face de cette réalité voici la tenancière triomphante, avec sa mentalité assurée, ses prétentions superbes, sa fin à l'aise ou dorée.

Le choix fait parmi les compétiteurs, la place octroyée dans un organisme administratif, une familiarité inévitable avec des fonctionnaires, tout convergeait déjà pour faire à la tenancière un état d'esprit inimaginable ; les immunités concédées pour s'enrichir achèvent de lui persuader qu'une réhabilitation n'est même point nécessaire. Dans une société où le pouvoir de l'argent est si fort, il eût été cependant de morale publique élémentaire de ne point prêter la main à ce que l'argent ainsi gagné rendît de telles aberrations possibles.

Dès le début, du reste, il en a été ainsi.
Médecins de la police, administrateurs du
bureau des mœurs l'avaient remarqué avec
une nuance d'étonnement: comme si ce n'était
point un des résultats inévitables de l'organisation même de la maison !

Toutes les tenancières envisagent leur
métier comme une profession avouable,
comme une industrie licite. « Toutes exigent
impérieusement le respect et la déférence
— et en général on les leur accorde — écrivait Parent-Duchâtelet. Cela ne serait pas surprenant dans l'intérieur des maisons, mais
on le voit tous les jours dans les bureaux
mêmes de la Préfecture de Police... » Rien
n'est changé aujourd'hui: « Elles ont des
prétentions à la considération publique,
écrit Carlier, et ces prétentions elles les conservent parfois jusque dans les bureaux de la
préfecture. »

Comment n'en serait-il point ainsi? Les
monstrueux pouvoirs octroyés à ces créatu-
res, les crimes et délits permis et estampillés,
tout cela aboutit à un état de démoralisation
inconsciente qui fait croire à la proxénète
qu'elle n'est point d'un monde différent de
celui des fonctionnaires employés à la même
besogne qu'elle-même. Si cela est offen-
sant pour la police, à qui la faute? N'est-ce

pas la police elle-même qui a sacré la proxénète son auxiliaire et lui fait ce prestige ?

Voyez la tenancière au milieu de ses serves !

Soit qu'elle trône majestueusement au bu-
reau-comptoir, encadrée de fioles, en robe som-
bre haut colletée, avec brillants aux oreilles
et bandeaux respectables, comme la plus dé-
corative des caissières de grand café, soit
qu'elle parle au client, affectant de l'entretenir de l'événement du jour, potin de quartier ou de ville, avant tout « de ce qui ne
concerne point sa partie », soit qu'elle se fasse
avertir comme une vraie dame lorsque le
repas est servi, soit qu'au moment où elle
paraît dans la salle à manger, toutes les filles
se lèvent pour lui faire honneur et se tiennent debout jusqu'à ce qu'elle soit elle-même
assise, soit qu'à ses fenêtres *toutes grandes
ouvertes*, elle fasse balcon sur la barre d'appui
et prenne l'air ensoleillé du boulevard ou de
la rue, c'est la même sérénité impérieuse et
tranquille, la même *respectability ;* elle veut
en imposer, elle en impose. Elle se prend au
sérieux : elle est prise au sérieux.

Sa morgue avec ses serves, pour être de
tradition, n'en demeure pas moins un sujet
digne d'être noté. Parent-Duchatelet parle
de la « distance immense » à laquelle elle
tient ses femmes. Carlier écrit : « Dans sa

perversion morale, elle se croit d'une classe
bien supérieure à celle de ses pensionnaires !» Elle est *madame* ; elle est *dame*... de
maison. Non seulement elle s'accommoderait
mal des désignations légères d'abbesse, de
supérieure, dont le spirituel dix-huitième
siècle l'avait baptisée ; mais malheur à l'im-
prudent qui lui infligerait l'appellation
familière dont nos pères l'affublaient et dont
le langage populaire continue à la marquer
ou seulement la désignerait de l'argot de
banlieue, de « maman maca ! » Macé raconte
quel traitement valut à une sous-maîtresse
l'irrévérencieux titre de « madame de la Bor-
delière » donnée à une tenancière à prétentions.

La sérénité avec laquelle s'installent dans
le monde, dans le giron commun, tenanciers
et tenancières patentés, éclate au dehors de
vingt manières différentes.

Tandis qu'un malheureux débitant de vins,
plus ou moins convaincu de mouillage, un
failli honnête, sont privés de leurs droits
électoraux, le souteneur officiel, le mari de
la tenancière n'est-il pas électeur, éligible ?
N'a-t-il pas voix délibérative aux affaires de
fortune et d'honneur nationaux ?

Ne voit-on pas la tenancière prendre part
aux réjouissances publiques et le jour des

grandes fêtes afficher civisme et patriotisme ? Le 14 juillet 1889, le 14 juillet du Centenaire, on ne comptait plus ainsi le nombre des tolérances qui, par leurs illuminations, leurs écussons R. F. et leurs drapeaux tricolores, célébraient le grand anniversaire et montraient que les patrons n'étaient point insensibles à la conquête des immortels principes ! Le 14 juillet 1890 n'a pas été moins bien célébré : une tolérance du boulevard extérieur dans le 19e arrondissement, par un esprit de haute courtoisie internationale, avait même associé, ce jour-là, au drapeau français, les drapeaux de peuples amis, l'Amérique, la Suisse, la Russie et l'Espagne !

La tenancière et le tenancier ne se traitent pas seulement entre congénères et amis dans de fraternelles agapes, à propos d'un mariage, d'un anniversaire de famille, d'une *remonte :* ils n'oublient pas de faire participer avec politesse leurs voisins à leurs joies, à leurs deuils — ou tout au moins à les en instruire comme cela se pratique dans les us et coutumes parisiens.

Le jeudi 25 octobre 1888 dans l'après-midi nous passons boulevard de La Villette. La maison de tolérance sise au N° 22 présente un aspect insolite : les volets clôturent la porte toujours entrebâillée cependant ; ils

clôturent également les fenêtres à verres dépolis des salons-cafés du rez-de-chaussée. Une
lettre de faire part encadré de noir est collée
à l'un des volets de la porte ainsi qu'ont
l'habitude de faire les boutiquiers en cas d'un
deuil domestique. Nous nous approchons et
nous lisons :

✝

M

Vous êtes prié d'assister au convoi, service et
enterrement de

Madame A. née Eudoxie B.

décédée à l'âge de 54 ans, en son domicile, Boulevard de La Villette, 22, qui se feront le Jeudi 25 Octobre
1888, à 3 heures et demie très précises, en l'Église Saint-
Georges, sa paroisse.

On se réunira à la maison mortuaire.

DE PROFUNDIS.

de la part de Monsieur A., son mari, et Madame veuve
B., sa mère, de Madame veuve A., sa belle-mère, de
Monsieur et Madame S., et Monsieur et Madame A.,
ses sœur, beaux-frères, et belle-sœur ; de ses oncles,
tantes, neveux, nièces, cousins, cousines ; de toute sa
famille et de ses amis,

En cas d'oubli, Prière d'en faire part.

L'inhumation aura lieu au Cimetière de Pantin Parisien.

Bureau des Pompes funèbres. 2, P'ace Armand Carrel, 19ᵉ arrondism'. —
Commeiras. — Pierre Chaillier, marbrerie, — 35, rue d'Hautpoul.

Tout ce monde a étalé là son nom et son infamie en toutes lettres! Personne n'a voulu être oublié sur cette manière d'affiche posée à la porte de la maison.... mortuaire comme à celle d'un honnête marchand! Car c'est un trait encore de la tenancière et qui la place à une « immense distance » de ses femmes : à moins d'avoir sous les yeux les registres de la police, il est presque impossible de savoir le nom patronymique des filles de maison; elles le cachent toutes sous un surnom, un sobriquet même; il y a là un dernier vestige de respect pour le nom de famille. Mais la tenancière point! Son établissement est rarement connu sous une enseigne comme la *Patte de Chat* ou autre; elle lui donne son nom, son vrai nom; elle l'imprime dans le livre d'or des proxénètes, dans l'*Annuaire* des maisons de Société! Elle l'imprime sur les billets de faire part!

A Reims, en 1888, le proxénétisme a fait mieux; il a sollicité et obtenu des honneurs locaux publics. Le tenancier X. décède en sa maison : il était membre d'une société chorale composée d'honnêtes gens de son quartier. La famille du défunt et la société décident d'un commun accord que la levée du corps, la conduite à l'église et au cimetière se feront avec toutes les solennités funèbres

dues à la dépouille mortelle d'un bon citoyen
et d'un chrétien.... La musique précédait le
cortège où les casques des pompiers étince-
laient.

Le legs du sieur Aimé Pruvot, longtemps
tenancier à Melun, faisant donation le 25 juillet 1890 à la Ville de Paris d'une somme de
près d'un million destinée à la fondation d'un
asile de nuit dans le 17ᵉ arrondissement[1],
legs *qui portait comme unique condition l'obligation pour la ville de donner à l'asile le nom
du testateur*, n'est pas moins caractéristique
de l'état d'esprit des proxénètes patentés.

Peu à peu une sorte de perversion morale
a gagné l'opinion et les mœurs publiques.

Le proxénétisme patenté ne prolonge pas
en effet ses racines dans le monde par la
seule organisation des cabinets d'affaires
spécialement consacrés aux ventes et ces-
sions de fonds de tolérance et à la rédaction
de tous les actes plus ou moins contentieux
qui y touchent, — par ses relations avec le
commerce qu'il n'hésite pas à souvent voler en
invoquant le fameux article 1133 du Code civil au nom duquel il est licite — parce qu'on
est tenancier — de ne payer ni ses fournitures
ni ses billets comme contractant « une obligation dont la cause est contraire aux basses

[1] V. Appendice, p. 362.

mœurs »[1]; il pénètre le monde des » honnêtes gens » — si nous pouvons nous exprimer ainsi, de ceux qui tiennent à la considération publique, dans la personne de rentiers propriétaires d'immeubles, de bailleurs
de fonds et forts commanditaires, gros marchands de meubles, bijoutiers, etc.[2].

Les tenancières trouvent ici des associés,
alléchés par les bénéfices exorbitants dont
l'industrie vénérienne en maison est la
source : bien mieux, plus hypocrites que les
titulaires du proxénétisme, ceux-ci ne leur
cèdent en rien pour l'âpreté au gain. Ils
majorent d'une innommable façon le prix de
leurs fournitures, le taux de leurs créances, le
chiffre de leurs baux. La doctrine pécuniaire
de Vespasien n'a pas de plus fervents adeptes,
et l'honneur de certaines gens ne résiste pas
à des placements qui permettent de retirer
30 à 40 % de son argent (Emile de Laveleye)[3].

Quant aux fortunes que les tenancières font
elles-mêmes, quoi de plus démoralisant ?

Ce que Parent-Duchatelet écrivait, il y a
cinquante ans, est demeuré vrai : « On peut
dire en général que toutes les dames de mai-

---

[1] V. Appendice, p. 360.
[2] V. Appendice, p. 364, le tableau des propriétaires d'immeubles relevé en 1870. (Carlier).
[3] *La Flandre libérale*, du 25 février 1880.

sons qui ont de l'ordre font de très bonnes
affaires, quels que soient le quartier qu'elles
habitent et la classe de leur établissement,...
Beaucoup de ces femmes, après quelques années d'exercice, se retirent avec cinq ou dix
mille francs de rente. Il n'est pas rare d'en
voir qui amassent jusqu'à vingt mille francs
de revenu, quelques-unes vont à vingt-cinq
ou trente mille. Ce n'est pas toujours dans
les beaux quartiers et dans les maisons les
plus opulentes que se font ces brillantes affaires. » Parent-Duchatelet tenait ainsi d'un
notaire chargé de la liquidation de la fortune d'une tenancière habitant rue de la
Mortellerie, que cette femme avait gagné en
peu d'années de quoi acheter quatre maisons
dans Paris et donner soixante mille francs
de dot à sa fille ; lui-même trouva dans les
archives de la Préfecture des notes sur une
tenancière de la rue de la Bucherie qui avait
acheté plusieurs maisons dans Paris, une
entre autres « très agréable » dans la rue Mar-
bœuf où elle comptait passer les dernières
années de sa vie. Derrière la place de l'Hôtel de Ville dans la petite rue de la Tannerie
une tolérance était cédée au prix de soixante
mille francs !

Après Parent-Duchatelet, il y a vingt-cinq
à trente ans, Trébuchet et Poirat-Duval pou-

vaient écrire que quelques maisons de tolérance se vendaient aussi cher que des charges d'avoué ou de notaire à Paris : elles rapportaient cinq à six cents francs par jour. Quinze maisons avaient rapporté au fisc par le seul fait des actes de transmission et de mutation la somme de 17.786 francs.

Aujourd'hui, rien n'est changé.

Telle maison de premier ordre ne rapporte pas moins de 250.000 francs par an : son installation a coûté 1.500.000 francs ; ses frais quotidiens sont de 300 francs.

Dans telle autre les bénéfices annuels se chiffrent par une moyenne de 75 %. Dans telle autre on encaisse jusqu'à 50,000 francs dans les bons mois.

Au bout de six mois d'exercice, la sous-maîtresse d'une grande maison de Paris, gérante provisoire par suite du décès de la titulaire, pouvait s'engager, pour obtenir elle-même le livret de tolérance, à rembourser une dette de 300,000 francs, à déposer immédiatement une somme importante en garantie et à racheter le fonds d'une valeur de 150,000 francs, de façon que les intérêts d'une petite fille mineure laissée par la tenancière (intérêts représentés par le droit de bail et le matériel de la maison) fussent sauvegardés.

M. Macé cite trois ou quatre tenancières parisiennes dont la rapide fortune « l'étonnait » lui-même : le mari d'une de ces femmes, simple ouvrier, lui disait : « Mon épouse gagne beaucoup d'argent et je pourrai doter mes filles (*sic*)! » il prétendait donner à chacune plus de cinquante mille francs. Un autre, ancien colporteur, ne sachant ni lire ni écrire, avait créé plusieurs maisons à Paris et en Belgique ; il mourut à Anvers dans l'une d'elles : il avouait sans fausse modestie que sa fortune *prisait* (textuel) le million. Un troisième, souteneur de profession, avait réalisé avec sa femme de tels bénéfices dans une maison de la rue Sainte-Marguerite (à trois francs la passe) qu'il s'était fait sa place parmi les habitués du Tour du lac avec sa voiture attelée de deux chevaux : ce personnage était dans son quartier l'objet de jalousie et de haine qu'on devine ; à la suite d'une rixe où les chiffonniers ses voisins le malmenèrent fort, il trépassa. Sa veuve en avril 1888 continuait activement le commerce avec 22 serves. Entre temps, cette maison fondée en 1875 et fermée un instant en 1884, avait déjà donné de notables gains à un lutteur de profession, bien connu sur le boulevard extérieur et marié à une fille publique.

Carlier cite des ventes courantes de fonds de 150,000 à 200,000 et 300,000 francs.

Le procès relatif au testament de la célèbre tenancière parisienne, La Farcy, avec la ville de Montargis atteste, des bénéfices d'exercice et de vente qui ont dépassé le million.

Bien qu'il soit difficile d'avoir des renseignements précis sur cette question des bénéfices actuellement réalisés par les maîtresses de maisons publiques, nous pouvons cependant, en dehors des chiffres ci-dessus concernant les principales d'entre les maisons de premier ordre et auxquels leur importance donne une sorte de semi-publicité, présenter ici à l'aide de notes d'origines diverses réunies en 1885 et 1889 un détail des bénéfices moyens encaissés par les tolérances parisiennes de 1878 à 1888. Pendant cette période décennale, 65 maisons ont, il est vrai, disparu, mais 7 maisons ont rapporté en moyenne un bénéfice annuel net de 120,000 à 250,000 francs ; 3 maisons ont rapporté de 50,000 à 65,000 francs ; 4 maisons de 30,000 à 50,000 francs ; 8 maisons de 20,000 à 30,000 francs ; 49 maisons de 6,000 et 8,000 à 15,000 francs. Rappelons qu'en 1878 il existait 138 maisons et qu'en 1888 il en existait 71 [1].

[1] Carlier donne pour la période décennale de 1860 à 1870 les indications suivantes, d'ailleurs « approximatives » :

Ceci du reste n'a rien de particulier à Paris ni à la France.

Le 14 décembre 1880, dans le procès des proxénètes de Bruxelles, M. Timmermans, substitut du procureur du roi, citait l'exemple d'un ancien garçon de café et de son associée, servante d'une maison de la rue Saint-Laurent, qui, ayant établi une maison publique rue de Diest, y acquirent en cinq ans une fortune de plus de 400,000 francs. Ce couple, après s'être retiré quelque temps dans une villa achetée aux environs de Bruxelles, reprit une maison de tolérance et se flattait d'y devenir millionnaire. Un correspondant belge nous adressait récemment cette annonce relevée à la quatrième page d'un journal de Liège : « On offre contre deux cent mille francs une part de moitié dans une *maison de société*. — Bénéfice superbe assuré : 35 %. — L'associé se charge de la gérance. »

32 exploitations auraient été suivies de faillites ou de liquidations par suite de mauvaises affaires ; une maison aurait rapporté en moyenne un bénéfice annuel net de 56.000 francs; 5 auraient rapporté 30.000 francs ; 12 » « 15.000 francs ; 22 » « 8.000 francs ; 112 » « 4.000 francs. En 1860, il existait 194 maisons ; en 1870, il en existait 152. — Il résulte de ces deux tableaux que les bénéfices faits par les maisons encore existantes peuvent être surtout rapprochés des bénéfices énormes réalisés sous le règne de Louis-Philippe.

En Suisse, dans des maisons publiques de petites villes du canton de Berne, un procès montrait, en 1888, les tenanciers réalisant un bénéfice mensuel de 200 francs par chaque tête de pensionnaire.

Le tableau de l'outrecuidante mentalité et de l'heureuse fin de la tenancière réalisées grâce aux condamnables complicités des mœurs publiques ne serait point complet, si l'on ne suivait cette femme, fonds cédé et fortune faite, dans quelque confortable villa suburbaine, ayant panier et poneys pour ses promenades, faisant quêtes à domicile, suivant les offices de la paroisse, rendant le pain bénit, se mettant à la tête d'œuvres de charité, flanquée d'un mari, l'ancien souteneur, figurant aujourd'hui un gros bonnet, un des plus « forts imposés » et briguant à ce titre un mandat de conseiller municipal. Canler en a vu devenir maires de leur commune de villégiature. Comme l'un deux lui faisait un jour part de ses ambitions : « Pourquoi ne seriez-vous pas aussi nommé chevalier de la Légion d'honneur ! » répondit en éclatant le vieux chef de la sûreté. Cet individu était arrivé à être marguiller de son église et à jouer les seigneurs de village. Que si la matrone est libre, lancée dans la haute vie, s'affichant dans les cabarets à la mode, dans les villes d'eaux et de jeux, avec un luxe d'apparence et de fonds assuré, elle trouvera tout un cortège d'hommes qui demanderont à devenir l'époux.

Pourvu qu'elle soit riche, et qu'elle ait bien de quoi,
Quand elle aurait suivi le camp à la Rochelle,
S'elle a force ducats elle est toute pucelle !

Comme dit notre Régnier! Ce ne sont pas seulement les aventuriers de la noblesse déchue, les déchets de l'armée, les cyniques de la plume qui fournissent ce personnel de maris : on y voit des artistes non sans talent, des officiers supérieurs, des négociants connus, etc.

L'opinion de certains s'est déséquilibrée à ce point au sujet de cette psychologie des tenancières qu'on en est venu à parler de leur esprit de bienfaisance, de leur charité et même — de leurs rapports d'humanité avec leurs pensionnaires !

Il est difficile de croire à tant de naïveté et de penser que l'on a pu prendre au sérieux le patelinage hypocrite, les démonstrations manœuvrières, les cajoleries expansives dont la tenancière accable parfois ses femmes. On voit, il est vrai, quelquefois des dames de maisons porter des aliments, des friandises à telle pensionnaire retenue à l'hôpital et même à St-Lazare ; on en voit même qui font

soigner dans leur établissement telle fille
malade d'une affection commune. Si elles se
conduisent ainsi c'est qu'il y va de leur intérêt, c'est qu'il s'agit de conserver un sujet
de bon rapport et qu'une maison rivale peut
détourner. Cette comédie n'a point échappé
à Parent-Duchatelet, à Jeannel, à Tardieu.
« Avant tout elles ne se préoccupent que de
ce que la fille rapporte ; en parlant d'une
fille recherchée pour une raison quelconque,
dit Parent-Duchatelet, elles disent que cette
fille *travaille bien*. C'est le seul motif qui fait
qu'elles s'y attachent ; elles les renvoient sans
pitié dès qu'elles ne peuvent plus en tirer
parti. » — « Avares, âpres aux gains, endur-
cies par l'habitude du vice, elles les caress-
sent, flattent du sourire et de la main, dit
Jeannel ; leurs paroles sont d'une écœurante
douceur à moins que l'excitation d'une contestation ou d'une querelle ne dévoile tout-
à-coup leur ignoble métier par les ordures
de leur vocabulaire. » — Tardieu a également
rapproché les cajoleries astucieuses des tenancières envers leurs femmes des manœuvres abortives employées pour conserver
celles qui étaient des sujets fructueux : il fut
appelé plusieurs fois pour des cas où les
proxénètes avaient drogué leurs filles jusqu'à
l'empoisonnement ! Qui d'ailleurs pourrait

être dupe de ces pantalonnades humanitaires quand on voit les tenancières jeter à la porte sans hésiter une fille atteinte de fièvre ou de fluxion de poitrine, vendre aux malheureuses atteintes de bronchite une tasse de tisane — 0,35 centimes avec un morceau de sucre, inscrire au passif de la pensionnaire les frais de traitement hospitalier que de nombreux règlements mettent à la charge de la tenancière elle-même, compter comme jour de sortie le jour consacré à l'enterrement d'une mère, à une messe de bout de l'an, etc. !

Dans l'action d'un maître qui soigne un bon chien de garde, un vaillant cheval de trait, il peut encore entrer un peu de pitié, mais dans la conduite de la tenancière qui peut discerner la moindre parcelle d'un sentiment désintéressé? qui peut se faire l'avocat de cet être inclassable qui bat monnaie sur le ventre de pauvresses et, auquel l'exercice de l'industrie vénérienne permet de prêter, sans rhétorique, tous les plus méchants mobiles de conduite ?

Cet écrivain qu'il ne faut pas se lasser de citer parce qu'il croyait la maison publique nécessaire, qui ajoutait même « que l'administration, dans l'intérêt du bien, devait entourer la maîtresse de maison de toute sa protection», — Parent-Duchatelet — faisait ce portrait de sa protégée :

« Une dame de maison est une femme qui, par métier, par intérêt, par habitude, spécule sur la corruption publique, sur les goûts dépravés que le libertinage fait naître ; sa fortune et son existence se fondent sur le libertinage d'autrui ; elle ne vit que de désordre et d'infamie ; c'est elle qui est à la piste des jeunes filles que leur figure peut faire remarquer aux libertins ; c'est elle qui, pour les faire tomber dans le piège, les entoure de toutes les séductions capables de faire impression sur elles. Une dame de maison est par essence la corruptrice de la jeunesse et la pourvoyeuse du vice ; sa maison est un asile ouvert à toutes les jeunes imprudentes qui se lassent de la tutelle et de la surveillance de leurs parents ; c'est un lieu de rendez-vous pour tous ceux que des passions honteuses font sortir des bornes du devoir ; c'est enfin une école de scandale où des enfants à peine formés viennent faire apprentissage de la prostitution. Voilà ce qu'est une maîtresse de maison ! »

Puis, comme s'il n'était point soulagé par cette exécution, comme s'il croyait nécessaire de satisfaire encore à l'équité, à la morale, le même médecin revenait à la charge et ajoutait encore :

« Quelle est la plus coupable de celle qui se prostitue pour ne pas mourir de faim, ou de celle qui par calcul, par avarice, prostitue les autres, et emploie pour cela les moyens les plus iniques, les plus immoraux, les plus infâmes, ceux enfin qui répugnent le plus aux règles de ce sentiment intérieur que la nature place dans le cœur de tous les hommes? Que l'on consulte à cet égard l'opinion du public et l'on verra que s'il y a une différence entre une dame de maison et ses tristes victimes dans le mépris qu'il leur porte, l'avantage ne se trouve pas du côté de la première. Or, en cela comme dans beaucoup d'autres choses, le jugement du public doit être notre règle. J'ai sondé à ce sujet l'opinion de ceux qui ont étudié ce qui regarde la prostitution, et j'ai trouvé, dans tous, un mépris profond pour les dames de maisons, et un mépris adouci par la commisération pour les prostituées. »

De Canler à Carlier c'est la même invective.

« Rapacité, mensonge, indélicatesse, vol, dissimulations, cruauté... » Voilà les « défauts caractéristiques » du personnage tel que le peignent ses propres protecteurs.

Il existe cependant une loi qui poserait la barrière et remettrait chacun en sa vraie place.

La loi du 17 mai 1885 frappe les individus qui vivent de la prostitution d'autrui « sur la voie publique », les souteneurs des filles isolées.

Pourquoi les souteneurs en maison sont-ils exceptés ?

Il y a un peu plus de cent ans les pouvoirs publics traitaient de dure manière les individus qui vivaient de la prostitution d'autrui. Tantôt c'était la bastonnade en place publique, torse et reins nus ; tantôt comme à Toulouse, c'était la baignade forcée en rivière par la main de l'exécuteur criminel devant tout le peuple rassemblé.

A Paris le lieutenant de police, et en pleine révolution française — en 1791 — les pouvoirs municipaux pour se montrer moins tragiques n'en frappaient pas cependant moins fort. C'est ainsi qu'en juin, un peu avant la fin de la Constituante, une pourvoyeuse, la Desbleds, était promenée à travers les carrefours jusqu'à la Place du Palais-Royal, à califourchon sur un âne, le visage tourné vers la queue, avec un chapeau de paille sur la tête et des écriteaux devant et derrière la poitrine portant ces mots : *Maquerelle publique.* Elle était ensuite fouettée, marquée au fer et enfermée à la Salpétrière.

Nous ne demandons point que la Préfecture de police ressuscite pour les tenancières contemporaines la baignade forcée, le fouet et la marque usités pour leurs aïeules : nous demandons simplement par quel privilège la loi de 1885 ne leur est point appliquée ?

Heureuses tenancières ! Les châtiments corporels abolis ! La gêne du droit commun abolie également par ces pouvoirs publics issus du régime nouveau ! Une opinion publique indulgente, parfois même sympathique !

On finit par comprendre les lampions et les drapeaux égayant les persiennes des tolérances le 14 juillet de l'année du Centenaire.

CHAPITRE XVII

Simple parallèle et Conclusion. — Tableau des progrès réalisés à l'étranger en matière de police de mœurs. — Fin de non-recevoir officielle opposée à la réforme en France. — Fermeture nécessaire des maisons de tolérance.

Le spectacle des efforts faits chez les nations voisines pour résoudre ce triste problème social rend plus fâcheuses encore la résistance de la Préfecture de police et l'inertie des pouvoirs parlementaires.

Que voyons-nous, en effet, en Europe ?

Partout c'est un vaste et unanime mouvement en faveur des droits de la personne humaine méconnus par la réglementation.

En Angleterre (où par parenthèse les maisons publiques ont définitivement disparu avec l'établissement du régime constitutionnel il y a deux siècles [1]), les *contagions Diseases Acts* qui sous prétexte de sauvegarder

---

[1] On sait en effet que les « brothels » en Angleterre sont des hôtels garnis de bas étage où hébergent souvent les filles de mauvaise vie, mais qui n'ont rien de commun avec les maisons françaises presque synonymes.

la santé publique n'avaient rien moins qu'importé Outre-Manche notre police continentale, ont été abolis par la chambre des Communes en 1886 pour le Royaume-Uni, et de 1886 à 1889 pour l'Inde, Ceylan, Hong-Kong, les Détroits, Gibraltar, etc.

En Belgique, sous la pression de l'opinion publique, le gouvernement a nommé une commission officielle dont l'enquête est terminée : elle a constaté que, dans toutes les grandes villes du royaume, les maisons publiques sont tombées à des chiffres dérisoires. D'autre part dans les villes où les administrations communales ont supprimé les maisons de tolérance et même la police des mœurs, comme à Saint-Nicolas, Lierre, Chenée, Herstal, Nivelles, Beverloo (ville de garnison), Diest (ville de garnison), Spa, Stavelot, Jemmepe, Saint-Gilles, Ixelles, Schaerbeck etc., les médecins n'ont constaté, à la suite de ces innovations quelque peu radicales, aucune augmentation des maladies vénériennes. (D^r Mœller, de l'Académie de médecine). La commission royale a pu conclure en toute sûreté de conscience à la suppression des maisons publiques [1].

En Hollande, Amsterdam n'a jamais eu de réglementation. Celle qui existait à Utrecht,

[1] V. Appendice, p. 370.

à Assen, Harlingen, Delft, Groningue a été abolie. Les maisons publiques ont été fermées à Nimègue, Kampen, Vanloo.

En Danemark, la police des mœurs a été supprimée dans toutes les villes importantes moins Copenhague et Odensée.

La Norwège, depuis 1888, a fermé les maisons publiques et aboli la visite obligatoire, et cela — même à Christiania.

En Allemagne les maisons de tolérance sont interdites par le code pénal de l'Empire : les dernières ont disparu à Francfort en 1869, à Cologne en 1875, à Hambourg en 1876, à Leipsig en 1889. En Alsace-Lorraine elles disparaissent spontanément ou sont fermées comme à Colmar par les municipalités[1].

Dans les provinces allemandes de l'Autriche jamais l'introduction des maisons de tolérance n'a été soufferte, soit par les pouvoirs municipaux, soit par le ministère de l'intérieur.

Il n'est pas jusqu'à la Russie qui ne soit entrée dans la voie d'examen. Sous l'influence des beaux travaux de Sperck, de Nicolsky et de Stoukowenkoff (de Kieff) la police des mœurs seulement régularisée en 1844, a été de la part des municipalités et des pouvoirs publics, l'objet des plus impartiales études.

[1] V. Appendice, 365.

A Moscou, en 1889, une commission était nommée par le ministre de l'intérieur; une instruction supprimait l'inscription et la visite obligatoires, réorganisait les services vénériens dans les hôpitaux et instituait des dispensaires dans tous les quartiers de la ville: cette nouvelle organisation doit fonctionner pendant trois ans à titre expérimental. Ainsi le fonctionnarisme russe a fait de l'administration scientifique[1]!

La Suisse a été le premier foyer continental de la réforme. A Zurich le Grand Conseil a refusé de réglementer la prostitution et le conseil municipal s'est constamment opposé à la création de maisons dans l'intérieur de la ville. A Neufchatel, le nouveau code pénal frappe désormais, au nom des articles qui visent le proxénétisme, les maisons publiques de la Chaux-de-Fonds. A Berne et à Bienne, où M. Stockmar, directeur de la police, a joué le principal rôle dans cette abolition, les maisons de tolérance ont disparu depuis trois ans. A Lausanne, à Genève, des légistes et des publicistes éminents comme MM. Charles Secretan, H. Minod, Louis Bridel, Ch. Ochsenbein, ont éclairé l'opinion et provoqué

---

[1] L'année dernière, le *Comité central de statistique* a publié les résultats d'une enquête sur la prostitution dans tout l'empire.

la nomination d'une commission officielle où la majorité s'est publiquement prononcée, contre les maisons publiques[1].

En Italie, M. Crispi, appuyé dans cette question par Surelio-Saffi, Bertani, Bovio, Nathan, Pellizari, Luchini, Albanese et autres hommes politiques et savants de premier ordre, a, par les décrets royaux du 29 mars 1888, aboli les St-Lazare italiens, *alias* syphilicomes, interdit l'emprisonnement des malades, supprimé l'inscription et les visites forcées, enveloppé le tenancier dans une série de procédures protectrices de la femme, organisé tout un excellent système sanitaire spécial dans les hôpitaux et dispensaires de quartiers. Sans doute ce n'est pas le dernier mot de la réforme, mais qui pourrait nier le progrès[2]?

Le nouveau monde ne fait point tache sur ce sujet dans le monde civilisé.

Aux Etats-Unis, l'esprit anglo-saxon de li-

[1] V. Appendice, p. 367.

[2] A ceux qui prétendent jeter l'alarme au nom de l'ordre, de l'hygiène, de la morale menacés, il est bon de rappeler ces quelques passages d'une lettre où l'ancien ministre italien donnait l'expression raisonnée de son sentiment :

« En abolissant la police des mœurs, source d'infection « morale et physique, écrivait peu de temps après l'appli- « cation des nouveaux règlements M. Crispi à M. Emile « de Laveleye, j'ai obéi à des convictions mûries en moi « par de longues réflexions et appuyées sur l'expérience et

berté individuelle fait corps avec le peuple même. Les Américains sont bien cousins-germains des Anglais par ce côté. Vainement quelques admirateurs du vieux monde ont parlé de police des mœurs au-delà de l'Atlantique; à Nashville et à Saint-Louis, ils ont dû battre en retraite devant une émeute d'indignation.

Au Brésil, feu l'empereur dom Pedro avait toujours, durant son règne, hautement manifesté sa répugnance pour l'organisation d'une police de prostitution. Non seulement, il avait envoyé en 1886 son adhésion personnelle à la *Fédération abolitionniste*, mais il avait déclaré publiquement dans une lettre à Emile de Laveleye que « jamais la réglementation ne serait introduite au Brésil — tant qu'il y règnerait. » Il est peu probable qu'une révolution faite par les républicains et les anti-esclavagistes soit moins libérale sur ce point qu'un empereur !

« l'observation d'esprits clairvoyants. La réglementation « des mœurs est en effet à mes yeux une organisation de la « débauche. La réforme est virtuellement accomplie. Je « veillerai avec attention et au besoin j'agirai avec énergie « pour qu'aucun démenti ne soit donné par les faits aux « principes qui ont triomphé. Je serais heureux et satisfait « de ma tâche alors même que la réforme dont j'ai pris « l'initiative aurait été mal comprise et blâmée. Ma satisfac-« tion est entière puisque cette réforme rencontre l'appro-« bation des esprits les plus distingués de tous les pays. »

Dans l'histoire de ce grand mouvement qui depuis tantôt quinze ans a été à l'ordre du jour, que de noms éminents ou illustres il faudrait citer parmi ses promoteurs et ses propagandistes depuis Stuart Mill, Herbert Spencer, Glastone, J. Bright, J. Stansfeld, J. Stuart, Aimé Humbert, A. Saffi, Modderman, Emile de Laveleye, jusques aux savants médecins Moeller, Sperck, Stoukowenkoff, Giersing et autres [1]

Ministres, parlementaires, économistes, biologistes, moralistes ont tous voulu mettre la main à l'œuvre.

En France, au contraire, les pouvoirs pu-

---

[1] Et avec eux, cette élite : Mesdames G. J. Butler l'initiatrice vénérée, E. Ashurst-Venturi, Hariett Martineau, Elmy, Lucas, Jacob Brigt, Fl. Nightingale, Marc-Laren, John Thomasson, Edw. Backouse, Th. Pease, Christine Alsop, Emilie de Morsier, S. Audéoud-Minod, Hélène de Gingins, Marie Goegg, etc.

MM. Dr Worth, Dr Ch. Bell Taylor, Shaen, Dr Chapman, Dr J. Birbeck-Nevins, Dr Walter Forster, Dr H. Lee, Dr Drysdale, Hopwood, A. Elliot, Aub. Herbert, P. A. Taylor, A. S. Dyer ; MM. Jules Pagny, de Bruxelles, Dr Poirier de Gand, Dr Reynaert, J. Hoyois, Ed. Descamps, N. Thonissen ; Dr Chanfleury van Ijsselstein, H. Pierson, van Schermbeck, J.-J. de Rochemont, H. de Hogendrop, Dr Hermanides, van den Bergh, O.-Q. van Swinderen ; Hugo Tamm ; les docteurs Nicolsky, Jacoby, Pospielow, Smirnoff ; Ch. Secretan, E. Picot, Louis Bridel, Audéoud, Dr Ladame, Louis Wuarin, F. Naëf — et surtout MM. Charles Ochsenbein et H. Minod qui ont contribué si vaillamment au grand effort réformiste sur le continent.

blics se sont tenus coi, la Préfecture a été rebelle, et le sujet a été abandonné aux disputations des publicistes et des sociétés savantes comme s'il se fût agi d'une question d'astronomie ou de numismatique[1] :

Le moment est cependant venu, qu'on se rende intelligemment ou qu'on songe à résister encore, où il sera difficile d'éluder, impossible de remettre l'inévitable réforme de la police des mœurs.

Nous n'avons point repris à nouveau ici la question dans son ensemble.

Il a suffi d'étudier d'une façon plus détaillée la seule maison publique.

Les écrivains qui prétendent continuer le système de la maison publique — en l'améliorant, comme ils disent — nous paraissent caresser une étrange utopie. Nous cherchons quelles ordonnances ou quelles lois peuvent rendre des proxénètes désintéressées, équitables, humaines ! Nous cherchons com-

---

[1] Il nous sera permis de dire ici, en toute convenance, que le silence d'Yves Guyot, depuis son entrée dans le parlement et son accession au pouvoir, a été singulièrement fâcheux. Reprises par le député et le ministre les critiques du publiciste eussent été sans nul doute entendues. Nous sommes de ceux qui eussent volontiers donné l'ambassade de Lanfrey à Berne pour le sixième volume de l'histoire de Napoléon, qui donneraient de même le ministère des travaux publics d'Yves Guyot pour quelque nouveau bon livre ou mieux quelque décisif projet de réforme de police.

ment l'administration créera cette tenancière idéale voyant autre chose dans ses pensionnaires, que des machines à gestes infâmes et lucratifs ! Que parle-t-on, comme M. Carlier, de garantir une rétribution aux pensionnaires, d'interdire sur elles toute spéculation anti-naturelle, de faire payer aux tenancières un droit de visite qui serait employé à faciliter le retour des femmes à la vie libre et honnête, de créer une *caisse d'épargne spéciale* (*sic*), de faire intervenir directement l'administration dans les contrats entre propriétaires d'immeubles et tenancières-locataires — de façon à ce que le prix exagéré des loyers et des baux n'ait pas pour conséquence de faire plus pressurer encore les malheureuses internées, de réfrener en un mot tous les privilèges inexplicables fatalement issus du système administratif et source pour les alliées de la police des mœurs de si monstrueux bénéfices ! Ces partisans d'une réglementation progressive ne voient pas que tous ces palliatifs ne touchent en rien à l'ossature viciée de l'organisme actuel : ils veulent bien édicter des articles de règlement qui permettent à quelques pièces de monnaie d'échapper aux yeux et aux ongles de la tenancière et d'aller constituer un pauvre petit pécule à la fille, mais en même temps ils redoublent de sévérités dans les autres parties de leur réglementation ; ils demandent que l'on multiplie à l'exagération les visites, que l'emprisonnement des malades soit plus long ; ils conserveut plus ou moins intégralement St-Lazare, etc. Et ils croient que, mieux que devant, ils tiendront les femmes et les asserviront à l'ignoble usage !

Où est le progrès ? N'est-ce pas un cercle vicieux ? La maison publique a échoué précisément parce qu'elle est la maison publique. La maison publique n'est pas perfectible. La bonne maison publique est un mythe, comme la bonne proxénète est une chimère. L'une et l'autre sont des entités que nous laissons les cervelles policières esquisser dans leurs rêves d'une paradisiaque Salente de débauche.

Les seules raisons de morale, d'équité et de civilisation sont suffisantes pour provoquer la fermeture immédiate des maisons publiques.

Les maisons sont des repaires de proxénétisme, de vols, de sévices, de spoliations, de séquestrations de tout genre ; ce sont de vrais marchés de chair humaine ; elles répandent parmi la jeunesse qu'elles démoralisent le mauvais préjugé que la prostitution est chose nécessaire ; elles détournent l'ouvrier adulte du mariage ; elles sont une école de dépravation contre nature, un foyer centripète puis centrifuge de tous les vices ultra-vénériens ; elles compromettent les pouvoirs publics et notamment la police des villes ; enfin contrairement au préjugé en cours le plus faux et le plus pestilentiel, elles sont la sentine où toute femme est fatalement vouée aux maladies vénériennes, où tout client entré sur la foi de l'estampille a, selon les années, de deux à huit fois sur dix la chance d'être contagionné.

Les maisons publiques doivent donc disparaître.

Leur fermeture est une réforme d'autant plus facile qu'elle ne comporte pas plus de formalités que leur installation.

Dans tous les règlements sans exception, dans toutes les instructions administratives libellées par la préfecture de police, la suspension et le retrait définitif de la tolérance sont formellement inscrits : dans la pratique, les deux mesures sont ou du moins peuvent être appliquées sans autre forme de procès, c'est-à-dire sans atténuation, sans recours, sans appel — sans indemnité. Il en est de même dans toutes les réglementations étrangères connues qui admettent l'existence des maisons publiques.

Peu importe ici que les voisins des maisons de tolérance n'aient point constamment obtenu, par l'effet de leur seule plainte, la disparition des maisons dont la proximité portait un préjudice à leurs intérêts de propriété, de commerce, d'industrie. Nombre de tribunaux et de Cours d'appel n'en ont pas moins accueilli favorablement des demandes de fermeture et ont même alloué aux plaignants des dommages et intérêts considérables par chaque jour de retard dans l'exécution du jugement[1].

[1] Ainsi, en 1859, à Besançon, les voisins d'une maison publique introduisaient contre le tenancier et contre le propriétaire de cet établissement une plainte aux fins d'obtenir la suppression ou des dommages-intérêts. Le tribunal de première instance repoussa la demande, mais la cour, par un arrêt du 3 août de la même année, infirma la sentence des premiers juges et condamna le propriétaire et le locataire-tenancier de la maison publique à payer aux plaignants des dommages-intérêts.

Voir également en janvier 1881 le jugement de première instance prononçant une fermeture dans les conditions suivantes :

Le tenancier d'une maison publique à Caen avait fondé une succursale à Flers-de-l'Orne (Calvados) ; un certain nombre d'industriels du quartier intentèrent une action pour obtenir la réparation du préjudice que leur causait le voisinage de cet établissement moralement insalubre ; le tribunal de Flers admit la demande : il condamna le tenancier à fermer sa maison et à 50 francs de dommages et intérêts par jour, soit 18.000 francs par an, tant que l'industrie continuerait, jusqu'à ce que les dommages et intérêts eussent atteint la somme de 300.000 francs.

Il tombe en effet sous le sens moral le
moins développé que la loi des contrats
n'existe plus dans les actes qui lient momen-
tanément, grâce au dictatorial protectorat des
préfets de police, les propriétaires d'immeubles et les locataires tenanciers. La maxime
de droit « *Nemo auditur propriam turpitatem
allegans* » est ici en pleine vigueur. Son application textuelle résulte de la loi elle-même
résumée dans l'article 1133 du Code civil :
« Toute obligation dont la cause est contraire aux bonnes mœurs, est nulle. »

Les propriétaires d'immeubles depuis l'arrêté du préfet d'Anglès (22 août 1816) doivent adresser à la préfecture leur consentement écrit formel pour que leur maison,
louée par bail à la tenancière, devienne maison publique. Les deux parties contractantes
n'ignorent donc point qu'elles s'obligent pour
un contrat infâme, d'avance frappé de nul-
lité par la loi.

Nous venons de voir que les tenancières
invoquaient souvent elles-mêmes spontanément l'article 1133 devant les tribunaux et refusaient de payer des créances contractées
pour fournitures importantes. Nous venons
de voir que le motif du refus, basé sur la qualité de proxénète officielle était admis par
nombre de juges et figurait à titre capital

dans les considérants justificatifs. Le législateur a pensé que pour ne point donner droit de cité à l'immoralité publique, il fallait mettre les contrats immoraux hors la loi.

Voit-on d'ailleurs les tenancières venant réclamer de la Ville, comme d'honorables négociants dont l'expropriation déplace le commerce, une indemnité proportionnée à leurs bénéfices ! Entend-on les porte-paroles de cette sorte de trafiquants faire le compte du nombre de clients qui fréquentent leurs établissements, présenter un état de leurs recettes et bénéfices ? Autant vaudrait admettre que le négrier, forcé de jeter sa cargaison d'ébène à la mer, serait ensuite admis à s'en faire payer le prix ! L'hypothèse juridique d'une telle indemnité est déjà offensante pour la morale publique : supposer qu'il se trouverait des citoyens-jurés et des magistrats pour faire un pareil usage des deniers budgétaires, sort du domaine des suppositions honorablement permises. Quel contraste entre ce traitement de faveur et celui que la loi inflige aux souteneurs ! Aux exploiteurs des filles en maison, une indemnité qui les réhabiliterait ; aux exploiteurs des filles isolées assimilés aux récidivistes en vertu de l'article 4 de la loi du 27 mai 1885, la déportation comme aux voleurs et aux assassins !

Mais nous jugeons superflu d'insister sur cette question d'indemnité.

Ajoutons en terminant cette étude que nous ne sommes pas de ceux qui se paient de mots et d'illusions.

La suppression des maisons publiques que nous réclamons ici, n'inaugurera pas sans doute — non plus d'ailleurs que l'abolition de la police des mœurs — le règne d'une impeccable moralité. Après la fermeture des maisons, il existera des proxénètes et des groupements plus ou moins spontanés de femmes communes, mais du moins ces scandales n'auront plus lieu avec la permission d'une police contribuant à augmenter les gains des unes et l'esclavage des autres, sous l'œil indifférent des tribunaux pour qui des personnes non déchues de leurs droits civils cessent de bénéficier du droit commun ; le vice délictueux pourra être partout traqué sans avoir l'encourageant spectacle des tolérances complices ; le préjugé qui confère présentement à des pouvoirs publics cette charge singulière de pourvoir à la débauche populaire ne la rendra plus avouable et légitime. Cela constituera bien un progrès moral.

Après la fermeture des maisons, la prostitution subsistera, mais dans une forme moins cynique, moins ignominieuse, conforme d'aspect aux mœurs contemporaines, opposant de moins difficiles obstacles au retour des femmes à la vie régulière. La disparition du scandaleux anachronisme qui symbolise si cruellement l'écrasement de la femme aura bien son prix. Le perfectionnement de l'instinct sexuel est aussi à nos yeux l'objet d'une civilisation plus haute.

Enfin le jour où disparaîtra le système monstrueusement hygiénique qui consiste à interner des femmes dans les maisons révélées par leur pignon même afin d'attirer, si faire se peut, la majorité des hommes en quête de relations sexuelles libres, le système qui centuple ainsi par cette affluence les chances de contagion pour les femmes et les hommes — cela constituera bien encore un incontestable progrès.

La vérité morale, l'hygiène, la décence publique dans cette question de la prostitution, nous ne nous lasserons point de le répéter, reçoivent une équitable solution par la législation de droit commun. Les lois et règlements d'exception, l'arbitraire le plus intelligent et le mieux intentionné ont des conséquences exactement contraires à celles que visent les pouvoirs publics. La liberté seule, réglée et garantie par une active et

vraie justice, n'aboutit point à ces décep-
tions et à ces désastres.

Le nouvel ordre que nous voulons repose
sur quelques principes dont personne, nous
en sommes sûr, ne recusera la valeur sociale
et surtout le caractère pratique.

Ce ne sont point les femmes adultes qui,
jusqu'à vingt-cinq ans honnêtes, deviennent
tout à coup des prostituées banales. La prostitution se recrute parmi les jeune filles mineures qui ont été débauchées petites fillettes. C'est l'éducation du vice qui donne cet
être social inclassable dans nos sociétés civi-
lisées, cette femme ouvrant ses bras à huit
ou dix hommes dans la même nuit. Ici le
principe social est de tarir la source du recrutement par des institutions publiques —
non pas pénitentiaires — mais d'éducation
préventive et de redressement, qui dans chaque département recueillent les petites abandonnées, les mineures en danger moral, les
précoces délinquantes et les ramènent dans
la voie du bien. Le département de la Seine
a donné l'exemple en fondant le service des
Enfants moralement abandonnés et en créant
l'important établissement d'Yzeure. Cette
école ouverte en 1887 grâce à l'active dili-
gence de M. Peyron, directeur de l'Assistance
publique, — qui a très-pleinement compris

l'œuvre de l'Hôtel de Ville et de MM. Michel Möring, L. Brueyre, Thulié et Brelet, — devrait être complétée par une troisième section plus particulièrement affectée aux mineures « en état de vagabondage immoral » selon l'expression de M. P. Strauss. Quels services ne rendrait pas cette classe « d'orthopédie mentale » ? La loi du 24 juillet 1889 sur la protection des enfants maltraités ou moralement abandonnés, qui frappe les parents indignes de déchéance de leurs droits de puissance paternelle, est également appelée à rendre des services de premier ordre contre le recrutement de la prostitution. Il ne faudrait point toutefois que les parties essentielles de la loi fussent abrogées par un contexte comme la circulaire du ministre de la justice aux procureurs généraux, en date du 17 octobre 1889, sur les droits des familles suspectes. La loi devrait en outre faire coïncider pour les jeunes filles à une date commune l'âge de la majorité civile et celui de la majorité sexuelle, se souvenant que c'est de seize à vingt ans surtout que les mineures, à raison même de leur inexpérience intellectuelle et morale, courent les plus pressants dangers.

A ces mesures de tutelle éducatrice, il faudrait joindre des règlements protecteurs du travail des femmes. Il y faudrait avant tout ajouter cette loi protectrice par excellence des femmes — la recherche de la paternité. Les filles-mères abandonnées, sont, comme les ouvrières sans salaire suffisant, des recrues aussi pour le trottoir et la maison publique.

La liberté n'engendrera point le scandale, le désordre de la rue. A l'heure présente qui pourrait nier que le scandale et parfois même le désordre existent? Les femmes en carte se croient, de par le règlement, toute provocation permise, provocation de langage, provocation de gestes; elles s'accrochent aux passants et les insultent ou les font rouer de coups par leurs souteneurs quand elles ne peuvent les entraîner. Précisément parce que nous voulons « la femme libre sur le trottoir libre », parce que la rue appartient à tout le monde, nous voulons qu'une loi pratique sur le racolage soit édictée et appliquée. L'œillade, le demi-sourire d'une femme, (la *venans oculis* des poètes) une toilette voyante n'offensent point la décence de la rue. Ce qui constitue la licence punissable, c'est le raccrochage, mot ignoble et faisant bien image; c'est l'obscénité de l'invite jetée à mi-voix, le contact de l'inconnue prenant le bras ou faisant coude à coude une tenace conduite. A Londres, en Allemagne, dans les grandes villes de Belgiques, d'Italie, nulle part nous n'avons vu le racolage aussi familier, aussi tutoyeur qu'à Paris et dans nos grandes villes de France. L'amour libre, la galanterie élégante des promenades ou populaire des carrefours fait sans doute partie de la physionomie des cités où se meuvent des millions d'habitants : mais ici la limite est enfreinte. La barrière doit être posée. Une loi doit être édictée. C'est précisément le rôle d'une police policée de la faire respecter — cette nouvelle loi : mais nous ne lui reconnaissons point d'autre mission spéciale.

Le système de la police des mœurs avec l'emprisonnement des malades et la visite protectionniste a enfin maintenu un préjugé qui doit être énergiquement combattu. Nous ne rappellerons pas que, grâce à la réglementation, il est impossible — nous l'avons dit ailleurs — de faire pénétrer notamment dans la jeunesse et dans les classes populaires ce respect de soi-même, ce souci d'une sage et prudente conduite, ce soin de préservation personnelle qui fait marcher de pair la dignité morale et l'intégrité physique. Sous une forme plus médicale, l'éminent Stoukowenkoff (de Kieff) a dit ce mot d'observateur : « La réglementation paralyse l'instinct qui pousse l'individu à se défendre lui-même de la syphilis. » La solution libérale que nous préconisons restaure au contraire les règles de conscience individuelle, de *self control.*

Du même coup, nous soutenons qu'en restituant aux femmes le premier droit social — la liberté, en ne leur imposant plus que le respect du droit commun, on restaure chez ces êtres, où toute préoccupation morale n'est pas anéantie quoi qu'on dise, le sentiment de la responsabilité.

C'est sur ces observations préalables que nous greffons la dernière réforme du système actuel, celle qui doit mettre fin aux croyances absurdes en cours sur le caractère et le traitement des maladies vénériennes et notamment de la syphilis. Peu d'hommes parmi les contemporains — y compris même les initiateurs du mouvement antiréglementariste — ont tenu sur ce point un langage plus philosophiquement élevé que le professeur Alfred Fournier. A vingt reprises différentes dans son enseignement, dans ses livres, il s'est élevé contre le préjugé qui continue encore à faire des personnes affectées de maladies spécifiques des parias, des pestes ambulantes,

qu'on doit garder comme jadis aux léproseries;
dans sa noble vie de praticien ce maître a fait
respecter la dignité humaine chez les malades, il a contribué à l'abolition de détesta-
bles mesures hospitalières qui avaient introduit dans le domaine des secours publics les
procédés de Saint-Lazare. L'emprisonnement policier des malades — uniquement
parce que malades — n'a point eu d'adver-
saire plus résolu que lui. Or, le préjugé subsiste toujours et non pas seulement à l'égard
des femmes qui sont sous la main de la police des mœurs : il subsiste sinon dans la
lettre des règlements administratifs de l'Assistance publique, du moins dans ses us et
coutumes. L'ouverture des deux hôpitaux
spéciaux (1808 et 1836) a supprimé l'admission officielle des vénériens dans les hôpitaux généraux : leur envoi se fait d'office
au Midi et à Lourcine. Il y a quelques années, dans une enquête que nous fîmes au
nom du Conseil municipal, nous pûmes nous
convaincre combien était générale et invé-
térée dans le monde des médecins de l'Assistance, des élèves en médecine et de la population parisienne entière, cette croyance que
les vénériens ne devaient point être admis
ailleurs que dans les hôpitaux spéciaux.
Rien n'indique mieux combien le préjugé à

l'endroit des maladies spécifiques et des malades a été profondément et généralement enraciné dans l'opinion. Comme si la syphilis n'était point nosologiquement une maladie comme les autres ! Comme s'il y avait des maladies immorales ! Comme s'il y avait, par le fait même de leur affection, des malades méprisables ! Il importe donc que la réorganisation hospitalière soit faite dans cette voie philosophique et que ces croyances ridicules — si elles survivent chez quelques-uns — n'aient point du moins de retentissement dans les institutions de secours. Un remaniement libéral de l'Assistance à domicile et l'institution des dispensaires d'arrondissements ou de quartiers complèteront cette partie du plan.

La mise en pratique de ces mesures nouvelles ne constitue point, on le voit, une œuvre difficile. L'application en est simple au contraire, parce que toutes les parties de l'ordre de choses nouveau sont d'une part bien liées entre elles, d'autre part étroitement rattachées à un ensemble rationnel de conceptions sagement progressives et à une réorganisation utilitaire de l'assistance sociale.

La première de ces mesures est la fermeture de toutes les maisons de tolérance, sans exception, riches ou pauvres, somptueuses comme des hôtels de financiers ou misérables comme des cabarets suburbains perdus à la lisière des champs. Cette suppression officielle ne fera que contresigner le décret rendu par l'opinion et achever l'exécution commencée.

Il nous paraît qu'il y aurait pour un administrateur d'esprit éclairé quelque honneur à attacher son nom à cette réforme.

FIN

APPENDICE

LES MAISONS DE PROSTITUTION

ET LES CAHIERS DE 1789

Cahier particulier et local du Tiers-État de la ville de Paris.

« ART. 10. — Qu'aujourd'hui ɔù les hommes ne veulent plus être jugés arbitrairement, ils daignent jeter un œil de pitié sur ces *malheureuses* qu'un lieutenant de police emprisonne tous les mois sur la simple déposition d'un caporal du guet, d'un clerc de commissaire ou d'un espion vindicatif. » (*Archives parlem.* T. V. p. 295).

Additions aux différents projets de Cahiers de la Ville de Paris.

« Que le vice ne soit plus autorisé par les officiers de police et puni arbitrairement suivant que les délinquantes sont plus ou moins protégées en raison de leur exactitude à porter leurs rétributions ; *qu'il n'y ait plus d'hôtels garnis soutenus de la police pour les recevoir, ni des maisons tenues par d'autres femmes qui vivent de cet infâme commerce et attirent à elles par toutes sortes de ruses des jeunes personnes sans défiance ou pressées par le besoin.* » (Biblioth. nat. in-4º de 23 p. Lb. ³⁹. 1533).

Cahier du grand Baillage de Caen et baillages secon-
daires.

« La facilité des mœurs régnantes a toléré *les maisons*
de prostitution ; nous les voyons s'y multiplier jusque dans
nos provinces ; cette facilité se défend en supposant de plus
grands maux attachés à leur suppression ; mais la pudeur
et cette aimable simplicité de nos campagnes, alarmées du
progrès de la débauche, méritent sans doute que le règlement approfondisse les fondements d'une pareille tolérance.»
(Arch. parlem. T. II. p. 486).

—

Cahier des plaintes et doléances du Baillage de Reims.

« ART. 4. — Que les *lieux publics*, l'opprobre et la dernière dégradation de l'humanité soient prohibés sous les
peines les plus rigoureuses; qu'on exerce les châtiments les
plus sévères contre ces personnes qui font trafic de leur
honneur et qui sèment dans la société le désordre et la corruption. » (id. T. V. p. 525. Police et mœurs).

—

Les fonds *réservés* de nos bibliothèques publiques (Bibliothèques Nationale, Carnavalet, de l'Arsenal etc.,) contiennent nombre d'ouvrages sur les maisons publiques avant
1789 et notamment pendant le XVIIIᵉ siècle. Ces publications
le plus souvent fort licencieuses étaient poursuivies et con-
fisquées par la Lieutenance générale de la police. *Les Mé-*
moires pour servir à l'Histoire de l'Hôtel du Roulle, célèbre maison publique de Chaillot tenue par la Paris, puis
par la Gourdan (Alexandrine-Ernestine) dite la petite com-
tesse, *La Constitution de l'Hôtel du Roulle* (2 vol. in-12,
1740). *L'Histoire des Messalines du Temps,* tirée des papiers

secrets de la Gourdan (Recueil in-8° de pièces. — 1743-1764), et autres analogues donnent une idée à peu près exacte de la prostitution en maison, il y a cent cinquante ans. Il est inutile d'ajouter que les quelques documents que l'on trouve dans ce genre de livres sont noyés au milieu de pages difficiles à lire et impossibles à citer. Le *Journal des Inspecteurs de M. de Sartines*, Lieutenant général de la police, édité pour la première fois en 1863 à Paris (Dentu) et à Bruxelles (E. Parent) est également utile à consulter : la première partie seule (1761-1764) a été publiée par M. Lorédan Larchey. On pourra lire encore : *Vénus-la-Populaire* (Vénus lupanaria) ou *Apologie des Maisons de joye* (in-18 de 130 p. imprimé en Hollande, portant la mention Londres 1727). L'ouvrage a été réimprimé en France en 1797 par Claude Mercier (de Compiègne). L'original anglais (*A Modest defense of public Steins*) est attribué à B. Mandeville : l'auteur (p. 18) propose la fondation à Londres d'une centaine de maisons publiques officielles ou d'un quartier entier pouvant contenir 2.000 femmes publiques ; 100 matrones seraient nommées par les pouvoirs publics pour les diriger ; une infirmerie serait installée avec 2 médecins, 4 chirurgiens ; 3 intendants-commissaires seraient placés à la tête de cet office. L'ouvrage contient en outre des détails précis sur le fonctionnement des anciennes maisons de joye à Londres sous les Tudors et les actes relatifs à leur suppression. — C'est peut-être dans ce factum que Retif de la Bretonne a pris l'idée première de son *Pornographe*.

LES MAISONS DE TOLÉRANCE

SOUS LE PREMIER EMPIRE

Les agents tenanciers de maisons publiques

—

Le Préfet de la Gironde au Maire de Bordeaux.

Bordeaux, 10 août 1808.

« Monsieur le maire,

« Ma lettre du 22 juillet dernier relative au commerce honteux que font les agens de police, à leurs intrigues, à leurs dénonciations réciproques et aux actes arbitraires qui en résultent donne, lieu à des recherches et à des perquisitions qui seront vraisemblablement sans effet ; il vaut mieux, Monsieur le maire, vous attacher à corriger cet abus. Quant aux renseignements que l'on m'a fournis sur cet objet, il vous suffit de savoir qu'ils sont certains quoique émanés d'une source impure.

« Un fait récent prouve jusqu'où les agens de police portent l'insolence et la dépravation... »

(Suit l'histoire circonstanciée de la séquestration d'une jeune fille dans la maison de tolérance de l'agent Rossignol et des sévices à elle infligés ainsi qu'à un jeune homme venu pour l'arracher au proxénète. L'agent Rossignol est puni de vingt-quatre heures de prison seulement.)

Signé :

Fauche.

(Arch. nat. F. 7 3225. Fonds : *police générale*.)
Lettre transmise par le préfet au ministre de l'intérieur.

—

LES COMMISSAIRES DE POLICE

ET LES MAISONS DE TOLÉRANCE

—

Circulaire de M. Delavau, préfet de police.

(14 juin 1823.)

«... L'établissement de maisons de prostitution devant naturellement déplaire à tout homme qui s'intéresse à la morale publique, je ne m'étonne point que MM. les commissaires de police s'opposent de tout leur pouvoir à l'établissement de ces maisons dans leurs différents quartiers. Leurs réponses, presque toujours défavorables, prouvent d'une manière qui leur est honorable, la répugnance qu'ils éprouvent à laisser s'élever dans leur voisinage ces asiles ouverts au libertinage et à la corruption.

« Toutefois, il est une considération importante que je ne dois pas vous laisser ignorer, d'après laquelle vous aurez à régler votre conduite à l'avenir.

« La prostitution est considérée comme un fait qu'il n'est pas au pouvoir de l'autorité d'anéantir et l'objet des règlements n'est autre que de lui ôter ses abus, ses dangers et ses scandales. La police n'autorise pas la prostitution, elle la surveille et se donne tous les moyens possibles de rendre cette surveillance efficace.

« Quant aux femmes prostituées, elle distingue en elles : 1º des femmes, c'est-à-dire des êtres qui font partie de la société ; 2º des femmes prostituées qui, en cette qualité, appellent une surveillance spéciale. Tant que les femmes se renferment dans les habitudes ordinaires de la vie, la

police n'exerce envers elles que son action ordinaire.
Cette action ne change à leur égard qu'au moment même
où elles passent dans cet état de brutalité scandaleuse dont
l'autorité doit réprimer les excès.

« Or, quel est le moyen de conserver sur elles cette action salutaire, d'exercer à leur égard cette surveillance efficace, de réprimer ces excès et ses scandales ? Laissera-t-on
ces femmes s'isoler et échapper à la vigilance de l'autorité ?
Les laissera-t-on se répandre dans la société et y propager
la corruption sans qu'on puisse l'arrêter ?

« L'expérience prouve, chaque jour, que la prostitution
clandestine est la plus dangereuse de toutes sous le rapport de la morale et de la salubrité publique.

C'est d'après ces considérations que l'autorité dans tous
les temps a cru devoir tolérer des maisons de femmes afin
de les soumettre à la surveillance et de conserver sur elles
son action. Elle a voulu concentrer le mal dans des maisons
connues et dirigées par des femmes qui répondissent de la
conduite des filles qu'elles reçoivent chez elles.

« La police croirait avoir fait beaucoup en faveur des
mœurs et de l'ordre public, si elle était parvenue à renfer-
mer la prostitution dans des maisons tolérées, sur lesquelles
son action pût être constant et uniforme, et qui ne pussent
échapper à sa surveillance. »

LA PROSTITUTION

INTERDITE AILLEURS QUE DANS LES MAISONS DE TOLÉRANCE

—

Arrêté du préfet de police Maugin.

(14 avril 1830).

« Nous, préfet de police,

« Considérant que s'il n'est pas possible d'extirper de la capitale la prostitution, il est indispensable d'en régler l'exercice de manière à ce quelle n'offense plus la pudeur publique, cesse d'exciter les hommes à la débauche et de les exposer à être dépouillés ou maltraités.

« Arrêtons ce qui suit :

Article 1er. — « Il est expressément défendu aux filles publiques de se présenter sur la voie publique pour y exciter directement ou indirectement à la débauche. Il leur est également interdit de paraître, dans aucun temps ou sous aucun prétexte, dans les passages, dans les jardins public et sur les boulevards.

Art. 2. — « *Les filles publiques ne pourront se livrer à la prostitution que dans les maisons de tolérance.*

Art. 3. — « *Les filles isolées, c'est-à-dire celles qui n'habitent pas les maisons de tolérance, ne pourront se rendre dans ces maisons qu'après l'allumage des réverbères.* Elles devront s'y rendre directement, être vêtues simplement et avec décence, et s'abstenir de tout stationnement, de toute promenade, de toute provocation.

Art. 4. — « *Elles ne peuvent, dans une même soirée*

quitter une maison de tolérance pour se rendre dans une autre.

. . . .

Art. 6. — « Les filles qui se présenteront sur la voie publique de manière à se faire reconnaître ou qui paraîtront dans les lieux qui leur sont interdits seront immédiatement arrêtées.

« Il en sera de même des filles qui, se rendant, après l'allumage des réverbères, dans les maisons de tolérance, auront dévié du chemin qui y conduit directement, de celles qui, dans la même soirée, passeront d'une maison de tolérance dans une autre, et de celles qui seront trouvées sur la voie publique avant l'allumage des réverbères ou après onze heures du soir. »

—

Cet arrêté fut implicitement abrogé par une disposition du 7 septembre 1830 qui autorisait la réapparition des femmes sur la voie publique entre l'allumage des réverbères et onze heures du soir, et par une circulaire de M. Delessert en 1841 qui réglait définitivement la circulation des femmes dans les rues et carrefours. Les instructions de Delessert ont été reproduites dans tous les arrêtés ultérieurs : elles constituent pour les isolées le règlement actuel.

—

RÉPARTITION DES MAISONS PUBLIQUES

DANS PARIS DE 1824 A 1852

Arrondissements.	Quartiers.	Années Nombre de maisons publiques.					Nombre de filles dans les maisons par arrondissement en 1852.
		1824	1832	1842	1847	1852	
1	1 Tuileries	0	0	0	0	0	0
	2 Champs-Elysées	0	0	0	0	0	0
	3 Roule	2	0	0	0	0	0
	4 Place Vendôme	0	0	2	2	3	17
2	5 Palais-Royal	12	6	20	18	16	110
	6 Chaussée-d'Antin	19	27	5	4	3	26
	7 Fg Montmartre	20	25	4	3	3	22
	8 Feydeau	1	5	15	13	11	82
3	9 Mail	0	0	8	7	3	19
	10 Fg Poissonnière	3	5	0	0	0	0
	11 Montmartre	3	4	7	5	2	13
	12 St-Eustache	5	8	0	0	0	0
4	13 Banque	13	18	14	13	12	68
	14 Louvre	3	6	2	2	2	13
	15 St-Honoré	1	1	4	4	2	10
	16 Marchés	16	15	0	0	0	0
5	17 Montorgueil	0	1	3	3	3	20
	18 Bonne-nouvelle	1	1	19	17	13	80
	19 Porte St-Martin	9	15	1	1	1	6
	20 Fg St-Denis	6	6	0	0	0	0
6	21 Porte St-Denis	8	12	5	5	5	30
	22 St-Martin-des-Champs	4	4	4	4	0	0
	23 Lombard	4	2	11	9	7	42
	24 Temple	3	2	2	2	1	6

Arrondissements	Quartiers	Années Nombre de maisons publiques.					Nombre de filles dans les maisons par arrondissement en 1852.
		1824	1832	1842	1847	1852	
7	25 Arcis	3	1	6	6	5	23
	26 Ste-Avoye	0	1	4	4	4	18
	27 Mont-de-Piété	3	4	0	0	0	0
	28 Marché St-Jean	8	15	7	6	5	22
8	29 Marais	0	0	0	0	0	0
	30 Popincourt	0	0	0	0	0	0
	31 Fg St-Antoine	0	0	7	7	7	63
	32 Quinze-Vingts	0	0	2	1	1	8
9	33 Arsenal	0	0	3	2	3	20
	34 Hôtel de Ville	2	2	2	2	1	7
	35 Ile St-Louis	6	19	0	0	0	0
	36 Cité	0	0	14	14	12	74
10	37 Monnaie	2	5	4	4	5	45
	38 Fg St-Germain	0	1	0	0	0	0
	39 St-Thomas d'Aquin	0	0	0	0	0	0
	40 Invalides	0	0	6	6	9	78
11	41 Luxembourg	3	4	7	7	4	26
	42 École de Médecine	2	2	1	1	4	26
	43 Sorbonne	1	1	0	1	1	7
	44 Palais-de-Justice	0	0	0	0	0	0
12	45 St-Jacques	0	1	5	4	4	24
	46 Observatoire	0	0	0	0	0	0
	47 Jardin-des-Plantes	0	1	0	0	0	0
	48 St-Marcel	0	0	0	0	0	0

RÉPARTITION DES MAISONS PUBLIQUES

DE 1842 A 1854 DANS LA BANLIEUE [1].

Communes.	Années Nombre de maisons publiques.				Nombre des filles dans les maisons de chaque commune en 1854
	1842	1847	1852	1854	
La Chapelle	2	1	4	3	23
Grenelle	9	9	7	7	69
Ivry	0	11	12	12	91
St-Mandé	1	4	2	2	16
Puteaux	2	2	2	2	12
Courbevoie	0	3	3	3	13
Montrouge	7	8	4	5	34
La Villette	2	4	3	3	30
Vaugirard	7	7	8	6	54
Charonne	0	1	2	3	25
Montmartre	1	0	2	2	16
Pré St-Gervais	0	0	1	1	3
Boulogne	0	0	1	1	6
Belleville et Romain-ville	0	2	1	1	9
Vincennes	5	0	6	6	41
Batignolles	0	1	2	2	22
Nanterre	0	0	1	1	4
Fontenay-sous-Bois	0	0	1	0	0
Saint-Denis	0	0	3	4	25

[1] La loi du 16 juin 1859, appliquée par décret du 1er novembre 1859, étendit les limites de Paris jusqu'au pied des glacis des fortifications, comprenant ainsi dans les huit arrondissements nouveaux Auteuil, Batignolles, Belleville, La Chapelle, Charonne, Montmartre, Passy, La Villette, Bercy, Grenelle, Vaugirard, et partie de Neuilly, Saint-

RÉPARTITION DES MAISONS PUBLIQUES

DANS PARIS LE 1er JANVIER 1890

...ments.	Quartiers.	Nombre des maisons.	Noms des dames et indication des rues où sont sises les maisons publiques.
	St-Germain-l'Auxerrois	0	
	Halles	1	Mme *Chazerand*, rue J.-J. Rousseau, 9.
	Palais-Royal	4	Mmes *Clavet*, rues des Moulins, 6 ; *Hubier*, Thérèse, 11 ; *Adrienne Breton*, St-Anne, 37 bis ; *Duvond*, Ste-Anne, 39.
	Place Vendôme	0	
	Gaillon	0	
	Vivienne	5	Mmes *Jouannet*, rues Chabanais, 12 ; *Berthier ou Debierne*, Colbert, 8 ; *Richard*, Feydeau, 12 ; *Héloïse Audonnel*, d'Amboise, 8 ; *Lauchard*, d'Amboise, 10.
	Mail	0	
	Bonne-Nouvelle	8	Mmes *Chomeau*, rues de la Lune, 43 ; *J. Maubourguet*, d'Aboukir, 116 ; *Dumont*, d'Aboukir, 131 ; *Beutgès*, Ste Appoline, 25 ; *Moussset*, Ste-Foy, 21 ; *Veuve Labbé*, Ste-Foy, 24 ; — *Veuve Brunner*, Greneta, 26 ; *Belouin*, Blondel, 32.

...n, Pantin, Pré Saint-Gervais, Saint-Mandé, Ivry, Gentilly, Mont-...ge, Vanves, Issy. On rapprochera donc le présent tableau du tableau ...né au 1er chapitre, en se rappelant que l'arrondissement de Saint-...is, en 1817, contenait 41.344 habitants et qu'il en contient aujourd'hui

II	Arts-et-Métiers	1	Mᵐᵉ *Averillo*, rue Blondel, 4.
	Enfants-Rouges	0	
	Archives	0	
	Sᵗᵉ-Avoye	0	
IV	Sᵗ-Méry	1	Mᵐᵉ X., rue Maubuée, 29.
	Sᵗ-Gervais	2	Mᵐᵉˢ *Émile Cavoisy*, rues de Fourcy, 10 ; *Garnier*, de l'Hôtel-de-Ville, 19.
	Arsenal	1	Mᵐᵉ *Revil*, rue Jean Beausire, 15.
	Notre-Dame	0	
V	Sᵗ-Victor	0	
	Jardin-des-Plantes	0	
	Sorbonne	2	Mᵐᵉˢ *Courtine*, rues de la Bûcherie, 13; *J. Le Pape*, Maître-Albert 23.
	Val-de-Grâce	0	
VI	Monnaie	1	Mᵐᵉ *Lefèvre*, rue Mazarine, 49.
	Sᵗ-Germain-des-Prés	1	Mᵐᵉ *Legron*, rue des Ciseaux, 7.
	Odéon	1	Mᵐᵉ *Rebout*, rue des Quatre-Vents, 5.
VII	Notre-Dame-des-Champs	0	
	Sᵗ-Thomas-d'Aquin	0	
	Invalides	0	
	Gros-Caillou	0	
	École Militaire	0	
VIII	Champs-Élysées	0	
	Fᵍ du Roule	0	
	Madeleine	0	
	Europe	0	

00.896 (recensement de 1891) soit 359.552 de plus; et que l'arrondissement de Sceaux qui contenait 42.708 habitants en 1817, en contient aujourd'hui 288.073, soit 245.365 de plus. — En 1875 les deux anciens arrondissements ne contenaient que 16 maisons publiques.

IX	St Georges	2	Mmes *Rature*, rues Joubert 4 ; *Coppin*, Taitbout, 56.
	Chaussée-d'Antin	1	Mme *Auvray*, rue de Provence, 92.
	Fg Monmartre	1	Mme *Veuve Chaumeau*, rue Montyon, 14.
X	Rochechouart	0	
	St-Vincent-de-Paul	0	
	Porte-St-Denis	0	
	Porte-St-Martin	0	
	Hôpital St-Louis	0	
XI	Folie-Méricourt	0	
	St-Ambroise	0	
	Ste Marguerite	2	Mmes X., rues Ste Marguerite, 30 ; *Viguier*, de Montreuil, 112.
XII	La Roquette	0	
	Bel-Air	0	
	Picpus	0	
	Bercy	1	Mme *Tisserand*, boulevard de Picpus, 94.
	Quinze-Vingts	1	Mme *Lenck*, rue Traversière, 19.
XIII	Salpêtrière	0	
	Gare	2	Mme — X., rue Harvey, 7 ; *Vaguener*, Harvey, 9 (anc. 5).
	Maison Blanche	0	
	Croulebarbe	2	Mmes *Rouau*, boulevard d'Italie, 9 ; *Turquetil*, Boulevard d'Italie, 11.
XIV	Montparnasse	3	Mmes *Brassard*, rue Jolivet, 17 ; *Meuillard*, Jolivet, 7 : *Périnot*, Bd d'Italie, 63.
	Santé	0	
	Petit-Montrouge	0	
	Plaisance	0	

XV	St-Lambert	0	
	Necker	2	Mmes *Lemarie*, bd Garibaldi, 22 ; *Giroir*, bd. Garibaldi, 10.
	Grenelle	6	Mes X., bd. de Grenelle, 148 : *Meynardi*, bd. de Grenelle, 160 ; *Philippe*, bd. de Grenelle, 162 ; *Mougin*, avenue de Lowendal, 22; *Filaine*, avenue de Suffren, 106.
	Javel	0	
XVI	Auteuil	0	
	Muette	0	
	Porte Dauphine	0	
	Bassins	0	
XVII	Plaine Monceau	0	
	Ternes	0	
	Batignolles	2	Mmes X., rue de Tocqueville, 42; *Israël*, Passage Cardinet, 3.
	Epinettes	1	Mme *Veuve Laroche*, Rue Fragonard, 15.
XVIII	Grandes-Carrières	0	
	Clignancourt.	1	Mme *Talot*, rue de Steinkerke, 2.
	Goutte-d'Or	0	
	La-Chapelle	3	Mmes *Jules Martin*, bd. de la Chapelle. 106 ; *Bouchet*, Bd. de la Chapelle, 157 ; *Soreau*, rue Fleurys 1 et 75. Bd, de la Chapelle.
XIX	La Villette	3	Mmes Vve *Migne*, bd. de la Villette, 214; *Martin*, bd. de la Villette, 226; *Souiller*, bd. de la Villette, 236.
	Pont-de-Flandre	0	
	Amérique	0	
	Combat	2	Mmes *Teyssier*, (sr d'Auvray), bd. de la Vilette, 22 ; *Perret*, bd. de la Vilette, 164,

20

	Belleville.	1 Mme *Le Pope*, bd de Belleville, 70.
	St-Fargeau.	0
XX	Père-la-Chaise	1 Mme *Sculfort*, bd. de Ménilmontant, 88.
	Charonne	2 Mmes *Jules Glaize*, bd. de Charonne, 18 ; *Lévéque*, bd. de Charonne, 152.

RÉPARTITION DES MAISONS

DANS LA BANLIEUE DE PARIS LE 1er JANVIER 1890

Vincennes	1 Mme *Marie Digonnet*, rue de la Maladrerie, 80.
St-Denis	2 Mmes *Gaillot*, route de la Révolte, 8; *Ducré* route de Pierrefitte, 5.
Boulogne-sur-Seine	1 Mme *David-Jalla*, rue de la Plaine, 199.
Courbevoie	3 Mmes *Baptiste*, rue de Nanterre, 2 ; *Gacon*, de Nanterre, 3 ; *Lémulier*, de Nanterre, 5.

RÉPARTITION EN CIRCONSCRIPTIONS

Les maisons publiques de Paris sont divisées administrativement en douze circonscriptions : La 1re comprend les quartiers du Palais-Royal et Vivienne ; la 2e les quartiers St-Georges, de la Chaussée d'Antin, du fbg. Montmartre et des Epinettes ; la 3e les quartiers Bonne-Nouvelle et des Arts et Métiers ; la 4e les quartiers des Halles et St-Méry ; la 5e les quartiers de la Chapelle, de Clignancourt, du Combat ; la 6e de la Villette, de Belleville, du Père-La-Chaise, et de Charonne ; la 7e de la Villette ; la 8e des Quinze-

Vingts, de Bercy ; la 9e de St-Gervais, de la Sorbonne, de la Monnaie, de St-Germain-des-Prés ; la 10e de Croulebarbe ; la 11e de Montparnasse ; la 12e de Grenelle.

La banlieue est divisée en trois circonscriptions : la 1re comprend St-Denis ; la 2e Courbevoie et Boulogne ; la 3e Vincennes et Pantin.

—

RÉPARTITION EN MAISONS AVEC ESTAMINET ET SANS ESTAMINET

En 1888 sur les 74 maisons du département de la Seine 24 seulement étaient sans estaminet au rez-de-chaussées ; les 50 autres, soit 41 pour Paris et 9 pour la banlieue, avaient des estaminets.

—

ANNUAIRE REIRUM

INDICATEUR DES ADRESSES

DES

MAISONS DE SOCIÉTÉ

(dites de Tolérances)

De FRANCE, ALGÉRIE et TUNISIE
et des principales villes
De SUISSE, BELGIQUE, HOLLANDE, ITALIE et ESPAGNE

—

1890

PRIX : **5** FRANCS **50**

—

ÉDITEUR
TH. MURIER, IMPASSE BRIARE, 12
PARIS

Au verso :

Avis

Nous engageons les personnes dont les noms ne figurent pas sur cet Annuaire, ou dont les noms et adresses ne sont pas rigoureusement exacts, à bien vouloir envoyer toutes rectifications à :

Paris, Impasse Briare, 12

(suivent 70 pages, format in-12, texte compact).

×

VILLES DE FRANCE

par ordre alphabétique avec la population de chaque ville [1].

—

Arles (B. du Rhône) S. P. 23,491 habitants :
Virginie Chabaud, rue du Bout d'Arles, 1.
Louis Farce,   id., 5.
Gonouyac,   id., 7.
Legendre,   id., 8.
Léon Bataille,   id., 12.
Driolet,   .   id., 14.

Bagnères-de-Bigorre (Hautes-Pyrénées) S. P. 9,248
        habitants.
Haouda (V. Tarbes).
Beaucaire (Gard) 9,339 habitants.
        Maison à Tarascon.
Belley (Ain) S. P. 6,160 habitants.
Mme Malet, rue St-Martin (en face des Casernes).
Biarritz (Basses-Pyrénées) 8,444 habitants.
        Maisons à Bayonne.
Bordeaux (Gironde) P. 240,582 habitants.
Marco,   rue de Poissac, 28.
Elise,   id., 31.
Léonie, Impasse Berquin, 4.
Louisa,   rue Berquin, 27.
Coralie,   id., 34.
Annita Cussac, Impasse Lalliement, 12.
Elise Texier, rue St-Claude, 48.
Fernandez Pépa, rue Merle, 13.
Mandeck,   id., 13.

1. Nous prenons au hasard quelques villes dans les diverses régions de la France pour montrer le dispositif dudit Annuaire.

Henri,	rue Lambert, 9.
Louis,	id., 10.
Jeanne,	id., 11.
Alsas,	id., 21.
François Cosson,	id., 14.
Tournaille,	id., 27.
Henri,	id., 29.
Jules,	id., 34.
Félix,	id., 37.
Jean Seissan,	id., 36 et 38.
Aubain,	id., 42.
Poteau,	id., 43.
Marcelin,	id., 44.
Jules Montbrun,	id., 46.
Millord,	id., 54.

Maria, rue Lambert, 13 et rue Merle, 26.
Lagrange, rue Lambert 19 et rue Merle, 5.

Jules (Le Petit),	rue de Gasc, 20.
Pierre Sorbet,	id., 32 et 34.
Gagnery,	id., 25.
Pierre,	id., 31.

Le Creuzot (Saône et Loire) 27,301 habitants.
Néant.

Nantes (Loire-Inf.) P. 127,482 hab.
Richard, rue de Gigant.
Angèle, rue des Trois-Matelots, 1, (*A la Maison Girondine*).

Brissonnet,	id., 2, (*A l'Espérance*).
X,	id., 3, (*A la Boule de Neige*) (fermée).
X,	id,, 4, (*Au Petit-Soleil*) (fermée).
Abadic,	id., 5, (*A la Maison Bleue*).
X,	id., 7, (*A l'Amitié*) (fermée).

Paul Toce, rue des Marins, 1 (*Ah ! Mon Désir*).
J. Beaumont, id.. 5, (*A la maison Blanche*).

Georges, rue des Marins, 4, *(A la Tête-Noire).*

X,   id., 6, *(A l'Espérance)* (fermée).

Vaillant,   id., 8,

Janquinque,   id., 10, *(A la Présidence).*

Labadie-Gaudin, rue d'Ancin 1, *(A la Grande Maison.
de l'Amitié).*

X,   id., 3, *(A la Gaîté)* (fermée).

Henry,   id., 3 *bis, (A l'Ancre d'Or).*

Eugène Vallée,   id., 5, *(A la Patte de Chat).*

X,   id., 7, *(Au Chapeau-Rouge)* (fermée).

Nice (Alp. Marit.) P. 77,418 hab.

Emile Platet, rue St-Michel 8.

Favier, rue Bovis, 7.

Massuchelli, rue St-Roch, 2.

Orselli, rue St-Roch, 4.

Royan-les-Bains (Charente-Inf.) 6,702 hab.

Serres, rue Bel-Air, 24.

Rueil (S. et O.) 9,866 hab.

Jules Lutz, Passage de l'Infirmerie, 3.

Saint-Germain en Laye (S. et O.), 16,312 habit.

Charit (Cour du Lion d'Argent) rue des Joueries, 6 et 8

Antoine Delas, rue St-Jacques, 3.

Pillegrin,   id., 2 et 4.

Tarascon (B. du Rh.), 9,314 hab.

Vᵉ Garçon, rue du Viaduc du chemin de fer.

Tarbes (Hᵗᵉˢ Pyrénées), P. 25,146 hab.

Haouda,   rue des Jardins, 2.

Gabrielle,   id., 4.

Vᵉ Talazac,   id., 6 et 8.

Versailles (S. et O.), P. 49,815 hab.

V* *Maréchal*, rue de Marly, 1.
Lemaire,   id., 2.
Rigal,   id., 3.
Ernest Neveu, Petite Place, 5.
Alph. Noyau,   id., 6.
Léon Collette,   id., 15.

Vichy (Allier). 10,344 hab.

Fernande Moroni, avenue Victoria, 49.
Edouard Neveu, rue Basse, 7.
Barbier, .   id., 8.
Lévy,   id., 9 et 4.
Jules Lecour, rue Madame, 10.
Maurice,   id., 11
Lormeau,   id., 12.
Paul Pagés,   id., 13.

Sur les 444 villes indiquées dans l'*Annuaire Reirum* pour la France, 150 ne possèdent point de maisons publiques : restent 294 villes pourvues de 1 à 22 et 30 maisons, Paris étant naturellement mis à part avec ses 62 maisons ; Lyon et Marseille ont 22 maisons en 1890, Toulon 23 et Bordeaux 30.

930 adresses de maisons et noms de tenanciers et tenancières sont indiqués pour la France. L'Algérie pour 41 villes (Départements d'Alger, Constantine et Oran) compte 92 maisons : Alger 23, Oran 7, Constantine 6. En Tunisie il existe 4 maisons : 2 à Tunis, 1 à Sousse, 1 à Gabès.

L'Annuaire se termine par les adresses des tolérances de Genève, Bruxelles, Amsterdam, La Haye, Milan, Rome, Turin, Barcelone et St-Sébastien.

(Imprimerie P. Lambert 15-17, rue des Martyrs, Paris).

A PROPOS DES PROPRIÉTAIRES D'IMMEUBLES LOUÉS A DES TENANCIERS.

Des commentaires plus que désobligeants avaient long-temps couru dans la presse au sujet d'un immeuble mal famé appartenant à l'ancien secrétaire général de la Présidence. La lettre suivante de l'honorable M. Duhamel fils, adressée au journal *Le Figaro*, est venue mettre fin à tout ce bruit.

31 décembre 1888.

Monsieur le rédacteur en chef,

Vous avez bien voulu, spontanément, m'ouvrir les colonnes du *Figaro* pour me permettre de détruire la légende qui s'est faite sur le nom de mon père à propos d'un immeuble que ma famille a possédé rue Taitbout.

Fils très respectueux, je n'ai pas à apprécier les motifs ou plutôt les conseils de personnes haut placées, qui ont déterminé mon père de dédaigner les attaques dont il a été l'objet. Mais, arrivé à l'âge d'homme, j'estime qu'il est de mon droit et de mon devoir de défendre, non pas mon père, qui n'est personnellement pour rien dans la possession de l'immeuble en question, mais la mémoire de ma mère et de ma grand'mère, Mme Midy de La Grenneraie-Surville, propriétaire, à l'origine, d'une simple maison de rapport, loué bourgeoisement.

Voici dans quelles conditions se sont produits les faits à l'appui desquels je tiens toutes pièces justificatives à la disposition de qui voudra.

Mon arrière-grand'mère, restée veuve avec un fils, habitait la province. Ses biens étaient gérés par un homme d'affaires qui lui proposa par correspondance de louer sa maison à un prix plus avantageux, pour un « hôtel meublé. »

Mme Midy de la Grenneraie-Surville, âgée de plus de soixante-cinq ans, accepta, et ce fut à son insu que « l'hôtel meublé » se transforma en une maison mal famée.

Lorsqu'à son retour de Paris elle eut connaissance de ce qui était véritablement, *un procès fut engagé par elle en résiliation de bail.*

Mais la justice maintint ce bail — et c'est ainsi que mon grand-père, major de l'Ecole polytechnique, ingénieur des ponts et chaussées, qui a laissé dans sa profession le souvenir d'un homme des plus honorables et des plus éminents, trouva dans la succession maternelle l'immeuble dont il s'agit.

Depuis quelque temps déjà, il avait épousé Mlle Laure de Balzac, la sœur du romancier.

Cette sœur de Balzac eut deux filles, dont l'une épousa mon père en 1859.

Il est absolument inexact qu'elle ait apporté en dot l'immeuble dont mon père ne soupçonnait même pas l'existence.

Ma mère n'avait aucune fortune et mon père l'avait épousée sans contrat de mariage.

Ce n'est que bien plus tard, après la mort de M. de La Grenneraie-Surville, qui s'était jeté dans les affaires et avait contracté sur l'immeuble en question des dettes hypothécaires (77,000 fr. à Mme d H... — 15,000 francs à M. B... — 15,000 fr. aux héritiers C...) que ma grand'mère fit connaître la situation à M. Duhamel, son gendre, lorsqu'il s'agit d'accepter ou de refuser la succession de son mari.

Elle expliqua que M. de La Grenneraie avait toujours eu l'intention d'acheter une maison meublée qui se trouvait à côté et de rebâtir sur l'emplacement des deux vieilles maisons un grand immeuble moderne.

Il n'y avait dans la succession de mon grand-père qu'un passif. Ma mère, la nièce de de Balzac, quoique sans fortune, voulut le prendre à sa charge, et c'est ainsi qu'elle détermina son mari, pour sauvegarder la mémoire du père de famille, à accepter la succession des plus obérées dans laquelle se trouvait cet immeuble.

Le bâtonnier de l'ordre des avocats à cette époque fut averti de cette situation, et aucune opposition ne se produisit de sa part, ni du conseil — et mon père n'a quitté le Palais qu'au mois de janvier 1882, lors de son installation comme receveur des finances à Paris.

Il est vrai qu'à un moment donné on offrit de la maison 80,000 francs, mais cette offre était insuffisante pour payer les dettes de la succession, et il fallut attendre un renouvellement de bail dont l'augmentation permit au notaire de trouver acquéreur à un prix qui, à quelques mille francs près, couvrait les créances hypothécaires. Il s'ensuit qu'à aucun moment mon père ni ma mère n'ont profité ni des loyers, qui servaient exclusivement à payer les intérêts des créances et les frais de contributions, ni du capital, qui servit à rembourser les créanciers de M. Midy de La Grenneraie-Surville.

Un bail nouveau, en augmentation, a été fait fin décembre 1878 — mais il n'a été consenti que pour permettre la vente désirée de cette maison — et les nouveaux acquéreurs sont entrés en possession, en janvier 1879, moins d'un mois après la conclusion du bail.

Lorsque mon père occupait des fonctions importantes et en vue, la liquidation de la succession « Surville » était terminée à l'honneur de la mémoire du décédé, puisque, grâce à sa fille et à son gendre, toutes ses dettes hypothécaires et chirographaires étaient intégralement payées.

Vous voyez donc, monsieur le rédacteur en chef, quelle est l'injustice et l'inexactitude des propos qui représentent mon père comme ayant reçu de sa femme en dot l'immeuble dont il s'agit et en jouissant encore aujourd'hui.

Ma mère est morte en juin 1882. Le pieux devoir qu'elle

s'était imposé d'éteindre le passif de la succession de son père était retombé si lourdement et si injustement sur son mari, que le chagrin a été la cause principale de sa dernière maladie ; ce qui nous oblige à parler énergiquement.

Croyant avoir donné satisfaction à l'opinion publique par l'énoncé de ces faits et l'offre d'en justifier, je crois être en droit à l'avenir de relever, comme une offense personnelle, toute allusion qui, désormais, serait faite de mauvaise foi.

Vous remerciant de votre loyauté et de votre courtoisie, je vous prie d'agréer, monsieur le rédacteur en chef, l'expression de mes sentiments les plus distingués et les plus respectueux.

Laurent Duhamel,
Avocat à la cour.

L'ARTICLE 1133 DU CODE CIVIL
ET LES TENANCIERS

A l'appui de cette prétention des tenanciers de ne point payer leurs billets à ordre et autres créances, citons ces quelques cas.

En mai 1888, le tenancier parisien Th. est cité à la requête de son marchand de vin de Champagne, M. C., comme refusant de payer le montant du billet à ordre par lequel il avait réglé avec le vendeur. Vainement le marchand plaide que la marchandise livrée est d'un commerce courant et licite, qu'il n'a pas à se préoccuper si Th. fait servir le vin à sa consommation personnelle ou s'il le débite dans son établissement, le tribunal de commerce donne gain de cause au tenancier et motive comme suit sa décision :

« Attendu que les débats établissent que le défendeur exerce une profession innommée, que les fournitures dont le billet, objet de la demande, est la représentation, ont été faites au défendeur pour l'exercice de cette profession ; qu'en conséquence la cause du titre est contraire à la morale publique et par suite illicite (art. 1133 du Code civil) ; qu'en conséquence il convient de décider, conformément aux conclusions du défendeur et par application de l'art. 1131 du même Code, que ledit titre est sans effet au regard du défendeur et qu'il ne saurait l'engager (21 mai 1888).»

Déjà un arrêt de la 2e chambre de la Cour royale (29 décembre 1835) rendu sur réquisitoire de l'avocat général Pécourt avait établi que : « Une femme qui tient une maison de tolérance ne peut à raison de l'industrie honteuse qu'elle exerce être considérée comme commerçante et que les billets souscrits par elle ne peuvent être regardés comme des actes de commerce. »

Il est vrai qu'un mois et demi après le procès Th. (juillet 1888), les tenanciers R. qui refusaient le paiement de billets souscrits par eux, à un M. V. tiers-porteur régulier desdits billets étaient moins heureux que leur collègue Th. dans leur prétention. Le jugement du magistrat consulaire, M. Raffard tout en contredisant le précédent, met bien en lumière la thèse... juridique des tenanciers :

« Le tribunal,

« Attendu que, pour se refuser au paiement des billets qu'il ont souscrits et dont V., tiers-porteur régulièrement saisi, réclame le montant, les époux R. prétendent qu'en raison de la profession innommée qu'ils exercent, ces valeurs auraient une cause illicite et devraient, par suite, être déclarées nulles.

« Mais attendu que l'exercice d'une profession, quelque immorale qu'elle soit, ne saurait avoir pour conséquence de soustraire, d'une façon générale, ceux qui l'exercent à l'exécution des engagements par eux consentis ; qu'au surplus, ces défendeurs ne peuvent exciper de leur propre turpitude ; que, souscripteurs, ils se doivent à leurs signatures ; que, faute par eux de justifier de leur libération, ni d'aucune compensation liquide et exigible, il échet de les obliger au payement des billets dont s'agit ;

« Par ces motifs, condamne les défendeurs solidairement à payer à V. la somme de 3,600 fr. montant des titres dont s'agit avec les intérêt suivant la loi.

« Et les condamne aux dépens. » (9 juillet 1888).

21

A PROPOS DE LA MENTALITÉ DES TENANCIERS

BULLETIN MUNICIPAL OFFICIEL
DU DIMANCHE 29 MARS 1891.

—

Délibérations du 27 Mars 1891.

—

1891. 266. — *Acceptation par la ville de Paris du 'legs universel fait à son profit par M. Pruvot (M. Bompard, rapporteur).*

Le Conseil,

Vu le mémoire, en date du 18 mars 1891, par lequel M. le préfet de la Seine propose d'autoriser la ville de Paris à accepter le legs universel fait à son profit par M. Aimé Pruvot et destiné à la fondation d'un asile de nuit avec fourneau dans le 17e arrondissement et de concéder divers avantages aux héritiers du testateur ;

Vu les testaments dudit M. Pruvot, l'un en forme olographe, en date du 6 août 1887, et l'autre en la forme publique, en date du 25 juillet 1890 ;

Vu le dépouillement de l'inventaire fait après le décès du « de cujus » ;

Vu l'acte sous seings privés, en date du 9 mars 1891, aux termes desquels les héritiers de M. Pruvot, moyennant certaines concessions, se sont engagés formellement à consentir la délivrance du legs dont il s'agit *et ont en outre dégagé la Ville de toute obligation en ce qui concerne la dé-*

nomination [1] *à donner à l'établissement à fonder avec le produit de la succession,*

Délibère :

Article premier. — M. le préfet de la Seine, au nom de la ville de Paris, est autorisé à accepter sous bénéfice d'inventaire le legs universel fait au profit de ladite Ville par M. Aimé Pruvot, décédé en sa maison de campagne à Solesmes (Nord), le 26 juillet 1890, et destiné à faire face aux frais d'installation et de fonctionnement d'un asile de nuit avec fourneau dans le 17e arrondissement.

M. le préfet de la Seine est en outre autorisé à prendre toutes mesures quelconques nécessaires pour permettre à la Ville d'entrer en possession de la succession de M. Pruvot, à en poursuivre la liquidation par toutes voies et moyens de droit et même, s'il y a lieu, à intenter toutes instances nécessaires à cet effet ; enfin il est autorisé à consentir la délivrance de tous les legs particuliers contenus aux testaments dudit M. Pruvot.

Art. 2. — Aux conditions formelles énoncées dans l'acte sous-seings privés susvisé, la ville de Paris est autorisée à renoncer au bénéfice éventuel de la condition opposée par le testateur aux legs par lui faits à Mmes Pecqueur et Leclerc, et il est en outre alloué :

1o A M. Louis Pruvot, frère du « de cujus », une rente annuelle et viagère, supplémentaire et insaisissable de 1,000 francs ;

2o A Mme veuve Desgrey, sœur du « de cujus », une rente annuelle et viagère de 1,500 francs.

Lesdites rentes commenceront à courir du jour où la ville de Paris sera entrée en possession de son legs.

1. La transaction a consisté dans l'exil du nom de Pruvot de la façade extérieure et dans l'apposition à l'intérieur d'une plaque de marbre commémorative où il sera rappelé que la fondation doit son origine à la libéralité posthume de l'ancien tenancier. ✱

Art. 3. — Il est ouvert au budget de 1891, par prélèvement sur le chap. 23, article unique (Réserve), avec rattachement au chap. 5, art. 43, un crédit de 9,044 fr. 17 c. pour assurer, jusqu'à la fin de l'année 1891, le service des rentes viagères léguées à MM. Louis Pruvot, Louis Hilaire Pruvot et Aimé Courtois.

La Ville se remboursera des avances diverses faites pour le service desdites rentes au moyen d'un prélèvement de pareille somme sur l'émolument à provenir de la succession.

—

TABLEAU

DES PROPRIÉTAIRES D'IMMEUBLES

CONSACRÉS AUX TOLÉRANCES (1870)

—

Professions :

Agents d'affaires	2
Agent de change en province	1
Avocats	3
Avoué	1
Bijoutier	1
Chapelier.	1
Commissaire de roulage	1
Entrepreneur de maçonnerie	1
Filateur	1
Graveur	1
Horloger	1
Logeur	1
Magistrat	1
Maîtresses de tolérances	22

Marchands de chevaux 1
  « épiciers 1
  « d'habits 1
  « de literie 1
Notaire (à titre de gérant d'une succession) 1
Rentiers 97
Restaurateur 1
Syndic de vente 1
Vannier 1

                                  Total 143

MESURES RÉCENTES

CONCERNANT LES MAISONS PUBLIQUES EN FRANCE

ET A L'ÉTRANGER

BOURGES

Arrêtés du maire Eug. Brisson.

Le 1er mars 1878, M. Eugène Brisson, maire de Bourges, prend avec le commissaire central M. Gensterblein un arrêté ayant pour but d'empêcher l'exploitation des femmes de maisons par les tenanciers : il interdit sous peine de fermeture « aux chefs de maison de faire à leurs .pensionnaires toute avance qui soit de nature à les lier à l'établissement. » Un arrêté en date du 29 octobre 1887 s'applique exclusivement aux isolées.

COLMAR

Suppression des maisons de tolérance.

Les sept maisons publiques qui existaient dans cette ville le 1er janvier 1881 ont été supprimées le 1er octobre de cette même année par M. Schlumbérger, maire de la ville.

Voici quels ont été au point de vue hygiénique les résultats de ces mesures.

Pendant les trois années qui ont précédé la suppression (1878-81), le nombre des maladies vénériennes dans la garnison était de 58 %. La syphilis s'élevait à 10%.

En 1882-83 (soit la deuxième année après la suppression des maisons publiques) le nombre des maladies vénériennes pour la garnison était tombé à 15 % et la syphilis à 1.6 %

Des arrêts sévères contre le racolage libre et le proxénétisme complétaient la mesure de suppression des maisons.

L'amélioration produite dans l'état sanitaire de la garnison s'est manifestée dans une proportion à peu près semblable dans la population civile.

Ainsi à l'hôpital civil de Colmar, il a été soigné comme vénériens en

	1880-1881 (avant la fermeture)	1882-1883 (après la fermeture)
Hommes	11	5
Femmes	31	9

(Communication de la Mairie de Colmar).

BERNE

Suppression des maisons de tolérance

I

Arrêté du Conseil exécutif bernois ordonnant la fermeture des maisons de tolérance à la date du 29 février 1888.

II

Lettre du Directeur de la police bernoise au sujet de la fermeture des maisons publiques.

Direction de la Police
du   Berne, le 23 septembre 1889.
Canton de Berne

Monsieur Dunant, Conseiller d'Etat, à Genève.

Monsieur le Conseiller d'État,

Il m'est difficile de répondre d'une manière catégorique à la question que m'adresse votre lettre du 18 septembre. Pour déterminer « les résultats approximatifs que nous avons obtenus au point de vue hygiénique et moral par la suppression des maisons de tolérance, » je ne puis invoquer que des appréciations individuelles qui ne prétendent pas à la précision d'un procès-verbal officiel. La matière se prête mal à la statitisque. D'autre part, notre expérience est encore de date trop récente pour que les résultats puissent en être considérés comme définitifs. Cependant les renseignements de police et quelques données officielles me permettent de vous communiquer les indications suivantes :

« Au point de vue hygiénique, les résultats de la suppression des maisons de tolérance n'ont pas justifié les fâcheux pronostics des partisans de la réglementation. De 1879 à 1886, le chiffre des maladies vénériennes, soignées à l'Hôpital extérieur, s'élevait en moyenne à 304 par an. En 1888, le nombre des cas s'est abaissé à 209, d'après le rapport officiel qui vient de paraître. Une légère augmentation ne m'eût pas surpris, car, avant 1888, les femmes en maison se faisaient traiter par les médecins de leurs établissements. La diminution du tiers dans le nombre des admissions à l'hôpital n'en est que plus caractéristique et plus probante.

« Au point de vue moral, je crois pouvoir aussi vous signaler une amélioration. On nous prédisait que la suppression des maisons de tolérance provoquait une recrudescence de la prostitution libre, qu'elle encombrerait le trottoir, que les femmes honnêtes ne seraient plus en sûreté dans les rues, etc. Or, jamais le trottoir, l'arcade, si vous le voulez, n'a été mieux balayée que depuis que les agents n'ont plus à faire la distinction entre les filles inscrites et les autres. D'après tous les renseignements, la prostitution clandestine aurait plutôt diminué ; à coup sûr, elle n'a pas augmenté. Nous n'avons jamais eu la naïve prétention de la supprimer par décret. Mais il est bien certain que la prostitution s'alimente et se propage surtout par le proxénitisme, et qu'on peut l'endiguer et la réduire notablement en coupant les vivres aux courtiers qui l'exploitent. Sous ce rapport l'expérience que nous poursuivons me paraît jusqu'ici concluante. »

Agréez, etc.

Signé : STOCKMAR.

(V. *Le Rapport sur la question de la Prostitution présenté à la sous-commission d'enquête genevoise* par E. Picot, juge à la Cour de justice, et Louis Bridel, professeur de droit à l'Université).

AMIENS

Suppression des maisons de tolérance.

Mairie d'Amiens.
    Objet

               Amiens, le 6 juin 1891.

    Monsieur,

En réponse à la demande contenue dans votre lettre du 11 mai courant, j'ai l'honneur de vous adresser les renseignements suivants qui ont pu être réunis sur le passé des maisons de tolérance à Amiens.

Ces maisons qui, au mois de mai 1884, se trouvaient au nombre de 13 et comprenaient 59 femmes, ont successivement été fermées par mesure de police et aucune autorisation nouvelle n'a été accordée.

A ce jour, il n'existe donc plus de maison de tolérance à Amiens.

Le nombre des filles libres inscrites était en 1884 de 35 ; il n'a pas augmenté depuis et atteint encore aujourd'hui le même chiffre.

Je dois ajouter cependant que, comme dans la plupart des villes, le nombre des filles vivant de la prostitution et non inscrites, est assez considérable.

Quant au corps médical, il n'a soulevé aucune objection à la mesure prise.

Au point de vue de l'hygiène, je vous adresse un tableau du nombre des journées de syphilitiques à l'hôpital de 1880 à 1889.

    Veuillez agréez, etc.

            Le sénateur, maire d'Amiens.

               FRÉD. PETIT.

Le tableau ci-joint indique que la fermeture des maisons publiques d'Amiens n'a fait qu'accélérer la tendance que la syphilis avait déjà à décroitre avant 1884 ; si ce point de vue n'agrée pas, on conviendra du moins que la fermeture des maisons publiques n'a point fait augmenter les maladies vénériennes et notamment la syphilis et c'est là le point capital que l'on nous permettra de souligner.

—

Relevé des journées de syphilitiques à l'Hôtel-Dieu d'Amiens, de 1880 à 1889.

1880	6575
1881	8163
1882	7272
1883	5277
1884	4672
1885	2533
1886	3026
1887	3186
1888	3411
1889	2930

BELGIQUE

Vote de la suppression des maisons de tolérance par la Commission royale d'enquête.

Ont voté pour la suppression :

MM. E. de Laveleye, van Maldeghem, Mussche, van Naemen, Dr Moelles, Dr Lefebvre, Marousé, Ch. Wœste. Joseph Hayois, J. Fagny, A. Nothomb.

Ont voté *contre* :

Dr Thiriar, Ch. Buls, Dr Petithan, Durand, Dr Janssens, Dr Celarier, d'Andrimont, Dr Crocq, Beco.

Fac-Simile de cartes distribuées au public par les tenancières.

M. MAURICE
Maison de Société
67, B^d. Edgar Quinet,
Ancien 13.

FLORINA
Artiste
Rue de la Lune, 43
Au Second.

Mlles BÉATRIX et ANTONIA

danseuses

(Ici l'on aime !)

12, rue Chabanais.

Donnant Place Louvois,
et Rue Neuve-des-Petits-Champs.

BIBLIOGRAPHIE

—

En dehors des notes personnelles recueillies pour la rédaction de cet ouvrage, nous avons consulté nombre de
livres et mémoires que leur valeur historique ou documen-
taire et la compétence professionnelle de leurs auteurs
nous ont permis de considérer comme des sources autorisées. — Nous en donnons ci-dessous l'indication pour faciliter les recherches et le contrôle du lecteur. En reportant
à cette place presque toute la bibliographie, nous avons
pensé qu'on nous saurait gré d'avoir allégé le texte de la
surcharge toujours un peu encombrante des notes. — Nous
n'avons pas besoin de rappeler à l'attention des ouvrages
tels que ceux d'Yves Guyot, de Parent-Duchatelet, de Jeannel, de Mireur, etc.

Cahiers de 1789. — Cahier particulier de la ville de Paris. Art. 20. *Question de la prostitution* (archives parlementaires, Laurent et Mavidal). Déclaration préliminaire
du Corps municipal. T. V, p. 293. — Cahier du Tiers-Etat
de la ville de Paris. Art. 34, id. id. p. 290. — Cahier des
doléances du clergé de Paris intra-muros. Id. id. p. 264.
— Cahiers du clergé de la vicomté et prévôté de Paris hors
les murs id. (Ch. L. Chassin. Les élections et les cahiers de
Paris en 1789. T. IV, p. 396). — Cahier particulier et local
du Tiers-Etat de Paris, id. Arch. parlem. T. V, p. 295.
Art. 10. — Additions aux Cahiers et aux projets de Cahiers
de Paris. V. Ch. L. Chassin. T. II, p. 80. Art. 2. — T. III,

p. 168-169. — T. III, p. 372. — Province : Plaintes et doléances du bailliage de Reims. *Police et mœurs.* Art. 4,
(Arch. parlem. T. V, p. 525. — Doléances de la sénéchaussée de Marseille, id. id, T. III, p. 699. Art. 17. — Doléances de la sénéchaussée de Lesneven et de celle du Mans.
Id. T. III, p. 498 et 638. — Cahier du grand bailliage
de Caen et bailliages secondaires, id. T. II, p. 486. — De la
prostitution : Cahier et doléances d'un ami des mœurs
adressés spécialement aux députés de l'ordre du Tiers-Etat
de Paris. (Broch. Au Palais-Royal, 39 pages, 1789). Art.41,
du projet : « Placer une sentinelle à la porte de tous les cou-
vens qu'on se croit obligé de tolérer. — Ordonner aux
abbesses de présenter au Commissaire les Novices de l'Ordre,
afin qu'elles déclarent que c'est librement qu'elles embras-
sent la profession. »

Les b... de Paris — avec les noms, demeures etc. — Plan
salubre et patriotique soumis aux illustres Etats-généraux
pour en faire un article de la Constitution, rédigé par
MM. Dillon, Sartine, Lenoir, La Trollière et Cie. — Broch.
in-8° de 24 p. An II de la liberté (14 juillet 1790). — Pamphlet donnant des indications sur l'état de la question au
début de la révolution. (Collection Bégis).

*Etablissement d'une maison pour les femmes publiques
dans chaque section de Paris* — avec défenses à elles de
racrocher soit dans les rues ou dans les promenades.
Broch. in-8°, de l'imprimerie Lenoir et Leboucher, rue des
Mauvais-Garçons, au café La Fayette. (Pamphlet. — En
dehors des 48 maisons, une 49° serait établie au Palais-
Royal. L'auteur s'inspire des idées de Rétif).(Collect. Bégis).

Section du Temple (Délibération de la). — *Résolution
relative à l'envoi de commissaires* aux 48 sections de Paris pour aviser aux mesures à prendre contre « certaines
femmes dissolues, les propos lascifs et scandaleux et favoriser l'épurement (sic) des mœurs. » (Broch. in-4°,
24 avril 1793.)

CHAUMETTE, Procureur de la Commune de Paris. — *Réquisitoire contre les filles publiques* (Délibérations du Conseil général, 4 octobre 1793).

PAYAN, Agent général de la Commune de Paris. — *Dénonciation contre les filles publiques* (Papiers trouvés chez Robespierre omis ou supprimés par Courtois, T. II, p. 402).

Suppléants de l'Agent national de la Commune. — *Lettre circulaire aux Commissaires de police des 48 sections* portant instructions relatives à la rédaction des procès-verbaux contre les prostituées. (Broch. in-4°, 8 thermidor an II).

Inspecteurs de police (*Rapport des*). — 19 Thermidor, an II. « Les femmes publiques reparaissent avec leur audace ordinaire ; elles se fient sur ce qu'il n'existe plus de Commune. »

PAJOT DE LA FORÊT. — *Considérations médico-philosophiques sur le danger de la Prostitution des femmes publiques* — par rapport à l'état physique et moral de l'homme. (Broch. in-8°, de 32 p. 1re édit. Paris, 1797. — Réimprimé en 1817, chez Didot jeune). L'auteur s'inspire des idées de Rétif ; il demande pour les femmes publiques en dehors de la claustration en maison et des mesures d'hygiène, l'obligation de l'exercice d'un métier. (Collect. Bégis).

Bureau Central au Commissaire de la Police de la division du Théâtre-Français. — *Ordre de service du 2 messidor, an VI.* (Le Bureau Central n'autorisera la descente du magistrat dans la maison de la rue Màcon qui cause scandale que sur plainte des voisins). (Collect. Bégis).

Lettre du Préfet de la Gironde, Fauche, au maire de Bordeaux, 10 août 1808, relative à la séquestration d'une jeune fille aux sévices qu'elle a subis et à la nécessité d'empêcher les agents de police de posséder et administrer des maisons de tolérance. (Dossiers du ministère de l'Intérieur. Archives nation. P. 7, 3.222). V. p. 338, *Appendice.*

PEUCHET. — *Rapports de police* 3 mai 1810 et 28 septembre 1813 (Emploi de la gendarmerie et des troupes d'infanterie pour l'arrestation de filles publiques dans les communes de Viroflay, Ville-d'Avray, à Versailles etc., et *le maintien de l'ordre dans les maisons publiques de Paris*. — Correspondance de Rovigo, ministre de la police, de Pasquier, préfet de police, du conseiller d'Etat Réal. — *Archives de la police*, passim, un vol. Paris, 1838).

Ordonnance de M. de Tocqueville, préfet de la Côte-d'Or (25 avril 1816) relative à l'*inscription des filles publiques* de Dijon.

Réclamation adressée à S. Ex. Monseigneur Delavau, Préfet de police, conseiller d'Etat, au sujet de la Police des mœurs. — Broch. de 12 p. Paris, 1821. « Citerons-nous Londres, ce pays de liberté où l'on poursuivrait impitoyablement le ministre qui oserait ranger telle ou telle partie de la nation, dans une classe sur laquelle il s'arrogerait un pouvoir absolu ou qu'il aurait la honte de prendre sous sa protection ? »

Préfet de police Delavau (Ordre de service du) 10 novembre 1826. Le Préfet donne des instructions relatives à l'exécution du règlement du dispensaire de salubrité, à l'inscription des filles mineures, à la tenue intérieure des maisons publiques. (Pièce manuscrite originale. Collect. Bégis).

Sabatier. — *Histoire de la législation des femmes publiques.* (Paris, in-8º, 1828).

L'ordonnance du Préfet de police Mangin (14 avril 1830), n'autorisant la prostitution qu'en maisons de tolérance, provoqua de nombreuses protestations sous forme de livres et brochures, les unes sérieux de ton et de fonds, les autres plus sérieux de fonds que d'allures, tous également utiles à consulter [1].

_____

1. Nous devons à M. Bégis d'avoir pu prendre facilement connaissance de presque tous les documents parus à cette date. La collection histori-

Pétition des filles publiques de Paris à M. le Préfet de police, au sujet de l'ordonnance qu'il vient de rendre contre elles — leur interdisant la circulation dans les rues et promenades publiques et de celle qui précédemment leur a interdit l'entrée du Palais-Royal. (Paris, chez les libraires du Palais-Royal et chez les marchands de nouveautés. Broch. in-8°, de 8 p. 1680). — *Deuxième pétition adressée à M. le Préfet de police par les filles publiques de Paris.* (Paris, 1830. Broch. chez les marchands de nouveautés). — *Les Filles publiques en révolution* au sujet des nouvelles arrestations de plusieurs d'entre elles. (Broch. Paris, 1830, chez Terry jeune). — *Observations soumises par une fille de joye* à M. le Préfet de police. (Broch. 1830 chez les M⁵ de nouv.). — *Plainte et révélations nouvellement adressées par les filles de joye contre l'ordonnance de M. Mangin.* (Paris, broch. de 42 p. chez Garnier, libraire au Palais-Royal). — *Aux ministres.* — *Nouvelle pétition des filles de joye* tendant à obtenir de LL E. E. la révocation de l'ordonnance attentatoire à leur liberté et rendue contre elles par M. le Préfet de police. (Paris, broch. 1830, chez les libraires du Palais-Royal). — Projet d'un Parthénon de maisons de femmes destinées aux plaisirs publics soumis au Préfet de police par H. Huet, architecte, 9 rue Mazarine (manuscrit in-8°, provenant de la collection du baron Taylor). — *Pétition d'un souteneur* à M. le Préfet de police de Paris, à l'occasion de l'ordonnance qu'il vient de rendre contre les filles publiques. (Broch. de 12 p. Paris, 1830, chez les libraires du Palais-

que de M. Bégis, avocat, formée avec le soin éclairé d'un chercheur sagace doublé d'un érudit, est aujourd'hui la plus riche de Paris notamment en ce qui concerne la Révolution française. Les cartons de la police contiennent une multitude de pièces imprimées et manuscrites intéressant l'histoire des mœurs avant et depuis 1789 : nous prions ici le savant M. Bégis de recevoir nos remerciements pour la libérale obligeance avec laquelle il nous les a communiquées.

Royal). — *Le vrai mot de la captivité des Femmes soumi-*
ses. Dialogues sur les brochures faites au sujet de l'ordonnance qui défend aux prostituées de sortir de chez elles ;
la preuve qu'en voulant les cloîtrer plusieurs deviendront
les fléaux de la société, par F. L. G. D. (Broch. Paris, 1830,
rue Saint-Denis n° 394. — *Projet d'un nouveau règlement*
concernant les filles publiques et les maisons de prostitu-
tion — soumis à M. le Préfet de police par un ami de la
Charte, dans l'intérêt du commerce et des mœurs. (Broch.
Paris, 1830, chez les libraires du Palais-Royal). Projet en
14 articles : chaque fille recevra une médaille avec un n°
d'ordre ; bonne tenue exigée sur le trottoir ; défense de
raccrochage ; défense de se promener deux par deux, trois
par trois (Art. 1 à 10 relatif aux femmes isolées). — Art. 10.
« Toutes les dames de maison qui ont chez elles des filles
d'amour sont obligées de leur fournir tout ce dont elles
ont besoin pour leur toilette. » — Art. 11. « Si une fille
d'amour veut s'en aller après être restée au moins trois mois
chez ladite dame, elle le pourra et recevra un habillement
complet propre et décent. » Art. 12 : « Nulle fille ne peut
être renvoyée avant l'échéance de trois mois sans recevoir
d'effets ; toute fille maltraitée s'en allant avant la même
échéance reçoit également, après avoir fait la preuve, un
habillement complet... » Cette brochure est annoncée
comme extraite d'un livre intitulé : *Abus et intrigues des*
filles publiques et des maisons de prostitution dévoilés.
(Collection Bégis).

Béraud (J. J.) *Les filles publiques à Paris et la police*
qui les régit (Paris et Leipsig, 1839, 2 vol. in-18°, chez Des-
forges), ch. x, p. 127-159.

Poïton. — *De la prostitution et de ses conséquences dans*
les grandes villes et en particulier à Lyon. (Lyon, 1842).

Frégier. — *Des classes dangereuses de la population*
dans les grandes villes. (Paris, 3 vol. in-8°, 1840).

Joséphine Mallet. — *Les femmes en prison.* — 1 vol.

in-8º, Moulins et Paris, (chez Chamerot). Ch. x. p. 339, (1845)

ALPH. ESQUIROS. — *Les vierges folles.* (Paris, édit. 1840. — Nouvelle édit. Dentu, 1873).

REY (J. L.) Commissaire principal de la police. — *Des prostituées et de la prostitution dans la ville du Mans.* (Le Mans, 1 vol. in-12º, chez Julien et Lanier, 1847).

RABUTAUX. — *De la prostitution en Europe depuis l'antiquité* jusqu'à la fin du XVIᵉ siècle. (Paris, 1851).

PH. RICORD. — *Lettres sur la syphilis.* 23ᵉ lettre. De la prophylaxie de la syphilis. (Paris, 3ᵉ édit. 1851).

P. DUFOUR. — *Histoire générale de la prostitution* (6 vol. in-8º, Martinon. Paris, 1851-1853). Pierre Dufour était ici le pseudonyme de l'autre pseudonyme — *bibliophile Jacob* — de Paul Lacroix, qui du reste désavoua la paternité du livre au moment où il briguait un fauteuil à l'Académie française.

E. A. DUCHESNE (Dr). — *De la prostitution à Alger depuis la Conquête.* (Paris, 1 vol. in-8º, 1853, Mallet-Bachelier).

YVAREN (Dr). — *Les métamorphoses de la syphilis.* Prophylaxie. — (1 vol. in-8º, J. B. Baillière, 1854, (Paris).

TARDIEU. — *Dictionnaire d'hygiène publique. Article Prostitution* (T. III, Paris, 1854).

J. ANTIN. — *Le Bien par le Mal.* (*Proposition d'une taxe à établir sur les filles publiques* divisées en quatre catégories payant de 50 à 200 fr. et devant fournir 1.550.000 fr.) (Broch. in-12º, dédiée à l'Empereur Napoléon III, chez Paul Dupont, 1856).

F. H. PRADIER (Dr). — *Histoire statistique médicale et administrative de la prostitution dans la ville de Clermont-Ferrand.* (Clermont-Ferrand, 1 vol. in-8º, 1859).

ALFRED FOURNIER (Professeur). — *Appendice* aux Leçons de Ricord sur le Chancre (*Des sources de la Syphilis* (Paris, 1860).

CANLER (Chef de la sûreté). — *Mémoires de Canler.* Paris, 1ʳᵉ édit. 1862; 2ᵉ édition 2 vol., chez Roy, Paris, 1882.

GOULHOT DE SAINT-GERMAIN. — *Rapport sur la prostitution* (au sujet des pétitions de MM. Dr J. Meugy (de Réthel) et Hardouin, avocat à Paris). Séance du Sénat, 22 juin 1865. C'est dans cette séance et à propos de ces pétitions que le procureur général Dupin prononça son fameux discours sur le « *Luxe effréné des femmes.* »

A. GRAUVEAU. — *La Prostitution dans Paris.* (Paris, 1867, in-8°, de 153 p.).

CH. LASÈGUE (Professeur). — *De la fécondité dans ses rapports avec la prostitution.* (Archives générales de médecine. Décembre 1869, p. 512-524).

PAULINE DE GRANDPRÉ. — *Les condamnées de Saint-Lazare* (1 vol. in-18°, Curot, Paris, 1869).

LECOUR. — *La Prostitution à Paris et à Londres* (1 vol. in-18°, Asselin, Paris, 1867-69).

F. CARLIER. — *La prostitution à Paris de* 1855 *à* 1870 (*Annales d'hygiène*, 1871).

FLÉVY D'URVILLE. — *Les ordures de Paris* (Ouvrage plus sérieux et meilleur que son titre). Etude sur les maisons de tolérance, p. 105-113). (Sartorius, Paris, 1874).

ALFRED FOURNIER (Professeur). — *Projet de réglementation sanitaire* (Documents relatifs à la police des mœurs. Procès verb. 1re série. Annexe n° 3, 1879).

Commission municipale de la Police des mœurs. (Procès verbaux de la) Discussion sur la réglementation et documents par MM. Yves Guyot, Dr Bourneville, Sigismond Lacroix, A. Hovelacque, Paul Dubois, L. Fiaux, Levraud, Georges Martin, (1881-1883).

ARMAND DESPRÉS. — *La Prostitution en France* (J.-B. Baillière, 1 vol. in-8°, Paris, 1883).

RICHARD (Ct du génie). — *La Prostitution devant le phiosophe.* (Ghio, Paris, 1882).

CH. MAURIAC. — *Leçons sur les maladies vénériennes* (Paris, J.-B. Baillière, 1883).

LARDIER (Dr). — *Les vénériens des champs et la prostitution à la campagne.* (Douin, Paris, 1882).

LEGOUN. — *Campagne contre la Préfecture de police* (Assolin et Houzeau, 1 vol. 1882).

Dr J. C. — *Prophylaxie de la syphilis et prostitution* (Loire médicale, nos 8, 10 et 12).

BARTHÉLEMY ET DEVILLEZ. — *Syphilis et alcool.* — *Les inviteuses* (La France médicale, 1882).

VIBERT (Dr). — *La Prostitution dans ses rapports avec la police médicale* (Revue d'hygiène, 1883).

MAIREAU (Dr). — *Syphilis et prostitudes.* (Paris, 1884, broch.)

CORLIEU (Dr). — *La Prostitution à Paris*, (1 vol. in-16°, J.-B. Baillière, 1883).

MARTINEAU (Dr). — *La Prostitution clandestine* (Delahaye et Lecrosnier, Paris, 1885, 1 vol. in-18°).

H. LELOIR (Professeur à la Faculté de Lille). — *La syphilis et les cabarets dans la région du Nord.* (Journal des connaissances médicales par le professeur V. Cornil. n° 47, 24 novembre 1887. — V. du même, *Leçons sur la syphilis.*

MACÉ. — *Le service de sureté.* — *Gibier de Saint-Lazare* (2 vol. in-18°, Charpentier, 1884-88).

Mmes CAROLINE DE BARRAU, BOGELOT, E. DE MORSIER. — *Rapports sur l'œuvre des libérées de Saint-Lazare* au Congrès de Londres (1886), à la conférence de Lausanne (1887), à l'Assemblée générale de l'œuvre (Bulletin continental, *passim*).

F. CARLIER. — *Les deux Prostitutions* (Dentu, Paris, 1 vol. in-8°, 1887) et Annales d'hygiène publique, T. XXXVI, p. 305.

ALFRED FOURNIER. — *Prophylaxie publique de la syphilis.* (Rapport à l'Académie de médecine, 7 juin 1887) et procès-verbaux de l'Académie de médecine, mars 1835, février-mars 1888) — *Syphilis et mariage.* — *Syphilis héréditaire* (2 vol. in-8o, chez Masson).

A. LUTAUD (Dr) médecin de Saint-Lazare. — *Quelques considérations sur la prostitution à Paris* (Mémoires de la Société de médecine pratique de Paris, 15 février 1888, p. 113 et suiv.).

MALÉCOT (Dr). — *Les vénériens et le droit commun.* (Broch, Carré, Paris, 1888).

A. COFFIGNON. — *La corruption à Paris.* (Étude sur la prostitution réglementée à Paris) (1 vol. in-18o, 1888).

BARTHÉLEMY (Dr). Ancien chef de clinique à Saint-Louis. *Hygiène sociale, Nécessité d'une loi sanitaire,* Lecrosnier et Delahaye, Paris, 1888. V. aussi *Annales de dermatologie et de syphiligraphie* (Décembre 1888).

YVES GUYOT. — *Le détraquement de la prostitution officielle* (Revue de morale progressive, Nos 4 et 5, avril 1888). — *Le dernier mot de l'Académie de médecine* (id. no 6, Décembre 1888).

L. FIAUX (Dr). — *La question de la prostitution devant l'Académie de médecine.* (Revue Socialiste dirigée par Benoit Malon, no 41, 15 mai 1888). — *Notes sur la rareté des maladies vénériennes dans la population ouvrière de Paris,* (Gazette des hôpitaux 8 sept. 1890, 10 fév. et 10 sept. 1891).

J. V. LABORDE. — *Discours* à l'Acad. de méd. 7 et 21 février, 13 et 27 mars 1888.

VINOT (Dr). — *Dans quel sens doit-on réglementer la prostitution ?* (Revue sanitaire de Bordeaux dirigée par le professeur Layet, janvier et février 1888).

Dr LE PILEUR. — *Histoire médicale de Saint-Lazare* (en préparation). Extraits parus dans le Journal de médecine de Paris du Dr Lutaud, (3 février 1889).

EMILIE DE MORSIER. — *La prison de Saint-Lazare* (Bulletin continental, 15 janvier 1889).

DAUBRÉE. — *La femme pauvre au XIXe siècle* (Paris).

PAULINE DE GRANDPRÉ. — *La prison de Saint-Lazare depuis vingt ans,* 1 vol. in-18 Dentu, 1889).

Mme d'A. — Cinq années de visites à Saint-Lazare (1 vol. in-12 Fischbacher, Paris, 1889).

A. Guillot (juge d'instruction). — *Les prisons de Paris et les prisonniers*, (Dentu, 1 vol. in-8°, 1890).

Dr Butte (médecin adjoint du dispensaire de Paris). — *Prostitution et syphilis* (Broch. Traduction d'un article du *The Lancet*, du 20 juillet 1889).

L. Reuss (Dr). — *La prostitution au point de vue de l'hygiène et de l'administration en France et à l'étranger* (1 vol. in-8°, J. B. Baillière, 1889).

Pauline Taunowsky (Dr). — *Étude anthropométrique sur les prostituées et les voleuses* (1 vol. in-8°, chez Lecrosnier et Babé, Paris, 1889).

Benoit Malon. — De la condition des femmes (ch. vii, *Socialisme intégral* p. 327-371 in-8°, F. Alcan, 1890).

Émile Richard. — *Rapport au nom de la Commission municipale sanitaire sur la réorganisation du service de santé relatif à la prostitution* (mars 1890) édité en volume in-18°, chez Alcan.

Procès-verbaux du Conseil municipal. — *Discussion du rapport précédent* (Séances des 9, 11, 16, 18 juillet 1890).— V. La question des maisons publiques particulièrement traitée les 11 le 16 juillet par MM. Gaufrès, Vaillant, Longuet, E. Richard, et M. le préfet Lozé.

Département de justice et police de Genève. — *Rapports adressés à la sous-commission* chargée de s'occuper de la question de la prostitution par MM. Ch. Ochsenbein, E. Picot et Louis Bridel, H. Oltramare. (Genève, 1890, 3 broch. in-8°).

Commenge (Dr). — *Recherches sur les maladies vénériennes à Paris* dans leurs rapports avec la prostitution clandestine et la prostitution réglementaire de 1878 à 1887 (Masson, broch. de 52 p. 1890).

×

BENVENUTO CELLINI — *Mémoires* (1 vol. in-18°. Traduction Léopold Leclanché, Edit. Labitte). *Passim* syphilis et son traitement, sodomie etc.).

BOILEAU (abbé Jacques) — *Historia flagellantium*, sive de recto et perverso flagellorum insu (Paris, 1700, Londres, 1701 et 1785).

• GIROLAMO DAL PORTICO (de la Congrégation de la mère de Dieu). — *Gli amori tra le persone di sesso diverso disaminato ed principj della morale teologica, per istruzione di novelli confessori*, (in-4° de 770 pages dédié à Benoit XIV. Lucca, 1751).

WINKELMAN. — *Monumenti antichi inediti*.

HUGUES D'HANCARVILLE (pseudonyme).

— *Monuments du culte secret des dames romaines*, 1780.

— *Monuments privés de la vie des douze Césars*, 1784. (Ces deux ouvrages édités par l'abbé Gaspard Michel Le Blond, conservateur de la bibliothèque Mazarine (1809).

D. CRAISSON (auctor, vicarius generalis). — *De rebus venereis ad usum confessoriorum* (Parisiis, 1870).

JOSEPH REINACH. — *Voyage en Orient*. T. II, p. 15, (G. Charpentier).

SAINTE-BEUVE. — *Châteaubriand et son groupe*. (Habitudes de Fontanes). T. II, p. 130 (C. Lévy, 1877).

Dr EDMOND DUPOUY. — *Mœurs et médecine de l'ancienne Rome* (in-8°, J.-B. Baillière, 1887).

F. BURET (Dr). — *La syphilis aujourd'hui et chez les anciens*. (Paris, 1890).

DE PIETRA SANTA (Dr). — *Journal d'Hygiène*. Vol. XIII-XVI (1888-91).

✕

CLAUDE LEBRUN DE LA ROCHETTE. — *Les Procés civils et criminels* (Rouen, 1647, in-4°); *passim* sur la bestialité.

TARDIEU. — Etude médico-légale sur les *attentats aux mœurs*, 3me partie. (J.-B. Baillière, Paris, édit. de 1878).

Dr PENARD (Louis). — *De l'intervention du médecin légiste dans les questions d'attentat aux mœurs* (1860, J. B. Baillière).

V. MOLINIER, professeur de droit criminel à la faculté de Toulouse. — *De la répression des attentats aux mœurs*, (Toulouse, 1867).

ROUHAUD. — *Traité de l'impuissance et de la stérilité chez l'homme et chez la femme* (in-8o, J.B. Baillière, 1876, Paris).

BROUARDEL. — *Annales d'hygiène publique et de médecine légale* publiées sous la direction du professeur (J.-B. Baillière) *passim.* Id. Acad. de méd. fév. et mars 1888.

D'HAUSSONVILLE FILS. — *L'Enfance à Paris.* (Revue des Deux-Mondes, 15 juin 1878).

BROUARDEL. — *Des causes d'erreurs dans les expertises d'attentats aux mœurs.* (1884, J.-B. Baillière, in-8o).

BROUARDEL. — *Valeur des signes attribués à la pédérastie* (in-8o, 1879, id.).

Dr MARTINEAU. — Leçons sur les déformations vulvaires et anales. — (Paris, 1883, in-12o).

Dr P. SÉRIEUX. — *Recherches cliniques sur les anomalies de l'instinct sexuel* (in-8o, Paris, Lecrosnier et Babé, 1889).

MAGNAN (professeur). — *Les aberrations sexuelles.* (Paris, 1884).

BENJAMIN BALL (professeur). — *La Folie érotique* (J.-B. Baillière, 1888, p. 145).

KRAFF-EBING (professeur à l'Université de Gratz) — *Psychopathie sexuelle* (Stuttgard, 1887).

MOREAU (de Tours). — *Des aberrations du sens génésique.* (Paris, 1880).

Dr C. A. — *Anthropophilie* ou étude sur la prostitution masculine à notre époque (Paris, in-8o, broch. 1881).

WESTPHAL, CHARCOT ET MAGNAN. — In· ersion du sens génital (Archives de neurologie, 1882).

BOURNEVILLE. — *Enquête sur l'hospitalisation vénérienne.* — (*Progrès médical*, du 19 mars au 16 juillet 1889).

BOURNEVILLE ET SOLLIER. — *Les malformations génitales* (Paris, octobre 1888).

TH. ROUSSEL (Dr) — *De l'éducation correctionnelle et de l'éducation préventive.* (Etude sur les modifications à apporter à notre législation concernant les jeunes détenus et les mineurs abandonnés. — In-8°, 1879).

M. LAUGIER. — *Du rôle de l'expertise légale dans certains cas d'outrages à la pudeur* (1868, in-8°, J.-B. Baillière).

P. BERNARD ET GARRAUD. — *Des attentats à la pudeur et des viols sur les enfants.* — (*Archives de l'Anthropologie criminelle et des sciences pénales*, 1886).

A. LACASSAGNE. — *Attentats à la pudeur sur les petites filles* (id. 1886). P. BERNARD. — *Des viols et attentats à la pudeur sur les adultes* (id. 1887). V. AUGAGNEUR. — *La prostitution des filles mineures* (id. 1888). TROCHON. — *Un cas d'exhibitionnisme* (id. 1888).

CH. DEBIERRE. — *L'hermaphrodite devant le code civil* (id. 1880). V. aussi du même *L'Hermaphroditisme* (sa nature, son origine, ses conséquences sociales (J.-B. Baillière, in-8°, 1868).

POZZI, MAOITOT. — *Pseudo-hermaphrodites mâles.* — (Comptes-rendus de la société d'Anthropologie, décembre 1889).

A. LUTAUD. — *Observation d'hermaphrodisme bisexuel* (Société de médecine légale, 11 décembre 1876).

ROSENTHAL. — *Cas de pseudo-hermaphrodisme mâle* (Société médicale de Berlin, 15 janvier 1890).

HENRI COLIN (Dr). — *Essai sur l'état mental des hystériques* (avec préface de Charcot). 1re Partie : l'hystérie dans les prisons et chez les prostituées (1 vol. in-8°, Paris, Rueff, 1891).

X

MICHAEL. RYAN. M. D. — *Prostitution in London with a comparative view of that of Paris and New-York* (London, H. Baillière, 1839).

A. LUTAUD. — *Des mesures sanitaires répressives dirigées contre la prostitution en Angleterre* (Gazette hebdomadaire de médecine et de chirurgie, 16 mai 1874).

SHELDON AMOS. — *Laws for the regulation of vice* (London, 1870).

J. BIRUBCK-NEVINS (Dr). = *Les maladies vénériennes dans l'armée anglaise* (Home a India). Broch. (Congrès d'hygiène de Londres, août 1891 et Cong. de la Fédération, Bruxelles, sept. 1891).

A. BEBEL (député au Reichstag). — *Die Frau*, (Leipsig). *La femme dans le passé, le présent et l'avenir*. Traduction française par H. Ravé (chez Carré, 1891 Paris).

ROBERT VON MOHL. — *Polizeiwissenschaft*, 3me édit. I,628).

H. LIPPERT. — *Die prostitution in Hambourg* (1848).

FR. G. BEHREND. — *Die prostitution in Berlin* (1850).

Police de Berlin. — *Règlement de police pour assurer le maintien de la santé et de la décence publique* (Adicté le 1er mai 1887, par le chef de la).

SKRZECZKA (Dr professeur). — *Activité de la police sanitaire à Berlin en* 1878. (Revue trimestrielle d'hygiène et de médecine légale, 1878, p. 143).

SCHRANK (Dr Josef). — *Die prostitution in Wien, in historicher, administrativer, und hygienischer Beziehung* (Wien. Im selbstverlage des Verfassers, 1887).

AVÉ-LALLEMANT. — *La police en Allemagne* (3me partie, la police des mœurs p. 153-255). Traduction française, H. du Parc, Paris, 1888.

GIERSINO (Dr). — *Les maladies vénériennes dans les provinces Danoises*. Population civile (Revue de morale progressive. Carré, édit. no 6, décembre 1888). — Id. Population civile de Copenhague, population militaire, armée et flotte (id. nos 1 et 3, juin et décembre 1887).

×

J.-G. VAN SCHERMBEEK, commissaire en chef de police à La Haye. — *La traite des blanches.* — Rapport. (Revue de morale progressive, nᵒˢ 11 et 12, décembre 1889).

MOUNIER (docteur-ès-sciences). — *Recherches sur la signification de la statistique des maladies vénériennes et syphilitiques dans l'armée du royaume des Pays-Bas* (afin de pouvoir juger de l'influence des mesures locales pour combattre ces maladies par la réglementation de la prostitution. — (1 vol. gr. in-8º, 1889. La Haye, W. A. Beschoor).

O. Q. VAN SWINDEREN (juge à Groningue).— Le Proxénétisme et ses diverses manifestations. (Br. Bruxelles, octobre, 1891).

Conseil central de la salubrité publique de Bruxelles. — (*Projet de réglement* par le...) (Bruxelles, Méline, 1838).

J. Hoyois (docteur-ès-sciences). — *Liberté, tolérance ou répression en matière de mœurs*, in-8º, de 150 p. (Bruxelles et Louvain, Larcier et Peeters, 1883).

YSEUX (Dr). Conseiller communal de Bruxelles — *Révision du réglement sur la prostitution.* (Annexe au rapport de M. le Bourgmestre Buls, 1881), p. 558-564.

LAVELEYE (Emile de). — *Le vice patenté et le proxénétisme légal.* — *Le vice légalisé et la morale* (Muquardt éditeur, Bruxelles).

JULES PAGNY. — *Résumé des anciennes législations sur les mœurs.* — *Académie de médecine et réglementation des mœurs.* (Bruxelles 1887, Emile Deck, édit.). — *La prostitution inscrite et la prostitution clandestine.* — (Revue de morale progressive, nᵒˢ 11 et 12, décembre 1889).

Commission royale d'enquête sur la police des mœurs en Belgique. —*Procès-verbaux des séances et tableaux statistiques* rédigés par MM. J. Pagny et Hoyois (1 vol. gr. in-8º, de 400 p. Bruxelles, J. Gœmare, imprimeur du roi, 1891).

✕

Dr Sprack. — *Recherches sur la syphilis dans la population féminine de Saint-Pétersbourg* (Petersburger medicinische Wochenschrift des 8, 15, 29 avril, 6 et 13 mai 1878 — traduit de l'allemand par Charles Ochsenbein). — *Théorie statistique de la morbidité et de la mortalité appliquée à l'étude de la prostitution et de la syphilis.* — (Revue de morale progressive nos 11 et 12, décembre 1889).

Dr P. Nicolsky. — *Statistique de la syphilis et du chancre mou parmi les prostituées inscrites de Kieff.* (Revue de morale progressive no 8, mai 1889).

Stoukowenkoff (professeur). — *La réglementation à Kieff.* — (La réglementation jugée théoriquement au point de vue de la syphiligraphie moderne). (Revue de morale progressive, nos 7 et 10, février et novembre 1889).

N. Troïnitsky. — *La Prostitution dans l'Empire Russe.* Enquête du 1 (13) août 1889. — Statistique de l'Empire, XIIIe fascicule.(gr. in, 8o de 40 p. St-Pétersbourg, 8 (20) août 1891).

✕

P. Mantegazza, professeur d'anthropologie, sénateur du royaume d'Italie. — *La physiologie et l'hygiène de l'amour.* (2 vol. trad. franc. — V. *Hyg.* p. 369). *L'amour dans l'humanité* (1 vol. trad. Chesneau, Paris, Fetscherin et Chuit, édit.) 1880-1886.

Pellizari (professeur). — Lettre à M. Crispi, ministre de l'Intérieur, sur *la prostitution et la prophylaxie de la syphilis* (Journal *Lo sperimentale*, janvier 1888).

Albanese (professeur). — *Rapport* à M. Crispi, président du Conseil, *sur les syphilicomes*, 21 décembre 1887. (Revue de morale-progressive no 9, août 1889).

C. Tommasi-Crudeli (Membre du Parlement italien). —

La prostitution d'Etat en Italie. (Bruxelles 1891, chez Lefèvre).

×

Stockmar (Directeur de la police de Berne). — Rapport au Conseil exécutif du canton de Berne. — *Suppression des maisons de tolérance à Berne et à Bienne.* (Revue de morale progressive, nos 4-5, avril 1888), p. 195-207.

———

TABLE DES MATIÈRES

www.ingramcontent.com/pod-product-compliance
Lightning Source LLC
Chambersburg PA
CBHW072010270326
41928CB00009B/1608